历代笔记小说大观

土风录

〔清〕顾张思 撰 曾昭聪 刘玉红 校点

图书在版编目(CIP)数据

土风录 /（清）顾张思撰；曾昭聪,刘玉红校点.
—上海：上海古籍出版社，2016.12(2023.8 重印)
（历代笔记小说大观）
ISBN 978-7-5325-8178-8

Ⅰ.①土… Ⅱ.①顾… ②曾… ③刘… Ⅲ.①风俗习
惯史-中国-清代 Ⅳ.①K892

中国版本图书馆 CIP 数据核字(2016)第 184203 号

历代笔记小说大观

土 风 录

［清］顾张思　撰

曾昭聪　刘玉红　校点

上海古籍出版社出版发行

（上海市闵行区号景路 159 弄 1-5 号 A 座 5F　邮政编码 201101）

（1）网址：www.guji.com.cn

（2）E-mail：guji1@guji.com.cn

（3）易文网网址：www.ewen.co

常熟文化印刷有限公司印刷

开本 635×965　1/16　印张 19.25　插页 2　字数 268,000
2016 年 12 月第 1 版　2023 年 8 月第 2 次印刷

印数：2,101—3,200

ISBN 978-7-5325-8178-8

Ⅰ·3094　定价：48.00 元

如有质量问题,请与承印公司联系

校 点 说 明

中国古代有编纂方言俗语辞书的优良传统。西汉扬雄的《方言》是最早记录方言词的著作，东汉服虔的《通俗文》则是第一部记录并诠释俗语的著作。受其影响，历代研究者不绝。明清时期，尤其是清代，编纂方言俗语辞书现象蔚然成风。《土风录》就是清代学者顾张思所著的一部成绩比较突出的俗语辞书。

顾张思，字怀祖，号雪亭，江苏太仓人，是清代学者、诗人顾陈垿之姪。除此书外，顾张思还著有《雪亭诗草》及多种笔记杂著。《土风录》以考证民俗与俗语为主，记录清代乾嘉以来江浙风俗与百姓的日常俗语。全书共十八卷，十四万馀字，每卷内容以类相从。全书体例上基本按照时令、民俗、日用、器物、饮食、人体、俗语、三字语、四字语、谚语、单字、叠字、称谓、神灵等类别排列，并从民俗、训诂等多方面对所收材料加以诠释，各类材料一千馀条。在解释民俗与俗语时，多采《尔雅》、《释名》、《方言》与其时民俗、俗语相结合的方法。内容上，对时令、民俗的记述，类《荆楚岁时记》等风俗记载书籍；对服饰、典章制度的考释，则如《事物纪原》等考证事物起源和沿革的类书；对成语、方言、俗语的诠释，有如《通俗编》、《恒言录》等俗语辞书。该书文稿完成于乾隆五十二年（1787）以前，刊行于嘉庆三年（1798）。

《土风录》在民俗研究、语言研究、辞书研究上都有重要意义。该书于时令、民俗、服饰、典章制度、成语、掌故、方言俗语等材料无所不收，乾隆六十年（1795）钱大昕序谓"其铺叙节物，则《阳羡风土》、《荆楚岁时》之遗也;其诠释器服,则《匡谬正俗》、《事物纪原》之例也;其考证方语,则《方言》、《释名》、《释常谈》之亚也。征引必检元文,而道听涂说弗取也;折衷必谐六书,而乡壁虚造弗尚也。以视夫《齐谐》、《诺皋》、《冥通》、《梦游》之作,语怪海淫,以取悦于贩夫卢儿者,其用心岂可同日语哉"。该书征引资料的范围与《通俗编》、《恒言录》相比较则更为广泛,由传统经典扩大到类书和历代笔记、小说、杂著等,引用方志资料尤多,如范成大的《吴郡志》,张寅的《太仓州志》、《镇江志》,方鹏的《昆山志》,卢熊的《苏州府志》,王鏊的《姑苏志》等;某些俗语则采自民间,是当时活的语言的记录。翻检是书,确可以"见风俗之变迁,方言之有自"(朱珪序),因此对民俗研究、汉语词汇史研究以及中国古代俗语辞书的研究都是很有价值的。

《通俗编》等俗语辞书,学界较为重视;但其他辞书如《土风录》则未得到应有的重视。由于《土风录》只有嘉庆三年刊本,日本学者长泽规矩也所编之《明清俗语辞书集成》中收有此书,东京汲古书院1974年影印,上海古籍出版社1987年据此重新影印出版。台北宗亲图书出版公司1985年出版的《中国方言谣谚全集》、扬州广陵书社2003年出版的《中国风土志丛刊》亦均收录该书。虽曾影印,而流布不广,因此学界了解得较少,到目前为止还只有零星的引用。另一方面,虽该书较之《通俗编》、《恒言录》亦不逊色,然其引书有所不足:或三言两语,征引未全;或间有讹误,易致误解。我们在进行国家社科基金项目"明清俗语辞书及其所录俗语词研究"的相关研究工作时,有幸申请到了全国高校古委会的项目,对此书作一标点、校勘、注释,重新排印出版,以广流传。

下面对本书的点校体例作一个简单的说明。

一、本书以清嘉庆三年刊本为底本。

二、本书施以新式标点。书内引文多与被引原书有出入,仍一律加引号。

三、本书只对引文出处不确、引文有误或易致误解之处略加注释,引文过略处亦略加注释。

　　四、原文中误字加圆括号,改正之字置于六角括号内。脱字,在不影响阅读的情况下,不补字。书名、篇名,原文多为省称而非脱字。如《汉书》省称《汉》,《字汇补》省作《字补》之类,皆以书名号标示,不另作说明。原文省略过甚而影响阅读者,则据原文补字,所补之字加六角括号,如"《郭橐驼传》:病偻,〔隆〕然伏行"。衍文予以保留,唯加圆括号以别之。

　　五、常见的通假字,保留原有字形,不作改动。涉及文字训释处,保留部分繁体字、异体字和俗体字。

　　古籍整理工作有一定的难度。我们虽已尽己之能,但或许还有不当之处,请读者批评指正。

目　　录

序一 / I

序二 / I

卷一

贴宜春 / I　　　　　　打春 / I

空帖拜年 / I　　　　　元宵茧团 / 2

照田财 / 2　　　　　　接坑三姑娘 / 2

花朝 / 2　　　　　　　清明上坟 / 3

焚纸钱 挂墓 / 3　　　　踏青 / 4

传经　浴佛 / 4　　　　端午龙舟 / 5

裹粽子 / 5　　　　　　悬天师像 / 5

祀灶 灶马 灶门 / 5　　穿针 / 6

盂兰盆 / 6　　　　　　登高 / 7

重阳糕 / 7　　　　　　拜冬 / 7

九九 / 8　　　　　　　腊八粥 / 8

廿四夜 小节夜 / 8　　　跳灶王 / 9

贴门神钟馗 / 9　　　　守岁 压岁钱 / 9

卷二

放爆仗 / II　　　　　　烧香 / II

行香 香炉 / II　　　　　做道场 / I2

打醮 / I2　　　　　　　谢土 / I2

躲煞 / I3　　　　　　　七七 / I3

谢孝 / 14　　　　　　烧羹饭 / 14
鸡毛文书 / 14　　　　抽签讲书 / 14
说书 / 15　　　　　　灯谜 / 15
缠足 / 15　　　　　　穿耳 / 16
凤仙花染指甲 / 16　　银指甲 / 16
留头 / 16　　　　　　撒帐 / 17
传彩席 / 17　　　　　跨鞍 / 17
暖房夜饭 / 18　　　　馂盘 / 18
双回门 / 18　　　　　牵羊担酒 / 18
合啼鸡 / 19　　　　　看席 / 19
做诞期 / 19　　　　　下摇篮 呕篮 / 19
做满月 / 20　　　　　摸盲盲 / 20
穿跟斗 / 20　　　　　走绳索 / 20
踏高跷 / 20　　　　　踏大辋 / 21
伴大夜 / 21　　　　　养瘦马 / 21
上马杯 / 21　　　　　买妾看钱 / 21
弃妻手印 / 22　　　　僧道赚钱 / 22
赌钱捉头 / 22　　　　蜡嘴算命 / 22
茶坊挂字画 / 23　　　唱盲词 / 23
唱道情 / 23　　　　　唱山歌 / 23
子平算命 / 23　　　　看风水 / 24
贴招子 / 24　　　　　八行书 / 24

卷三

通草花 / 25　　　　　五时衣 / 25
髽头 / 25　　　　　　睡鞋　膝裤 / 25
钉鞋 钉靴 / 26　　　纽襻 纽扣 / 26
鞋帮 / 26　　　　　　尖头靴 / 26
开裆裤 / 27　　　　　兜膝 / 27
肚兜 抹胸 / 27　　　汗衫 / 27
背单 / 28　　　　　　霞帔 / 28

襕衫 / 28　　　　　　鞓带 / 28

毡笠子 / 29　　　　　凉帽 顶子 / 29

虎脸子 / 29　　　　　搔背爬 如意 / 29

钞袋 / 30　　　　　　苏头 / 30

手巾 / 30　　　　　　手帕子 / 30

抹布 / 30　　　　　　界尺 / 31

桠杈 / 31　　　　　　面杖 / 31

柺杖 / 31　　　　　　笆篱 / 32

箭箕　筅帚 / 32　　　粪箕 / 32

钵钎 / 32　　　　　　注子 酒鳖　自斟壶　滴苏 / 33

钱筒 / 33　　　　　　火筒 / 33

梯桄 / 33　　　　　　醡床 / 33

抽替 / 34　　　　　　石敢当 石将军 / 34

喇叭 / 34　　　　　　铁懒 / 35

鹞子 / 35　　　　　　走马灯 / 35

拨弗倒 / 35　　　　　竹夫人 / 36

汤婆子 / 36　　　　　太师椅 交椅　机子 / 36

佛郎机 / 37　　　　　风炉 / 37

蟹簖 / 37　　　　　　烟草 / 37

卷四

各省 / 39　　　　　　衙门 / 39

辕门 / 39　　　　　　公馆 / 40

戒石铭 / 40　　　　　鼓楼 / 40

马头 / 41　　　　　　客堂 后堂 / 41

暖阁 / 41　　　　　　眠床　塌床 / 42

框档 / 42　　　　　　华表柱 / 42

戟门 / 43　　　　　　和头 / 43

浮厝 / 43　　　　　　僵尸 / 43

灵柩 / 44　　　　　　礓磜 / 44

十字街 三叉路 / 44　　天井 / 44

天窗 / 45
扑水 / 45
天花版 / 46
楄子 / 46
大门 / 47
后门 / 47
高墩 / 47
篱笆 枪篱 / 48
衖 / 48
轿子 / 49
夜航船 / 49
埠头 / 50
宝塔 / 50
斋扁 / 51
铁猫 / 51
木柿 / 52
麸炭 / 52
安息香 / 53
瓜瓤 / 53
蛤霸 / 54
水鸡 / 54
菠菜 / 55
哺鸡笋 燕笋 / 55
笋脯 / 56
面筋 / 56
嘉庆子 / 57
慈姑 地栗 / 57
水红花 / 57
狗蝇蜡梅 / 58

羊沟 / 45
滴水步廊 / 45
照壁 / 46
复壁 / 46
墙门 / 47
山门 / 47
灰堆 / 48
篱门 / 48
小店 / 49
下岸 / 49
快船 / 50
地头 / 50
旗竿 / 51
八字头 / 51
木刨 / 52
竹鞭 / 52
炭屑 木屑 / 53
西瓜 / 53
莲蓬 / 54
曲蟮 / 54
淡菜 / 55
马蓝头 / 55
菜心 / 56
木耳 / 56
重罗面 / 56
茭白 / 57
木犀花 / 57
鹿葱 / 58
状元红 / 58

卷五

花押 / 59　　　　　　疏头 / 59

拜表 / 59　　　　　　方丈 / 60

田莊 / 60　　　　　　都啚 鱼鳞册 / 60

白地 / 61　　　　　　钱粮 / 61

生口 / 61　　　　　　古董 / 61

套杯 / 62　　　　　　筹马 / 62

十番 / 62　　　　　　骨牌 / 62

骰子 / 63　　　　　　叶子 马吊 / 63

升官图 / 64　　　　　着衣镜 / 64

灯笼 / 64　　　　　　脚钱 毛钱 / 64

浴盆 / 65　　　　　　镟子 / 65

等子 / 65　　　　　　算盘 / 65

眼镜 / 65　　　　　　區担 / 66

扇坠 / 66　　　　　　掌扇 / 66

莓蒙竹 / 66　　　　　桃丝竹 / 66

撜兜 / 67　　　　　　绰板 / 67

茶船 / 67　　　　　　铁马 / 67

图书 / 68　　　　　　蒲鞋 / 68

烙铁 熨斗 / 68　　　　钵头 / 68

竹节 / 68　　　　　　甀瓶 / 69

筒瓦 / 69　　　　　　黐胶 / 69

裙裥 / 69　　　　　　被头 / 69

被囊 / 69　　　　　　芦蕨 / 70

戒指 手镯 翠臂 / 70　朱松邻 / 70

花铃子 / 70　　　　　捲荷 / 71

冷泽 / 71　　　　　　蛘子 乌蛋虫 / 71

蚊子 / 71　　　　　　载毛虫 / 71

偷瓜盗 / 72　　　　　蝎虎 / 72

壁虎 / 72　　　　　　壁蟢 / 72

时里白 / 72　　　　　　　参条鱼 / 73

鲞　白鲞 / 73　　　　　　海蜇 / 73

吐哺鱼　鰕虎 / 74　　　鲙残鱼 / 74

鱼秧 / 74　　　　　　　麦末 / 74

炒米 / 75　　　　　　　豆沙 / 75

盐豆 / 75　　　　　　　乳腐 / 75

卷六

老酒 / 76　　　　　　　烧酒　酒脚　糟油　郁金香 / 76

发酵 / 76　　　　　　　赤米 / 77

肚羹 / 77　　　　　　　骆驼蹄 / 77

芋娄 / 77　　　　　　　茶食 / 77

点心　馒头　馄饨　包子 / 78　中饭 / 78

吃素　荤素 / 78　　　　白饭 / 79

扛醵 / 79　　　　　　　酒令 / 79

溲面 / 80　　　　　　　擀面 / 80

泼水 / 80　　　　　　　搋水 / 80

打水　打饭 / 80　　　　使风 / 81

抢风 / 81　　　　　　　舱船 / 81

放船 / 81　　　　　　　起屋 / 81

筛锣 / 82　　　　　　　擂鼓 / 82

哺鸡 / 82　　　　　　　蚕上山 / 83

白墙 / 83　　　　　　　撩浅 / 83

回残 / 83　　　　　　　放债　利息 / 83

冷债　京债 / 84　　　　加一　三分钱 / 84

断屠 / 84　　　　　　　禁杀牛 / 85

咬虱 / 85　　　　　　　羞水　蹇盘 / 85

淘米 / 85　　　　　　　米泔 / 85

泥塑 / 86　　　　　　　箍桶 / 86

裁缝 / 86　　　　　　　裱褙 / 86

顾绣 / 87　　　　　　　剪绺 / 87

毕姻 联姻 / 87　　　　寿器 / 87

卷七

自在 / 88　　　　受用 / 88

快活 / 88　　　　开心 / 88

作乐 / 89　　　　高兴 / 89

活泼 / 89　　　　缩朒 / 89

落度 / 90　　　　糊涂 / 90

恨毒 / 90　　　　厌烦 / 90

出息 / 90　　　　懵懂 / 91

乖觉 伶俐 / 91　　　顽皮 / 91

倔强 强拗 / 91　　　呦劈 / 92

认真 / 92　　　　猥挼 / 92

陇种 / 92　　　　撺掇 指唆 / 93

尴尬 / 93　　　　斫丧 / 93

主张 / 93　　　　子细 / 94

离经 / 94　　　　佹事 / 94

随喜 / 94　　　　撞席 / 94

请安 / 95　　　　贺喜 / 95

做媒人 / 95　　　白蚂蚁 / 95

剃头 剃面 / 95　　　出恭 / 96

小便 撒尿 / 96　　　屎恶 / 96

肛门 / 96　　　　尾巴 / 97

脚跟 / 97　　　　老茧 / 97

肚皮 / 97　　　　臂膊 / 97

奶 / 98　　　　　胡咙 / 98

额角 / 98　　　　面孔 / 98

面脸骨 / 98　　　下颏 / 99

肩头　鼻头 拳头 / 99　　脚心 / 99

鬓脚 / 99　　　　版牙 牙龈 / 99

眉毛 / 100　　　寒毛 / 100

面嘴 / 100　　　　　　眅眼 / 100

人中 / 100　　　　　　重身 / 101

人身 / 101　　　　　　驼背 / 101

痞子 / 101　　　　　　甕鼻头 / 101

喀嗽 / 102　　　　　　毃毃 / 102

卷八

前程 / 103　　　　　　履历 / 103

官衔 / 103　　　　　　出身 / 104

白身人 / 104　　　　　乡亲 / 104

俗物 / 105　　　　　　恶少 / 105

杂种 / 105　　　　　　汉子 好汉 / 105

饭头 / 106　　　　　　管家 / 106

家属 / 106　　　　　　奴才 / 106

鼻头 / 106　　　　　　王八 / 107

强盗 / 107　　　　　　众生 / 107

畜生 / 107　　　　　　洩气 / 108

吃醋 / 108　　　　　　注夏 / 108

跨灶 / 109　　　　　　邋遢 / 109

龌龊 / 109　　　　　　鏖糟 / 110

啰苏 / 110　　　　　　簏簌 / 110

功緻 细緻 / 110　　　　襬襫 / 110

修娭 / 111　　　　　　收拾 / 111

膨胀 鼓胀 / 111　　　　窸窣 / 111

攧搔 / 111　　　　　　毡毯 疲瘩 / 112

胭缝 / 112　　　　　　狼藉 / 112

囫囵 / 112　　　　　　日逐 / 112

客气 / 113　　　　　　使气 / 113

抬举 / 113　　　　　　消息 信息 / 113

生活 / 114　　　　　　利市 / 114

主客 主顾 / 114　　　　交易 / 115

交关 / 115　　　　　居间 / 115

相与 / 115　　　　　出手 / 115

放手 / 116　　　　　点火 / 116

家火 / 116　　　　　典当 / 116

火伴 / 116　　　　　后事 / 117

叙寒温 / 117

卷九

书信 / 118　　　　　家信 / 118

不宣　不备 / 118　　云云 / 119

左冲 / 119　　　　　致意 / 119

留心　留神 留意 / 119　请教 / 120

费心 / 120　　　　　献丑 / 120

多谢 / 120　　　　　见成 / 121

见在 / 121　　　　　目下 目今 / 121

称呼 / 121　　　　　当中 / 121

通共 / 122　　　　　家常 / 122

事体 / 122　　　　　冷笑　取笑 / 122

心花 / 122　　　　　护短 / 123

毛病 / 123　　　　　打扮 / 123

标致 / 123　　　　　簇新 斩新 / 123

时新 重新 / 124　　漆黑 / 124

通红 / 124　　　　　趸当 零星 / 124

东西 / 125　　　　　东道 / 125

地主 / 125　　　　　财主 / 125

发迹 / 126　　　　　从容 / 126

赤贫 / 126　　　　　寒酸 / 126

党与 / 126　　　　　本分 / 127

有分　无分 / 127　　还答 / 127

作成 / 127　　　　　公道 / 127

便宜 / 128　　　　　吃亏 / 128

埋怨 / 128

罪过 / 128

家累 / 129

带累 累及 / 129

排衙 / 129

抬头 抬身 / 129

出气 / 130

发作 / 130

犯夜 / 130

再会 / 130

温暾 / 130

白话 / 131

别人家 / 131

自家 / 131

大家 / 131

一同 / 132

登时 / 132

过世 / 132

舍身 / 132

卷十

那亨 几彩 / 133

宁可 能可 / 133

忒杀 / 133

无谓 / 133

黄六 / 134

杜园 / 134

欺谩 / 134

夯声 打夯 / 134

戮力 / 134

逃走 / 135

相打 / 135

告示 / 135

交代 / 135

告老 告终养 / 135

丁艰 丁忧 起复 / 136

当家 / 136

当官 官司 / 136

作家 / 137

行李 / 137

串头 七折钱 / 137

安家 / 137

四至 / 138

上头 外头 / 138

横头 边头 / 138

一张 一科 / 139

一顿 / 139

一泼 / 139

一遭 / 140

一搭 / 140

一把 / 140

一窝 / 140

𥂕涂 / 140

胡卢 / 140

滑达 / 141

干瘪 / 141

流落 / 141

穷忙 / 141

随意 / 142

随分 随便 / I42
得法 / I42
狼犺 / I43
挪移 / I43
作难 / I43
白字 / I44
笔脚 / I44
隔壁 / I45
切脚 / I45
新闻 / I46
唱喏 / I46
敛衽拜 / I47
背书 / I47
偏数 / I48
上学忌双 / I48
八股 / I49

打算 / I42
道地 / I42
鲫溜 / I43
谦虚 / I43
私房 / I44
闲书 / I44
那边 / I44
对门 / I45
风闻 / I45
喝道 / I46
打躬 / I46
百拜 / I47
理书 温书 / I47
学书 / I48
上大人丘乙己 / I48

卷十一

流年 / I50
同庚 / I50
日子 / I5I
月半 / I5I
另日 / I52
大二小三 / I52
戊己读武己 / I53
三蓝色 / I53
光致致 / I54
好童童 / I54
眼中钉 / I54
面皮厚 / I55
杀风景 / I55

年纪 / I50
一匝 / I5I
日中 / I5I
当年 / I52
大后日 / I52
年头 年尾巴 / I52
起课单坼交重 / I53
绿沉沉 / I53
硬绷绷 / I54
耳边风 / I54
眼孔浅 / I55
现世报 / I55
抱佛脚 / I55

不在行 / 156　　　　不长进 / 156

不值钱 / 156　　　　不中用 / 156

不相干 / 156　　　　不耐烦 / 157

不中意 / 157　　　　不敢欺 / 157

不敢当 / 157　　　　不保 / 157

无气力 / 158　　　　无力量 / 158

没工夫 / 158　　　　没心情 / 159

心不死 / 159　　　　难为情 / 159

难为人 / 159　　　　无影踪 / 160

行好事 / 160　　　　好天气 / 160

天尽头 / 160　　　　傥来物 / 160

像我能 / 161　　　　破落户 / 161

打秋风 / 161　　　　累锄筋 / 161

隔壁听 / 161　　　　敲门砖 / 162

挐讹头 / 162　　　　拔短梯 过桥拔桥 / 162

牢角底 / 162　　　　前世事 / 162

无头脑 / 163　　　　属鼠属蛇 / 163

张三李四 / 163　　　　姓张姓李人 / 163

几房 / 164

卷十二

天长地久 / 165　　　　欢天喜地 / 165

妙不可言 / 165　　　　无出其右 / 165

奇货可居 / 166　　　　白面书生 / 166

开门授徒 / 166　　　　摩顶授记 / 166

咬文嚼字 / 166　　　　箝口结舌 / 167

辞不达义 / 167　　　　大同小异 / 167

四司六局 / 167　　　　四时八节 / 168

家常茶饭 / 168　　　　两粥一饭 / 168

中行评博 / 168　　　　七塔八幢 / 168

九流三教 / 169　　　　不阴不阳 / 169

老生常谈 / 169　　　　人微言轻 / 169

眼关六只 / 170　　　　眉花眼笑 / 170

天花乱坠 / 170　　　　一团和气 / 170

弄巧成拙 / 170　　　　五胡乱华 / 171

目不识丁 不识瞎字 / 171　　酒囊饭袋 / 171

掩耳盗铃 / 171　　　　吹毛求疵 / 172

算无遗策 / 172　　　　班门弄斧 / 172

叶落归根 / 172　　　　将错就错 / 172

嚼蜡无味 / 173　　　　对牛弹琴 / 173

狐假虎威 / 173　　　　烈烈轰轰 / 173

媒媒晦晦 / 173　　　　隐隐展展 / 174

节节足足 / 174　　　　百孔千疮 / 174

一败涂地 / 174　　　　牢不可破 / 174

蛮针瞎灸 / 174　　　　俗不可医 / 175

一窍不通 / 175　　　　力不从心 / 175

有名无实 / 175　　　　口是心非 / 175

近里着己 / 176　　　　晦盲否塞 / 176

百发百中 / 176　　　　自作自受 / 176

一刀两段 / 176　　　　脚踏实地 / 176

抱头鼠窜 / 177　　　　急如星火 / 177

粗眉大眼 / 177　　　　穷凶极恶 / 177

狂奔尽气 / 177　　　　风云气色 / 177

丁一确二 / 178　　　　省吃俭用 / 178

米盐琐屑 / 178　　　　咬姜呷醋 / 178

罗雀掘鼠 / 178　　　　掐鼻皱眉 / 179

咬定牙关 / 179　　　　贼人心虚 / 179

顺手牵羊 / 179　　　　心猿意马 / 179

人面兽心 / 180　　　　妥壳乌龟 / 180

缩头乌龟 / 180　　　　押韵而已 / 180

贻笑大方 / 180　　　　书囊无底 / 181

幸灾乐祸 / 181　　　　　福至心灵 / 181

福薄灾生 / 181　　　　　心头无事 / 181

非钱不行 / 182　　　　　地主明王 / 182

小本经纪 本钱 / 182　　　人命关天 / 182

花花世界 / 182　　　　　黄昏戌时 / 183

自我作古 / 183　　　　　斯文扫地 / 183

眼睛望穿 / 183　　　　　不知丁董 / 183

卷十三

急急如律令 / 184　　　　来迟罚三钟 / 184

有天无日头 / 184　　　　黑漆皮灯笼 / 184

磕头如捣蒜 / 185　　　　铁孤磨如鍼 / 185

贫乃士之常 / 185　　　　快行无好步 / 185

庸庸多厚福 / 185　　　　烂熟波罗蜜 / 186

铁树开花 / 186　　　　　一身充两役 / 186

好物不须多 / 187　　　　千里送鹅毛 / 187

蛇无头而不行 / 187　　　依样画葫芦 / 187

凿孔注牙须 / 187　　　　版版六十四 / 188

牵郎郎拽队队 / 188　　　郎不郎秀不秀 / 188

死马当活马医 / 188　　　千日斫柴一日烧 / 188

今朝有酒今朝醉 / 189　　情人眼里出西施 / 189

量柴头数米粒 / 189　　　有钱使得鬼推磨 / 189

路上行人口似碑 / 189　　认定生姜树上生 / 190

巧迟不如拙速 / 190　　　见怪不怪其怪自坏 / 190

将高不足比下有余 / 190　阴地不如心地好 / 191

远水不救近火 / 191　　　无天于上无地于下 / 191

养儿防老积谷防饥 / 191　乡下夫妻寸步不离 / 191

金玉满堂长命富贵 / 191　一言既出驷马难追 / 192

天网恢恢疏而不漏 / 192　福无双至祸不单行 / 192

行船走马三分命 / 192　　十只指头咬了只只痛 / 192

此处不留人自有留人处 / 192　势败奴欺主神衰鬼弄人 / 193

男大须婚女大须嫁 / 193

杀人偿命欠债还钱 / 193

疑人莫托托人莫疑 / 193

一日不做一日不活 / 193

有是父必有是子 / 194

天下本无事庸人自扰之 / 194

孟姜女哭哀哀 / 194

杂谚 / 194

俗对　俗诗 / 195

卷十四

官役曰差 / 197

上移下曰仰 / 197

下白上曰禀 / 197

详察曰查 / 197

批答用准字 / 198

成谳曰案卷 / 198

补偿曰赔 / 198

避人曰畔 / 198

守候曰等 / 199

满足曰够 / 199

放置曰安 / 199

买物曰置 / 200

出钱借物曰赁 / 200

以钱送礼曰折 / 200

竖棚架曰搭 / 200

以草盖屋曰苫 / 200

高起曰䫌 / 201

诓语曰赵 / 201

不认曰赖 / 201

不受曰璧 / 201

微晒曰晾 / 201

计簿曰账 票纸 / 202

荡船曰划 / 202

补足曰找 / 202

以木横门曰闩 / 202

橜子曰桩 / 203

打桩曰矹 / 203

箸曰快 / 203

田畦曰棱 / 203

岸坳曰塴 / 204

火干物曰熯 / 204

食物干调曰拌 / 204

食变味曰馊 / 204

手裂物曰斯 / 204

鼻就物曰齅 / 205

口吸物曰嗽 / 205

口取食曰噬曰呷 / 205

舌品食曰咂 / 205

悬物曰绉 / 206

物并和曰羼 / 206

待客曰款 / 206

得力曰亏 / 206

营谋曰钻 / 206

叹气曰欸 / 207

意不喜曰悟 / 207

手按曰擎 / 207

手承物曰庹 / 207

典屋曰偝 / 208

尽量饮食曰薎 / 208

手拗转曰捵 / 208

手提物曰拎 / 208

手坚握曰捘 / 208

两手转物曰搓 / 209

以器取物曰打 / 209

两手扶曰绰 / 209

背负物曰驮 / 209

肩举物曰掓 / 209

振去余物曰抖 / 210

鸟理毛曰揪 / 210

花卉笋萌曰建 / 210

以物平推曰挡 / 210

以杓取水曰舀 / 210

手牵物曰扯 / 211

与犬豕食曰餵 / 211

皮冒鼓曰漫 / 211

遗像曰真 / 211

卷十五

土块曰垫 / 212

背负物曰掼 / 212

闲步曰蹀 / 212

瞬目曰眨 / 212

声破曰嘎 / 213

味咸伤口曰蜇 / 213

皮浮起曰疱 / 213

肌肤冻裂曰皲 / 213

皮碎上起曰皵 / 214

黑子曰痣 / 214

发黏腻曰脂 / 214

色不鲜曰蔫 / 214

花落曰妥 / 214

物裂曰挧 / 215

墙屋倾曰坍 / 215

皮置曰阁 / 215

陶器未烧曰坏 / 215

坛谓之甏 / 216

器盖曰鬚 / 216

鸟卵曰蛋 / 216

去畜势曰镦 / 216

撑屋曰牮 / 217

缝补鞋曰纂 / 217

食物濡酱醋曰蘸 / 217

物投水声曰丼 / 217

物浮水面曰氽 / 217

拨取物曰掊 / 218

绳缚曰绑 / 218

倚靠曰戤 / 218

迁移曰搬 / 218

抛弃曰丢 / 219

权取鱼曰籍 / 219

散粜曰糁 / 219

横行曰趆 / 219

闲游曰荡曰逛 / 220

行急曰跑 奔波 / 220

手量轻重曰掹 / 220

油漆物曰釉 / 220

压酒曰酹曰酱 / 220

田边高地曰畎 / 221

小港曰浜 / 221　　　　　　　久雨物青黑曰�黴 / 221

痴顽曰嬛 / 221　　　　　　　物不正曰蹁 / 222

足不正曰瘟 / 222　　　　　　电曰瞱睒 / 222

大雨曰倾盆 / 222　　　　　　有恙曰不爽快 / 223

事泄曰露布 / 223　　　　　　呼鸭曰奚 / 223

呼鸡曰朆朆　呼犬曰卢卢 / 223　　嬉游曰白相 / 224

体面曰行当 / 224　　　　　　大笑为欨欨 / 224

喷嚏曰人说我 / 224　　　　　眠曰困　困着 / 224

假寐曰瞌睡 / 225　　　　　　虹曰绛 / 225

绩麻曰綵 / 225　　　　　　　跑马曰放辔头 / 225

落地声曰拔剌 / 226　　　　　振翼声曰扑漉 / 226

乱响声曰鸓鸓 / 226　　　　　伶俐曰鑫鑫 / 226

瓜子称汴梁 / 226

卷十六

爷娘 / 228　　　　　　　　　父曰老子 / 228

母曰阿妈 / 229　　　　　　　公　太公 / 229

伯伯 / 229　　　　　　　　　公婆 / 230

外公　外婆 / 230　　　　　　伯婆　叔婆 / 230

显考　先君　先父 / 230　　　家父　家母 / 231

令尊　尊公 / 231　　　　　　家叔 / 231

丈人　叔丈人 / 231　　　　　丈母 / 232

岳父　泰山 / 232　　　　　　女婿 / 232

亲家 / 233　　　　　　　　　舅母 / 233

哥　阿况 / 233　　　　　　　舍弟　令弟　家弟　家兄 / 234

小弟　大弟 / 234　　　　　　令郎　某郎　令坦 / 235

姆姆　婶婶 / 235　　　　　　姐姐　姅姅 / 235

娘子 / 236　　　　　　　　　老婆 / 236

妻舅　内兄弟 / 236　　　　　连襟 / 237

姑夫　姨夫　姊夫 / 237　　　阿姨 / 237

两姨甥 / 237　　　　　　　　外甥 / 238

表弟兄 表叔 / 238　　　　外家 / 238

媳妇 新妇 / 239　　　　妾曰小 / 239

女曰囡 / 239　　　　姪曰孙 姪女 / 240

夫兄曰伯 / 240　　　　堂兄弟 / 240

夫死哭曰天 / 241

卷十七

老先生 / 242　　　　大人 / 242

晚生 / 243　　　　某翁 / 243

别号 / 244　　　　家某人 / 244

通家 / 245　　　　西席 / 245

山长 / 245　　　　官府 / 245

上司 / 246　　　　上头人 / 246

阁老 / 246　　　　郎中　待诏 博士 朝奉 / 246

老爷 / 247　　　　相公　官人 / 247

大官　二官 / 248　　　　某舍 / 248

亲眷 家眷 / 249　　　　同胞 / 249

家主公 / 249　　　　娘娘 小姐 / 250

小娘 / 250　　　　小囝 小千 阿奴 / 250

老道长 / 251　　　　堂客 / 251

士女 / 251　　　　虔婆 / 251

老娘　师娘 花娘 / 252　　　　丫头 / 252

表子 / 252　　　　老包 / 252

师姑 / 253　　　　道士 女道士 / 253

大和尚 游方僧 / 253　　　　贼秃 / 254

门徒 / 254　　　　在家人 / 254

渠侬 / 254　　　　冤家 / 255

情郎 / 255　　　　结发 / 255

侧室 / 256　　　　遗腹子 / 256

立嗣子 / 256　　　　过房子 / 257

门子 门斗 / 257　　　　小的 / 257

猴子 / 258

卷十八

城隍 / 259　　　　　　土地 / 260

文昌帝君 / 260　　　　　魁星阁 / 261

三官堂 / 262　　　　　　二郎神 / 262

晏公庙 / 263　　　　　　天妃 / 263

大王庙 / 264　　　　　　李王庙 / 264

周神庙 / 265　　　　　　贤圣庙 / 265

玄坛庙 / 266　　　　　　刘猛将 / 266

施相公 / 267　　　　　　杨老相公 / 267

总管堂 / 267　　　　　　张大帝 / 268

张天师 / 269　　　　　　关帝生日 封爵附 / 269

祖师 / 270　　　　　　　五路 / 270

水仙庙 / 271　　　　　　王灵官 / 271

太岁大将军 / 272　　　　地藏菩萨 / 272

八仙 / 272　　　　　　　马公 / 273

药师 / 274　　　　　　　刘海 和合 / 274

九梁星 / 274

附录　解题 / 275

序　一

　　岁丁未，余视学浙中，太仓顾子雪亭质所著诗、古文来谒。留使襄校，右史左图，丹椠不去手。间视案头有《土风录》若干卷，始时令，迄神鬼，元元本本，殚见洽闻，视坊肆小儿务为新闻诡说以眩奇射利者，殆不可同年而议丰确。然雪亭之学，固不在是也。攡猎经史以逮诸子百家，罔不如珠在贯，如钱在索。诗则道原汉、魏，胚胎杜、韩，辨析声韻，论正字体，其沈东阳所谓"一时将去，毋乃不廉"者欤？昔卢绍弓学士偶以博物君子，钱晓徵宫詹目为好学深思，洵不虚也。今兹春来游皖中，问此书，尚留箧笥。为悤悤剞劂，于以见风俗之变迁、方言之有自，稗编脞录云乎哉！雪亭所制，不下数十种，此特一鳞片羽尔。安得好事者尽肤其箧以传之！戊午三月盘陀老人朱珪书于皖江节署之抱瓮园。

序　二

　　土风之名,见于《春秋传》,盖主乐之音节而言。陆士衡《吴趋行》云"土风清且嘉",则以为风俗之通称矣。五方之言语习尚,各有所传授,而相沿日久,往往昧其所自,惟儒者博涉而贯通之。杨子云谓:故书雅记,不失其方。故于郡国上计,吏不惮咨访,以托于輶轩使者之义。夫小学者,经之别也。世俗文字、语言,不得其正,辄见笑于大方,诚得好学深思其人者,引今以验诸古,辩异以归于同,亦何俗之非雅哉!顾子雪亭淹贯群言,深造自得,尝取古人"一物不知,以为深耻"之语,铭诸坐右。顷岁假馆吴门,授徒之暇,撰次《土风录》十有八卷。其铺叙节物,则《阳羡风土》、《荆楚岁时》之遗也;其诠释器服,则《匡谬正俗》、《事物纪原》之例也;其考证方语,则《方言》、《释名》、《释常谈》之亚也。征引必检元文,而道听涂说弗取也;折衷必谐六书,而乡壁虚造弗尚也。以视夫《齐谐》、《诺皋》、《冥通》、《梦游》之作,语怪诲淫,以取悦于贩夫庐儿者,其用心岂可同日语哉!余向有《恒言录》,其体例略相似,而雪亭之杷罗抉摘,多有出余《录》之外者。叙而行之,窃喜同声之相应云尔。乙卯闰月十有二日,竹汀居士钱大昕叙。

卷一

贴　宜　春

新年门首贴"宜春"字,见宗懔《荆楚岁时记》。盖六朝时已然,但在立春日。按,晋傅咸《燕赋》云:"淑青书以赞时,著宜春之嘉祉。"①"宜春"二字当本此。然秦已有宜春宫、宜春苑,见《括地志》。王曾《立春帖子》云:"宝字帖宜春。"

打　春

汉晋时无打春之事。《隋书·礼仪志》始有"彩仗击牛"之文。宋孟元老《东京梦华录》云:"立春前一日,开封府进春牛入禁中鞭春。县置春牛于府前,至日绝早,府僚打春,府前百姓卖小春牛。"晁冲之诗:"不上谯楼看打春。"

空帖拜年

新正,友朋交贺,以空帖而身不至,前明已然。《文待诏集·拜年》诗云:"不求见面惟通谒,名纸朝来满敝庐。我亦随人投数纸,世情嫌简不嫌虚。"又,周辉《清波杂志》载:"元祐间,新正贺节,有持门状遣仆代往。其人出迎,仆云:'已脱笼矣。'谚云'脱笼'者,诈闪也。温公闻之,笑曰:'不诚之事,原不可为。'"是宋已有此风。

---

① 清严可均《全上古三代秦汉三国六朝文》之《全晋文》卷五一收录傅咸《燕赋》,然未有此语。"淑",南朝梁宗懔《荆楚岁时记》、元陶宗仪《说郛》卷六九上、明陈耀文《天中记》卷四引均作"御"。

元宵茧团

正月十五夜,抟糯粉如蚕茧形,曰茧团。见王仁裕《开元天宝遗事》。杨诚斋《江湖集》有《上元夜,里俗粉米为茧丝,书吉语置其中,以占一岁之祸福,谓之茧卜》诗云:"心知茧卜未必然,醉中得卜喜欲颠。"①

照 田 财

农家上元夕以长竿燃灯插田,谓之照田财。按,范石湖《吴郡志》作"照田蚕",在腊月二十五夜。《石湖集》有《照田蚕行》云:"农家今夜火最明,的知新岁田蚕好。"方鹏《昆山志》云:"岁朝或次日,束薪长竿为高炬,视火色赤白以占水旱,争取余烬置床头,谓宜蚕,故名'点田蚕'。"此又一说也。"点"疑"照"字之讹。

接 坑 三 姑 娘

正月十六夜祀厕神,俗云坑三姑娘。即宗懔《岁时记》所谓紫姑神也。案,紫姑何姓,名媚,字丽娘,莱阳人,寿阳李景之妾。不容于嫡,常役以秽事,于正月十五日感激而死。见刘敬叔《异苑》。沈存中《梦溪笔谈》云:"旧俗,正月望夜迎厕神,谓之紫姑。"今俗于十六夜,非是。李义山诗:"羞逐乡人赛紫姑。"则唐俗亦然。坑即厕。称为三姑娘,盖以其年少。

花 朝

二月十二日曰花朝,以红笺缯黏花枝,谓庆百花生日。案,《西湖游览志》云:"花朝、月夕,世俗恒言。二、八两月为春秋之中,故以二月半为花朝,八月半为月夕。"周处《风土记》及《提要录》皆云十五日。

---

① 颠,原诗作"癫"。

然杨诚斋《诗话》云:“东京二月十二日曰花朝,为扑蝶会。”则是时已然。张寅《太仓州志》云“俗皆以十二日为花朝”,不知何据。《镇洋志》以为十二日为崔元徽护百花避封姨之辰,故剪彩条系花树为幡。案,郑还古《博异志》载元徽事,只云春夜,不言月日。

清明上坟

扫墓,自寒食至谷雨前一日止,或用祭。案,《五代史·周世宗纪》论云:“五代礼坏,寒食野祭而焚纸钱”,似野祭始于五代。然蔡中郎谓“古不墓祭”。魏文帝黄初三年诏用此语,自作终制,亦云“礼不墓祭”。则汉魏时固有墓祭者。汉元帝追念萧望之,每遣使祭其冢。光武令诸功臣皆过家上冢,又遣使祭窦融父冢。且《孟子》书有“墦间之祭”。《韩诗外传》有“椎牛祭墓”之文。《史·周本纪》云:“武王上祭于毕。”毕,文王墓地也。《吴越春秋》云:“夏少康封禹庶子于越,春、秋祠禹墓于会稽。”则夏时已有墓祭。《周官·小宗伯》:“成葬而祭墓为位。”《冢人》:“凡祭墓为尸。”《檀弓》记:“有司以几筵舍奠于墓左。”注疏皆谓祭后土之神。朱子云:“周礼,上已有墓祭。”则以为祭先矣。窃意后人因后土之祭,而并祀祖先耳。或谓:《礼记》:“宗子在他国,庶子无庙。孔子许望墓为坛,以时祭祀。”后人墓祭盖本之此。但未必在寒食。《汉书·光武纪》:“建武十年八月有事于十一陵。”则期在八月。《朱买臣传》云:“故妻夫家上冢。”未详何月。《旧唐书》载开元二十年敕云:“寒食上墓,《礼经》无文。近代相传,寖以成俗。士庶之家,宜许上墓。编入五礼,永为常式。”则寒食之期,盖始于隋唐间。柳子厚《与许京兆书》:“近世礼重拜扫,每遇寒食,皂隶佣丐皆得上父母丘墓。”东坡有《海南人不作寒食,而以上巳上冢》诗云:“鹿门山下德公回。”或据此以为寒食上墓,汉已有之。然章怀注《庞公传》引《襄阳记》止云“司马德操来候,值德公渡沔,上先人墓”云云。初无时日。坡诗但以上冢借庞公为言耳。

焚纸钱 挂墓　墓呼如“姆”字音

纸钱亦不始五代。《唐书·王屿传》云:“汉以来葬者皆有瘗钱。后里俗稍以纸剪钱为鬼事。"开元二十六年,屿为祠祭使,始用之禳袚祭祀。范传正谓惟颜鲁公、张司业司业名参。家祭不用纸钱。是则唐时已盛行。欧公归之五代,何耶? 王建《寒食行》云:"三日无火烧纸钱,纸钱那得到黄泉?"宋僧道世《法苑珠林》谓起于殷长史,不知何据。宋钱若水不烧楮镪,吕南公为文颂之。邵康节祭祀焚楮钱,伊川见而怪,问之,曰:"亦明器之义。"吴俗,纸钱有挂有焚。张南郭《州志·风俗》云"挂墓",盖从方言。周益公《杂志·辨楮币》谓俗人创二字,通上下皆用,犹纸钱也。则宋时纸钱真做钱样。

踏　青

清明节郊外结群闲步,谓之踏青。见杨诚斋诗:"寒食人家事踏青。"张文潜《寒食赠游客》诗:"明日踏青郊外去,绿杨门巷系雕鞍。"案,唐人踏青多以上巳日。李绰《秦中岁时记》云:"上巳,都人于曲江头禊饮,践踏青草,曰踏青。"刘梦得《禊》诗:"唯馀踏青伴,待月魏王堤。"然孙思邈《千金月令》已云"三月三日,上踏青鞋履"。

传经　浴佛

四月八日,释氏以为如来诞辰,取藏经摊晒。村姬竞宣佛号相传授,谓之传经。又以香水灌铜佛像,曰浴佛。按,《灵宝经》:"四月八日佛节。"至今诸寺于是日浴佛,作龙华会。韩鄂《岁华纪丽》亦云。然孟元老《梦华录》以为十二月八日,恐讹。东坡诗:"轻寒浴佛天。"若腊月八日,不得云轻寒矣。　又考李善注王(屮)〔巾〕《头陀寺碑》云:"鲁庄公七年,佛生之日也。"《瑞应经》:"四月八日夜,明星出时,佛从右胁坠地,即行七步。"按,《春秋·庄公七年》:"夏,四月辛卯,夜,恒星不见。"孔氏《正义》云:"于时,周之四月,则夏之仲春。"杜氏以《长历》校之,知辛卯是四月五日。然则如来生辰当为今之二月五日。宗懔《岁时记》亦云:"二月八日,释氏下生之日,迦文成道之时。"《辽史·礼志》有云"二月八日为悉达太子生辰,京府及诸州县雕木为像"云云。又,《金史·海陵纪》有"禁二月八日迎佛"之文。则是时以二月为佛节,但不知是初五日也。

端 午 龙 舟

端五节有龙舟之戏,相传以吊三闾大夫。本《荆楚岁时记》之说,但于吴地无涉。按,邯郸淳《曹娥碑》云:"五月五日迎伍君,逆涛而上,为水所淹。"《吴越春秋》以为起于勾践,盖悯子胥之忠而作。周栎园《书影》以为习水报吴,托于嬉戏。宗懔引《曹娥碑》谓是东吴之俗,事在子胥,不关屈氏。然则荆楚自为灵均,吴越自为子胥。犹吾地寒食在清明前,而并州寒食在冬中。并州寒食以悼介子推,非如《风俗通》所云冬至后一百四日、五日、六日为寒食也。

裹 粽 子

菱蒲叶裹秫米为粽子,见周处《风土记》,记有"秤锤粽"之名,至今沿之。《荆楚记》云:"夏至节日食粽。"今吾俗以端午,盖本《续齐谐记》五日以竹筒贮米投水祭屈原之意。周处《记》云:"五日用菰叶裹粽黍者,象阴阳相包裹未分也。"

悬 天 师 像

《秦中岁时记》云:"端午,都人画张天师像以卖。或泥塑其像,以艾为髻,以蒜为拳,置于门上。"今俗五日悬天师像。或蒜饰缯帛以市,亦此意。天师名陵,详十八卷。

祀 灶 灶马 灶门

六月四日及二十四日,家祀灶。按,《月令》:"夏祀灶。"孔氏《正义》云:"灶神常祀在夏。"俗祀于夏,固合礼然,但粉面作饵,素羞四簋而已。《白虎通》："祭灶以鸡。"东坡《纵笔》云："明日东家应祭灶,只鸡斗酒定燔吾。"范石湖《祭灶》诗："猪头烂肉双鱼鲜。"今相沿用素,其以佛待神耶? 明嘉定王槐《祀灶词》云："陉边烂煮黄毛鲜,一楪胶牙腻更圆。"是亦以鱼牲祀之。祀时以纸印灶神像供灶门,谓之灶马。见《辇下岁时记》,云:"都人至半夜,备酒果送神,贴灶马于灶上。" "灶门"见周处《风土记》。俗谓之灶君殿,而以爨门为灶门,非是。

穿　　针

《荆楚记》:"七夕,妇女结彩楼,穿七孔针,陈瓜果于庭中,以乞巧。有喜子网于瓜上,以为符验。"案,《西京杂记》:"汉彩女常以七月七日穿七孔针于开襟楼。"是汉时已然。庾信《对烛赋》:"月下穿针觉最难。"此不指七夕。　又,《下黄私记》:"八九月中,月轮外时有五色云,呼女子持针线,小儿持纸笔,向月拜之,谓之乞巧。"是不独七夕矣。

盂　兰　盆

七月十五日,寺僧设盂兰盆会。案,宗懔《岁时记》引《盂兰盆经》云:"目连救母于是日,具百味五果以著盆中供佛。"《瞿仙运化〔元〕枢》以为丁令威救母①。《释氏要览》云:"盂兰,华言解倒悬也。"宋本《颜氏家训·终制篇》云:"有时供斋,及七月半盂兰盆,望于汝也。"是六朝时已行之。陆放翁《老学庵笔记》:"蜀中中元焚盂兰盆,以占冬之寒暖:向北倒则寒,向南则温,东西则寒暑中。有'盂兰盆倒则寒来'之谚。"晏元献诗有云:"家人愁溽暑,计日望盂兰。"则盂兰盆乃以占风气者。《梦华录》云:"以竹斫成,三脚,上织灯窝,谓之盂兰盆。买素食、(擦)〔穄〕米饭享先,以告报秋成。"今相沿作佛氏之说而不知其故矣。

---

① 清俞樾《茶香室丛钞》卷十三"目连即丁令威"条:"国朝钱曾《读书敏求记》云:《瞿仙运化元枢》一卷,以中元为丁令威救母之日,释氏谓之目连。未悉其所本何自。按,此则目连即丁令威矣。"

是日，家祭多以素食，云祖先当赴观盂兰盆会也。按，《梦华录》："七月十五日，供养祖先，以素食。"陆放翁《笔记》："故都于中元具素馔享先。"则宋时已然。卢熊《苏州府志》："嘉熙间，郡守王公遂怪盂兰会之不经，作文禁止，云：'以时思亲，当祭诸庙。'卢云：'今之祀祖，其从王公之教乎？'而羹饭内犹设素食。俗皆云：'祖宗当赴观盂兰会，不敢茹荤也。'"

登　　高

重阳登高，见吴均《续齐谐记》："费长房语桓景：'九日当登高，饮菊叶酒。'因齐家登山。"孟嘉从桓温游龙山落帽，亦是九日登高故事。然无登高之文。后相承为故事。如宋武帝在彭城时，九日上项羽戏马台登高。见《南齐书·礼志》。齐武帝九日出商飙馆，登高宴群臣。见《本纪》，馆在孙陵冈。唐中宗临渭山登高。见《全唐诗话》。皆是。　古人登高，不止重阳。石虎《邺中记》："正月十五日有登高之会。"桓温参军张望有《七日登高》诗。韩退之有《人日城南登高》诗。盖即《老子》所云"众人熙熙，如登春台"之意。

重　阳　糕

《吴郡志》："九月九日食重阳糕。"桑悦《太仓志》云："以糖、肉、诸果、杂面为糕，谓之重阳糕。"按，谢在杭《五杂组》引吕公忌云："九日天明时，以片糕搭儿女额，祝曰：'愿儿百事俱高。'"此古人九日作糕之意。李后主《登高文》："玉醴澄醪，金盘绣糕。"宋时，九日以花糕赐近臣。

拜　　冬

冬至日相揖贺，曰拜冬。按，《宋书·礼志》："魏晋冬至日，受万国百寮称贺，因小会，其仪亚于岁旦。"蔡邕《独断》云："冬至阳气起，君道长，故贺。"则前汉已行贺礼。《齐书》："库狄伏连，冬至之日亲表称贺。"崔寔《四民月令》云："冬至之日进酒肴,贺谒君师耆老,一如正日。"至赵宋益盛。详《梦华录》及赵与峕《宾退录》。周遵道《豹隐纪谈》："冬至互送节物,颜侍郎度有诗云:'至节家家讲物仪,迎来送去费心机。'"今吾俗犹然。又云:"吴门俗重至节,谓曰肥冬瘦年。"此俗所云"冬至大如年"也。

九　　九

《荆楚记》："俗以冬至次日数至九九八十一日,为寒尽。"今有"连冬起九"之说。谓从冬至日数之,非是。"一九二九,相逢不出手"等语,周遵道《豹隐纪谈》载之。夏至后,亦有九九谚语。今吾俗不传。

腊　八　粥

《梦华录》："十二月初八日,诸僧寺作浴佛会,并送七宝五味粥与门徒,谓之腊八粥。都人是日亦以果子杂料煮粥。"今俗尚有之。陆放翁诗谓之佛粥。"今朝佛粥更相馈"。

廿四夜 小节夜

腊月二十四,家设馄饨素羞祀灶。夏祀灶以昼,是日则以夜,谓之廿四夜。按,《风土记》云:"灶神翌日朝天白一岁事,故先一日祷之。"《梦华录》云:"是夜,贴灶马于灶上,以酒糟涂抹灶门,谓之醉司命。"范石湖《村田乐府·序》亦云。然今俗不以糟,以饧,谓胶其口,使不得言。石湖《吴郡志》谓之胶牙饧。《梦华录》同。是其风已久。《荆楚记》则在初八日。《记》又云:"元旦进胶牙饧,取坚固之意。"此名同意异者。宗懔云:"是日并以豚酒祭灶神。"按,汉阴子方腊日见灶神,以黄犬祭之。知前代无用蔬菜者。《坚瓠集》云:"宋人以腊月二十四日为小节夜,三十日为大节夜。"今俗以除夕前一日为小节夜,非是。

跳灶王 <small>跳,音条</small>

腊月丐户装钟馗、灶神,到人家乞钱米。自朔日至廿四日止,名曰跳灶王。跳呼如条。王作"巷"平声。按,即古之大傩,见《月令》。称灶神曰灶王,见唐李廓《镜听词》:"匣中取镜辞灶王。"谓之跳灶王者,旧俗在二十四日,是日必祀灶,有若娱灶神者。犹满洲祀神谓之跳神也。后以一日不能遍改而先期,今遂以月朔始矣。装钟馗、灶神,即方相氏,蒙熊皮,黄金四目,执戈扬盾,以索室驱疾之遗意。又有扮作灶公、灶婆者。《秦中岁时记》云:"岁除日进傩,皆作鬼神状。内二老儿为傩公、傩母。"

贴门神钟馗

《宾退录》云:"除夕,用镇殿将军二人,甲胄装。门神亦曰门丞。"卢公武《苏州志》、王文恪《姑苏志》并云:"初夜夜分,易门神。"俗多用秦叔宝、尉迟敬德,盖本唐小说。或贴钟馗像,则始于唐开元中。《唐逸史》:"明皇因疾,昼梦蓝袍鬼从一小鬼,擘而啖之,自称终南山进士,誓除天下虚耗之孽云云。乃诏吴道子如梦图之,批其后曰:'因图异状,颁显有司,岁暮驱除,可宜遍识,以祛邪魅。'"刘禹锡有《代杜相公及李中丞谢赐钟馗历日表》。《五代史·吴越世家》:"岁除,画工献钟馗击鬼图。"沈存中《补笔谈》:"熙宁五年,上令画工模拓吴道子钟馗像镂版,除夜,遣内供奉官梁楷就东西府给赐钟馗像。"胡浩然《除夕》诗云:"灵馗挂户。"按,刘宋征西将军宗悫有妹名钟葵。见其母郑夫人墓志。《梦溪笔谈》载之。今俗有钟馗嫁妹图,盖以此而讹。后魏有李钟馗。《北史》:尧暄本名钟葵,字辟邪。又,《恩幸传》有宫钟馗。其名已久,特开元始有画耳。

守 岁 <small>压岁钱</small>

除夕,达旦不眠,谓之守岁。见周处《风土记》。孟襄阳诗:"续明催画烛,守岁接长筵。"少陵《杜位宅守岁》云:"守岁阿戎家。"或误刊作"阿咸"。东坡与子由诗:"欲唤阿咸来守岁。"本此。东坡有《守岁》、《馈岁》诗,《序》云:"岁晚相馈问,为馈岁。"[①]此即今之送年礼也。 除夕有压岁钱,未知所始。陈其年《岁寒词小序》有云:"且充压岁之钱,姑贮辞年之酒。"除夕辞年,亦俗礼也。东坡诗《序》:"岁晚,酒食相邀,呼为别岁。"今但拜辞而已。

---

① 苏轼《馈岁》、《别岁》、《守岁》三诗序云:"岁晚相与馈问,为馈岁。酒食相邀呼,为别岁。至除夜达旦不眠,为守岁。蜀之风俗如是。余官岐下,岁暮思归而不可得。故为此三诗寄子由。"

卷二

放 爆 仗

纸裹硫黄,谓之爆杖,除夕、岁朝放之。案,(唐)〔宋〕高承撰《事物纪原》云:"魏马钧制爆仗,隋炀帝益以火药杂戏。"是爆仗之名,元魏已有。然范石湖《村田乐府》云"截筒五尺煨以薪","当阶击地雷霆吼",则是时犹以竹爆也。爆竹辟鬼,其说始于东方朔《神异经》,六朝时用之岁朝,见《荆楚岁时记》。后兼用之除夕。张说《守岁》诗:"竹爆好惊眠。"薛能《除夜作》:"竹爆和诸邻。"是也。火药杂戏,盖即今放挑竿之始。

烧 香

李相之《(览)〔贤〕已集》谓:烧香始见《晋书·佛图澄传》。案,《吴志》:孙权谓张津"著绛帕头,烧香,读道书"。《后汉·襄楷传》注谓津为交州刺史时事。又,《江表传》:"有道士于吉来吴会,立精舍,烧香,读道书。"又,《汉武故事》:"昆邪王杀休屠王,来降,得其金人之神,置之甘泉宫,其祭不用牛羊,惟烧香礼拜。"则汉魏已有之,盖始于二氏。

行 香 香炉

僧道法事有行香。姚宽《西溪丛语》谓起于后魏及江左齐梁间。初以香末散行为行香。唐以后,则斋主持香炉巡行坛中及街市。至今皆然。案,释氏《贤愚经》:"为蛇施金设斋,令人行香僧手中。"①此

---

① 大正藏《贤愚经》卷三:"蛇令彼人次第赋香。""赋",宋、元、明本作"付"。

香末散行之行香也。《唐会要》:“开成五年四月,中书门下奏:天下州府每年常设降诞斋行香,后令以素食宴乐。”此持炉巡行之行香也。“香炉”,见《法苑珠林》,云:“佛说法时,常执香炉。”

做道场

延请僧道作法事,曰做道场。道场见《华严经》:“佛在菩提道场,始成正觉。”《指月录》:“智者禅师居天台二十二年,建大道场一十有二所。”颜之推《归心篇》云:“若能(借)〔偕〕化黔首,悉入道场。”

打醮

延羽流禳祆[1],曰打醮。案,《吴志·吕蒙传》:“蒙病笃,权命道士于星辰下为之请命。”则是时已有之。宋陈羽《步虚词》:“汉武清斋读鼎书,内官扶上画云车。坛上月明宫殿闭,仰看星斗礼空虚。”似汉武时已行醮法,但不见所出。《竹书纪年》:“黄帝五十年七月,天雾三日三夜,昼昏,帝游洛水上,见大鱼,杀五牲以醮之。”是黄帝时已有醮矣。唐时此风最盛。吾家逋翁及李义山、赵嘏、姚鹄,皆有诗言醮事。

谢土

《论衡·解除篇》云:“世间缮治宅舍,凿地掘土,功成作毕,解谢土神,名曰解土。”《东观汉记·钟离意》:“出奉钱,使人作市屋,既成,谓解土,祝曰……”案,即今所谓谢土也。又,《范史·来历传》:“安帝太子惊病不安,避幸乳母王圣舍。邴吉以为圣舍新修,犯土禁。”今俗营造遘疾,谓之犯土。谢土司盖本此。

---

① 祆,同“祸”。

躲　煞

始死有所谓煞者。富家延僧道作法，曰接煞；贫者扃门尽室出，曰躲煞。案，《颜氏家训》云："偏傍之书，死有归煞。子孙逃窜，莫肯在家。画瓦书符，作诸厌胜。"是此风已久。

七　七

人死，有"七七"之说。每七日作道场，云死者当轮见十殿阎罗也。案，《北史·林邑国传》："人死，每七日，燃香散花，哭尽哀尽，七七而罢。至百日、三年，亦如之。"又，《魏明帝纪》："胡国珍死，诏自始薨至七七，皆为设千僧斋。"又，《北齐书·孙灵晖传》："为南阳王绰师，绰死，每至七日，灵晖为请僧设斋。"赵耘菘以为"元魏时道士寇谦之教盛行，而道家炼丹拜斗，率以七七四十九日为断，遂推其法于送终，而有此七七之制耳"[①]。韩琦《君臣相遇传》："英宗即位，光献后谓琦曰：'初立他为皇子时，臣僚多有言不当立者，恐他见后心里不好，昨因斋七，并焚于钱炉矣。'"斋七即做七也。考《日知录》云："本于《易》'七日来复'，是以丧期五五、斋期七七，皆《易》数也。又缘'皋复之礼'，以为七七缘起。"见初刻第八卷。此盖先生未定之书，重订则删之矣。博罗张萱作《疑耀》，云："初生七日为腊，初死七日为忌。一腊而一魄成，故七七四十九日而七魄具。一忌而一魄散，故七七四十九日而七魄消。"此"七七"之名所由起。临淮某氏《新语》谓："始死七日，冀其一阳来复也。祭于来复之期，以生者之精诚，召死者之神爽。七七四十九日不复，则不复矣。四十九日，河图之尽数。此语有讹。河图尽数，五十有五。四十九，乃揲蓍之数。数尽而止，生者亦无可如何也。或谓七为火数。火主化，故小儿生而七日一变。逢七而祭，所以合

_____

① 见清赵翼《陔余丛考》卷三二"七七"条。

变化之数。"①常熟徐复祚《村老委谈》云："人死，魄遇七而散。如甲子日死，则数至庚午为一七。甲，木也。庚，金也。金能克木，又冲子，谓之天克地冲。遇一日而散，至七七而尽也。"此说本之《论衡·订鬼篇》。郎瑛《类稿》引《淡香亭闲话》，又以为僭行古诸侯七虞之礼②。众说不同。要之，佛氏之说，无足深考。李文公作《杨垂去佛斋说》云：垂撰《丧仪》，其一篇云《七七斋》，翱以为非礼，时论去之。皇甫持正作《韩公神道碑》云："遗命，凡俗习画写浮屠、日以七数之说，无一污我。"

谢　孝

亲死，至七七，缞绖出，遍谢戚友，曰谢孝。案，丘琼山《家礼仪节》云："世俗亲友来吊，孝子必具衰绖，躬造其门，谓之谢孝。"则前明已有此风。

烧　羹　饭

祀先曰烧羹饭。见王硕园昊《当恕轩偶笔》，云："元朝人死，致祭曰烧饭，大祭曰烧马。"俗呼祀先曰烧羹饭，祀神曰烧纸马。盖犹本元人语。北人设祭曰摆饭。

鸡　毛　文　书

《汉书·光武纪》注引《魏武奏事》曰："有急，以鸡羽插木檄，谓之羽檄。"此今鸡毛文书所祖。

抽　签　讲　书

学使者初至，以筒贮签，书诸生名，抽得者令讲"四子书"一章，以

---

① 此称"临淮某氏《新语》"，他处尚多，如本卷下文"银指甲"条、卷六"箍桶"条有"临淮《新语》"之说，卷八"跨灶"条有"临淮人《新语》"之说，均指屈大均《广东新语》。屈大均，广东番禺人，其著作于乾隆三十九年(1774)遭焚毁。"临淮"云云，当为避文字狱。
② 明郎瑛《七修类稿》卷一八"七七义"条："常思以为虞祭有七之义，此亦未通。"

为故事。案，廖莹中《江行杂录》："司马温公任崇福时，每日与本县十许人讲书，用一大竹筒，筒内贮竹签，签上书学生姓名，讲后一日即抽签令讲，不通，则微责之。"是其风始于温公。

说　　书

茶肆倩工讲说稗官演义曰说书。案，王荆公作《贾魏公神道碑》云："景祐元年，始置崇政殿说书，而以公为之。"又，《傅简公佳话》云："太祖即位，召山人郭无为于崇政殿讲书。至今讲官所领阶衔犹曰崇政殿说书。"则宋初已以讲书为说书。李心传《朝野杂记》云："崇政殿说书，渡江后，尹彦明以秘书郎兼之。绍兴中，陈少南以博士兼说书。乾道末，崔大雅以正字兼说书。此国朝所未有也。"又，"开禧元年，置资善堂说书。绍兴（五）〔三〕十二年，置皇子位说书"。《汉成帝纪》：召郑宽中、张禹说《尚书》《论语》于金华殿中。此说书之始。

灯　　谜

灯节，好事者作隐语，令人揣测，谓之灯谜。见《正字通》，云："曹娥碑阴、大明寺壁、东坡砚盖之类，犹俗之灯谜。"朱存理《今古钩玄》："古所谓庾词，即今之隐语，而俗谓之谜。吴人元夕，多以此为猜灯。"钱虞山《癸亥元夕》诗："猜残灯谜无人解。"案，钱氏《私志》载："王荆公字谜甚多。盖即灯谜之祖。"王鏊《姑苏志》云：上元作灯市，藏谜者曰弹壁灯。

缠　　足

女生五六岁，以布缠其足，令小。王暐《道山清话》、张邦基《墨庄漫录》皆云始于李后主"令宵娘以帛绕脚，使纤小屈上，作新月状。人皆效之"。案，齐东昏侯潘妃有"步步生莲花"之说。温飞卿《靓妆记》载古乐府《双行缠》词云："新罗绣行缠，足趺如春妍。"又，吴均诗："罗窄裹春云。"盖古时男女皆缠足。自后主始以小为尚耳。杜樊川诗：

"钿尺裁量减四分,纤纤玉笋裹轻云。"林坤《诚斋杂记》引此,谓"纤纤玉笋",似是时已缠足。韩偓《屧子》诗:"六寸肤圆光致致。"以今尺较之,不及五寸。盖入后愈尚小已。

穿　耳

女生三四年,为之穿耳,以环贯之。案,《南华经》:"天子之侍御不爪揃,不穿耳。"刘熙《释名》:"穿耳施珠曰当。"《三国志》:"诸葛恪云:'母之于女,天性之爱,穿耳贯珠,何伤于仁?'"是此风已久。陶九成谓中国效彝人为之。恐未必然。

凤仙花染指甲

万历《昆山志》云:"七夕,妇女以凤仙花染指甲。"案,此法自宋有之。周草窗《癸辛杂识》云"凤仙花红者,捣碎,入明矾少许,染指甲,用片帛缠定过夜。如此三四次,则其色深红,洗涤不去。日(人)〔久〕渐退。回人多喜之"云云。今吴俗皆然,但不必在七夕。

银　指　甲

刘言史《乐府》:"月明如雪金阶上,迸断玻璃义甲声。"临淮《新语》云:"义甲,护指物也。或以银为之。甲外有甲,谓之义甲。"凡物非真而假设之者,皆曰义。俗用"银指甲",亦有本。

留　头

小儿三四岁留顶发,女子十三岁全留不剃,名曰留头,古谓之上头。晋乐府:"窈窕上头欢,那得及破瓜。"庾肩吾诗:"故年齐总角,今春半上头。"韩偓有《新上头》诗。案,男子留发,古亦谓之上头。《南史·孝义传》:"华宝年八岁,父往长安,临别曰:'须我还,为汝上头。'

长安陷,父不归。宝年七十,犹不冠。"盖留发则以冠笄加之,故并可云上头。又考《既夕礼》:"主人说髦。"注云:"儿生三月,剪发为鬌,男角女羁,或男左女右,长大犹为饰存之,谓之髦。所以顺父母幼小之心。"朱子云"亲死,然后去之"。即《礼》所谓"小敛,主人脱髦",《左传》所云"岂如弁髦而因以敝之"。则古人之发亦不尽留也。

撒　帐

《汉武内传》:"武帝与李夫人共坐帐中,宫人遥撒五色同心果。帝及夫人以衣裾受之。云得多得子多也。"孟氏《梦华录》云:"凡娶妇,男女对拜毕,就床。女向左,男向右坐,妇女以金钱彩果散掷,谓之撒帐。"唐睿宗女荆山公主出降,有撒帐金钱,大径寸,文曰"长命守富贵"。

传　彩　席

《芥隐笔记》及《辍耕录》俱云:"今新妇到门,则传席以入,弗令履地。"案,此风唐时已有之。乐天《春深娶妇家》诗:"青衣转毡褥,锦绣一条斜。"

跨　鞍

女临嫁,以马鞍置轿前跨之。案,《五代史·刘岳传》云:"婚礼亲迎,有女坐婿鞍合髻之说。尤为不经。士大夫家且有行之者。"是此风始于五代。《姑苏志》云:"婚礼有知节、跨鞍、坐床、传宝之目,特为烦猥。"昆山郑文康字介庵,正统进士,有《平桥稿》。《俗礼歌》序云:"昆俗娶妇,俗礼甚多。若所谓跨鞍、问龙、进宝、搂饭甑、传彩、斩蔗之类,一无所据。士大夫家亦安而行之,略不怪耻。"

附郑氏《跨鞍》诗:"莫跨鞍,莫跨鞍,跨鞍未必家平安。自注:"俗传'要平安,须跨鞍'"。鞍高足小跨不过,露出绣鞋人共看。东家娶妇有鞍跨,西家无鞍争笑话。谁知一跨心胆粗,乱走胡行都不怕。呜呼!跨鞍不如不跨好，俗礼纷纷奚足道。"

暖房夜饭

婚次夕，夫妇同席饮，谓之暖房夜饭。盖本王建《宫词》"太仪前日暖房来"之语。《五代史》：后唐同光二年"张全义进暖殿物"。《辍耕录》谓之暖屋，亦曰暖室。本为屋新建及初迁居之词。新妇初来亦新居也。

馈　盘 　馈，音暖，亦作"餪"

嫁女三日，馈熟食，曰馈盘，亦有出。丁度《集韵》云："婚二日而宴，谓之馈。"《广韵》："女嫁三日送食，曰馈。"《字林》讹作"㛟"，注云："馈女也。""㛟"即"嫩"字。

双　回　门

新妇满月归宁，婿同往，谓之双回门。案，《春秋·宣公五年》："九月，齐高固来逆叔姬。""冬，高固及子叔姬来。"《左氏传》："冬来，反马也。"杜注："礼，送女，留其送马。三月庙见，遣使反马。高固遂与叔姬俱宁。"此即双回门之始。桑悦《州志·风俗》云："成婚者，朝则道鼓乐，婿拜女家，谓之转马。"案，此乃俚俗所云望冷静也。

牵　羊　担　酒

娶妇有牵羊担酒之礼。案，《南史》："王敬弘以女适孔淳之子，淳之以乌羊系所乘车，提壶为礼，至则尽欢共饮。"盖始此。山谷《次子瞻韵》云："诚堪婿阿巽，买红缠酒缸。"①绍兴间，任渊注云："今人定婚

---

① 此诗见《山谷集》卷二，原题是《子瞻诗句妙一世，乃云效庭坚体，盖退之戏效孟郊、樊宗师之比，以文滑稽耳，恐后生不解，故以韵道之》。

者，多以红丝缠酒壶云。"阿巽，东坡孙女。

合　啼　鸡

《姑苏志·风俗》云："初婚后，以双鸡逆女，谓之合啼鸡。"今俗犹有此称。或作"合蹄"，非。

看　席

《正字通》谓："今俗，燕会黏果列席前，曰看席。即古之饤坐，谓饤而不食者。"案，今宴神用看席，亦曰看桌。

做诞期 俗讹为"搭期"

儿生周岁，履虎头鞋，带张生巾，粉糯米作期团，供南极老人像，谓之做诞期。富家设期场，陈百物其中，以试儿所欲。案，《颜氏家训》："江南风俗，儿生一期，为制新衣，盥浴装饰，男用弓矢纸笔，女则刀尺针缕，并饮食之物及珍宝服玩，置之儿前，观其所取，以验愚智，名为试儿。"则此风久矣。

下摇篮 沤篮

子生三日，外家馈朱漆竹筐，使之卧，名曰下摇篮。案，李戒庵《漫笔》引郭晟《家塾事亲》云："古人制小儿睡车，曰摇车。以儿摇则睡故也。"今人眠小儿竹篮曰摇篮，即摇车也。是明初已有此名。摇篮亦曰沤篮，有下沤篮、饼沤篮之名，不可知。案，毛西河《诗话》："尝过西昌萧孟昉子长，千佛寺出沤篮菜饼，共作《沤篮饼》诗。"但沤篮无考。或作沤蓝，或作吴蓝，俱无所据。思意其先盖有生子作沤蓝菜饼会客者，后遂讹以名篮。西河云："或谓海中有沤蓝国献此菜，故名。"

做满月

儿生一月,染红蛋,祀先,曰做满月。案,《唐·高宗纪》:"龙朔二年七月,以子旭轮生满月,赐酺三日。"盖始于此。"满月"字始见《北史·汲固传》:"刺史李式子宪生始满月。"张籍诗:"幼子始生才满月,选书知写未成人。"

摸盲盲

小儿以巾掩目,暗中摸索,谓之摸盲盲。始于唐明皇、杨妃之戏,号"捉迷藏"。见《致虚阁杂(组)〔俎〕》。元微之《杂忆》诗:"忆得双文胧月下,小楼前后捉迷藏。"范公偁有《题扇上小儿迷藏》诗。

穿跟斗

唐崔令钦《教坊记》:"汉武帝时,天津桥设帐殿,酺三日。教坊一小儿筋斗绝伦,缘长竿倒立,寻复去手,久之,垂手翻身而下。"案,即今所云"穿跟斗"也。朱子诗:"只么虚空打筋斗。"俗又转为"跟倒",盖言脚跟倒转也。

走绳索

走绳索之戏,自汉有之。《西京赋》:"跳丸剑之挥霍,走索上而相连。"李崇贤注:"索上长绳系两头于梁,举其中央,两人各从一头上,交相度,所谓舞组者也。"若老杜《千秋节》诗"走索背秋豪",此乃打秋千之戏。

踏高跷 跷,音跷

《白六贴》引《列子》云"宋有兰子,以技干宋元君。以双枝,长倍其身,属其胫,并趋并驰"。周栎园《书影》云:"双枝属足,即今踹高跷之戏。"又云："高跷之戏,习于著屐,寸寸而上之,长倍身矣。"《旧唐书》："梁有长跷伎、吞剑伎,今并存。"长跷即高跷也。

踏　大　辀

低田水淹,农人鸣金,聚耦戽水出,谓之踏大辀。案,李萍槎_{继贞}《沤花筑杂录》记："周文襄忱抚吴时,遇水灾,置官车以戽水,号'大辀车'云。"宜作"大彭"。《诗》："行人彭彭。"义谓众盛,音与"辀"同。犹言大家俱可来踏也。《汉书》："淮南王安使陈喜、枚赫作辀车。"

伴　大　夜

乡里人初死之夕,用乐人彻夜,名曰伴大夜。案,"大夜"二字亦有出。庾子山《步陆逞神道碑》："爱在盛年,先从大夜。"即古诗所云"长夜"也。用乐则鄙矣。古婚礼不用乐,况凶丧乎?今庶民家有丧,尟不用乐者。

养　瘦　马

妓家买小女子,葺理诱养,名曰养瘦马。案,乐天诗："莫养瘦马驹,莫教小妓女。"盖本此。

上　马　杯

临行酌酒,曰上马杯。见朱子《名臣言行录》"寇准荐王钦若守魏,遽酌大白饮之,曰上马杯"。

买　妾　看　钱

买妾不成与之钱,曰看钱。案,廉宣《清尊录》："兴元民饰小儿为女子,不使人见,贵游好事者踵门,一觌面辄避,犹得钱数千,谓之看钱。"则此风自宋已然。

弃 妻 手 印

黄山谷《杂论》引郑注《周礼》"质剂若今下手书",贾公彦疏:"汉时下手书即今画指券。"山谷以为"即细民弃妻手摹者,否,则今婢券不能书者,画指节;及江南田宅契,亦用手摹也"。江阴李氏诩《戒庵漫笔》云:"今细民弃妻,无论能书不能书,皆仍手摹之习,婢券、田宅契则不然。"今吾俗亦耳。

僧 道 赊 钱

僧道法事毕,与之钱,曰赊钱。案,《玉篇》"赊"注:"赊钱也。"《正字通》云:"供斋下赊礼。"俗语所谓"有斋有衬",当为此"赊"字。《广韵》与"嗏"同。嗏,施也。案,隋炀帝《与法师奉智书》云:"弟子一日恭嗏。"是亦可作"嗏"。

赌 钱 捉 头

《唐国史补》云:"今之博徒,假借分画,谓之囊家。什一而取,谓之乞头。"乞头,即俗所谓捉头。

蜡 嘴 算 命

有畜蜡嘴鸟衔纸牌算命者。案,《本草》云:"桑扈一名'蜡嘴',俗多畜其雏,教作戏舞。"李东阳诗云:"山茶花发争芳菲,翠领蜡嘴相光辉。"即此鸟也。以嘴黄似蜡,故名。

茶坊挂字画

宋耐得翁《古杭梦游录》云："大茶坊张挂名人书画。在京师只熟食店挂画，所以消遣久坐也。今茶坊皆然。"俗并行之剃头铺矣。

唱 盲 词

《杨诚斋集》有《听盲妇携琵琶唱鼓子词》。支小白撰《小青传》云："或呼琵琶唱盲词。"今人谓之"盲字"，"字"为"词"字之转。以为盲者所唱，故名。

唱 道 情

张籍诗"与君学省同官处，常日相随说道情"，盖为有道之心情。谢康乐诗"拯溺由道情"是也，俗谓弹唱故事者为唱道情，盖本此。

唱 山 歌

叶盛《水东日记》云："吴人耕作，或舟行之劳，多讴歌以自适，名'唱山歌'。"陆容《菽园杂记》云："吴越间好唱山歌，大率多道男女情致而已。"案，宋释文莹《湘山野录》载："吴越王为牛酒，大陈乡人，高揭呈喉，唱山歌以见意。"是唱山歌之称久矣。 "山歌"见乐天诗："山歌猿独叫。"又，《琵琶行》云："岂无山歌与村笛。"李益诗："山歌闻竹枝。"盖谓山野之歌。

子 平 算 命

术家推命，有子平之称。吴青坛《读书质疑》云："起于唐殿中侍御史李虚中。宋有徐子平者，精其法。后世术士宗之，故但称子平。

或云：子平名居易，五季人，与麻衣道者陈图南等隐华山。今之推子平者，其实祖宋徐彦昇，非子平也。"思案，李虚中，昌黎有《墓志》，盛称其深于五行书。以人之始生年月，所值日辰，支干相生，胜衰死旺相斟酌推之，百不失一二。盖推命之法，至虚中始精，子平本之以得名耳。

看 风 水

堪舆家曰看风水，见《朱子大全集》："尝与客谈世俗风水之说，曰：'冀州好一风水：云中诸山，来龙也。岱岳，青龙也。华山，白虎也。嵩山，案也。淮南诸山，案外山也。'"赵与峕《宾退录》引之。孟康《汉书注》云："堪舆，神名，造（舆）〔图〕宅书者。"

贴 招 子

高士奇《天禄识余》云：《齐谐记》有"失儿女零丁"。谢承《后汉书》：戴良有"失父零丁"。零丁，今之寻人招子也。

八 行 书

书信往来纸笺，有曰八行书者。见马融《与窦伯向书》："两纸，八行，行七字。"朱锡鬯《得孙致弥诗》所云"八行书肯报潜夫"也。

卷三

通 草 花

《古今注》："秦始皇制冠子,令妃嫔当（昼）〔暑〕戴芙蓉冠,插五色通草苏朵子。"是通草花秦已有之。《南部烟花记》："张丽华梳凌云髻,插白通草苏朵子。"《夷坚志》："饶州民李小一以制造通草花朵为业。"

五 时 衣

催妆盒,相沿用五时衣。其名见《后汉·东平宪王传》："帝阅阴太后旧时衣服,怆然动容,命留五时衣各一袭。"

髳头 髳,本音陟贿切,俗呼作"吼"平声

《广韵·十四贿》"髳"字注："假发髳也。"今俗,新嫁娘假髻有"髳头"之称。考《晋书·五行志》："太元中,公主妇女必缓鬓倾髻为盛饰。用髮既多,不可恒戴,必先于木及笼上装之,名曰假髻。"其制始于此。

睡鞋 膝裤

闺阁中,临寝著软底鞋,曰睡鞋,取足不放弛也。案,《南部烟花记》："陈后主宫人卧履,以薄玉花为饰,内散以龙脑诸香。"则是时已有睡鞋。 古男女足衣俱称膝裤。今楚俗犹然。宋秦桧死,高宗谓杨和王曰："朕今日始免膝裤中带匕首。"《炙毂子》云："三代时号角袜,前后两足相成,中心系带。"是即今之膝裤也。《致虚阁杂俎》谓始于杨妃,未的。

钉 鞋 钉靴

雨行多用钉鞋。按，古人惟用木屐。《旧唐书·德宗纪》："入骆(宗)〔谷〕，值霖雨，道滑，东川节度使李叔明之子昇等六人著钉鞋、行縢，更控上马以至梁州。"钉鞋之名见于此。　又，皮靴亦曰钉靴，见《明史·礼志》："百官入朝遇雨，皆蹑钉靴，声彻殿陛。太祖令为软底皮鞋，冒于靴外，出朝则释之。"叶适诗："火把起夜色，丁鞋明齿痕。"即钉鞋也。

纽 襻 钮扣

衣纽之牝者曰纽襻。按，《类篇》："襻，衣系也。'扳'去声。"《汉·贾谊传》师古注："偏诸，若今之织成以为要襻及标领者。"按，"织成"，谓织现成之物，褥帐衣帽等皆有之。见《宋书·礼志》。此则织成之小者。刘孝标诗："襻带虽安不忍缝。"昌黎诗："妻瘦剩腰襻。"又，庾子山《镜赋》："裙斜假襻。"则凡带之可系结者，皆曰襻。《类篇》："或作襻，亦作袢。"《说文》："纽系也。一曰结而可解。"孔氏《玉藻》疏云："纽谓带之交结之处。"钮子为钮扣。按，《说文》："钮，印鼻也。""扣，金饰器口也。"《正字通》："凡物钩固者，皆曰钮。"如今搭钮之类。

鞋 帮 音邦

鞋面曰鞋帮，见宋王履道诗："凤鞋微露绣邦相"，《能改斋漫录》引之，谓"邦"即"帮"字。《广韵》"帮"注："衣治鞋履，出《文字指归》。亦作縍。"又，"鞤"字注："鞋革皮也。"《集韵》云："本作帮，又作鞤、韨。"

尖 头 靴

著靴喜尖头。按，周煇《北辕录》："淳熙中，张子政往贺金国生辰，其俗无贵贱，皆著尖头靴。"刘熙《释名》云："鞾，本胡服，赵武灵王所服。"《广韵》:"鞾,亦作靴。鞵,鞋也。"

开 裆 裤

童子七八岁,无男女,皆著开裆裤。按,《汉·外戚传》:"霍光欲皇后擅宠,虽宫人使令皆为穷裤。"师古注:"穷裤,有前后裆,不得交通。即今绲裆裤。"是则古妇女通著开裆裤。绲音魂,缝也。本音"衮",带也。绲裆裤,盖即俗所谓"裲裆裤"。裲音瞒,《广韵》云:"无穿孔。"《南史·高昌国传》:"著长身小袖袍、缦裆裤。"是外国之裤,始不开裆。

兜 膝

蔽膝曰兜膝。即古之韨也。古以韦为之,故字从韦。通作芾。《诗》:"赤芾在股。"今则以缯及布,无用韦者。卢辩《大戴记·公冠篇》注:"古者,田狩而食肉,衣其皮,先以两皮如韠,以蔽其前后。及后世,圣人易之以布帛,犹存其蔽前,示不忘古。尊祭服,异其名曰韨。其制,上广一尺,下广二尺,长三尺,其颈五寸,肩博二寸。"《清异录》:"温韬少无赖,拳人几死,拜逾数百,得不送官。既贵,拍金薄搭膝带之。"[①]"兜"盖"搭"字之转。

肚 兜 抹胸

刘氏《释名》有"抱腹",言上下有带,以抱裹其腹。按,今谓之肚兜,妇女所带,亦名抹胸。《中华古今注》谓之袜肚。隋炀帝诗:"宝袜楚宫腰。"

汗 衫

当暑衬衣有汗衫,以木芙蓉皮,或寸断小竹,纴线结之。按,师古

---

① 宋陶毅《清异录》卷上"金搭膝"条原文作"拍金薄为搭膝带之"。

《汉·石奋传》"厕牏"注云："近身小衣，若今之汗衫。"《中华古今注》云："汉高祖与楚战归，汗透其衣，遂改名汗衫。"

背　单

马缟《古今注》谓背子起于隋大业末。按，《拾遗记》："汉哀帝命董贤易轻衣小袖，宫人皆效其断袖，亦曰割袖。"此盖背子所由起。《玉篇》谓之"裲裆"，其一当背，其一当胸，此即背子之制。朱谋㙔《骈雅》所谓"胸背衣"也。《南史·柳元景传》："薛安都著绛衲裲裆衫，驰入贼陈。"今俗号曰背单。亦曰背搭，言可搭背心也。

霞　帔 音被

命妇服有霞帔。按，《三仪实录》云："披帛始于秦，帔始于晋，唐令三妃以下通服之。宋代帔有三等，霞帔非恩赐不得服，为妇人之命服，而直帔通于民间。"是霞帔之制始于宋，其名则起于唐。肃宗赐司马承祯红霞帔。帔，背子也，以其覆于肩背，故名。见程大昌《演繁露》。太白"受道箓于齐，有青绮冠帔一副"，见魏颢《李翰林集序》。是男子学道者，亦可服。元制，命妇服金搭子。即帔也。

襕　衫

秀才、举人公服曰襕衫。按，《纲目集览》："马周以三代布深衣，因于其下著衫及裙，名曰襕衫，以为上士之服。"考乐天诗云："醉翻襕衫抛小令"。《类篇》："衣与裳连曰襕。"或云当为"蓝衫"，取李固言"柳汁染袍"之意。故今公服多用蓝色。

鞓　带

方阔带曰鞓带。按，《姑苏志·杂事》"宋嘉祐中，昆山县海上飘泊一船,船中三十余人,系红鞓角带。方鹏《昆山志》讹作红鞋。详其人,乃新罗岛"云云。鞓,本作䩞,音汀。《玉篇》:"皮带也。"今俗声重,呼作挺。

毡 笠 子

小毡帽曰毡笠子。见《能改斋漫录》,政和间,有旨:"一应士庶,京城内不得辄戴毡笠子。"

凉 帽 顶子

夏秋间所服缨帽曰凉帽。见《辍耕录》:"河南王卜怜吉(死)〔歹〕尝郊行,天暖欲易凉帽,左右捧笠侍,风吹堕石上,跌碎御赐玉顶。"今帽上顶曰顶子,亦见此。又,"大德间,有回回巨商卖红剌石一块于官,用嵌帽上,大朝贺则服用之"。又,《元史》:"仁宗为太子时,淮东宣尉使撒都献七宝帽顶。"则帽之有顶,元制然也。

虎 脸 子

假面曰虎脸子,以其形可畏,号之曰虎。按,北齐兰陵王长恭白皙,类美妇人,著假面,与周师战金塘下,勇冠三军。此虎脸子之始。陆放翁《笔记》:"桂府进面具,以八百枚为一副,老少妍陋,无一相似。"即假面也。乐天诗《西凉伎》:"假面胡人弄狮子。"弄狮,即今俗所谓"跳大头"[1]。

搔 背 爬 如意

削角竹作手形,脊背痒处,手不能及,以此代之,名搔背爬。案,吕蓝玉《言鲭》云:"即古之如意杖,以其如人之意,故名。"亦曰"爪

---

[1] 按,白居易诗中所言"弄狮子"与后世舞狮表演不同,乃谓戴着假面和扮成狮子的演员同台演出。此处"弄"指"戏弄",为唐代戏剧的一种演出形式。

杖"。王敦以如意击唾壶,韦叡以白角如意麾军,唐宪宗赐李训犀如意,王昭远执铁如意指挥军事。皆是。今之如意,作云头屈曲状。释氏以文殊执之,道家以梓潼文昌执之,殊失古制。

钞 袋 钞,呼为"稍"

小颜《外戚传》注:"今苍头所携贮笔砚者,谓之照袋,以乌皮为之。始皇时谓之算袋。"按,今俗以布为之,名曰钞袋。钞讹为稍音。盖明代用钞,以此贮之,故有是称。今相沿不改尔。

苏 头

龚持宪《方言考》云:"俗谓绦帨之蕊为苏头。"晋挚虞云:"流苏者,缉鸟尾垂之,若旒然,以其蕊下垂,故谓之苏。"先子《邑乘小识》云:"吴音'苏'与'须'混,盖为须头之误。"

手 巾

盥手布曰手巾。见《汉名臣奏议》:"太后亲自以手巾拭王闳泣。"又,《〔国〕三老袁良碑》:"手巾各一。"又,秦嘉妇《与嘉书》"今奉越布手巾一枚",见《艺文类聚》。司马徽《江表传》云:"孙权使亲近以手巾拭潘濬面。"庾子山《对烛赋》:"手巾还欲燥。"

手 帕 子

王建《宫词》:"缠得红罗手帕子,当心香画一双蝉。"帕,亦作"帊"。

抹 布

陆伸《侬渠录》云:"船家以幡布为抹布,忌'翻'字也。"幡布,见

《世说》。今民间多称"抹布",船家曰汏䀲。俗亦呼"转布",从"翻"字转出。

界　尺

书塾中以木尺许镇书,曰界尺。二字见《五代史·赵光逢传》:"在唐以文行知名,时人称其方直温润,谓之玉界尺。"唐欧阳通号界尺曰由准氏,见《清异录》。或作戒尺,谓以戒饬塾童,即古夏楚之意,亦通。但镇压书纸则说不去。

桠　杈

扬子《方言》云:"江东呼树枝为桠杈。"今俗有此称,或书作"丫",亦通。《广韵》"丫"注:"象物开之形。"

面　杖

做面具曰面杖,旧有此称。宋廖莹中《江行杂录》载:"太祖在后周时,民间喧言'当立为天子',太祖密以告家人,其姊方在厨,引面杖逐击之,曰:'大丈夫临大事,可否当自决,来家恐怖妇女何为?'"

桹　杖

拄杖曰桹杖。案,《五代·汉高祖纪》:"遣王峻等奉表契丹,耶律赐以木桹一。持归,虏人望之皆避道。"[1]彭大翼《山堂肆考》云:"桹仙姓李,有足疾。西王母度之得仙,授以铁桹。"洪觉范诗:"一桹西风健行李。"《类篇》:"桹,与'桼'同,老人杖也。"

---

[1] 虏,原文作"卤",乃清代避讳而改。今改回为"虏"。下文同。《旧五代史·汉高祖纪上》:"又赐木桹一。蕃法,贵重大臣方得此赐,亦犹汉仪赐几杖之比也。王峻持桹而归,契丹望之皆避路。"

笊篱

汤中取物竹器曰笊篱,见《指月录》:"唐庞蕴居士访大同济师,师提起笊篱曰:'庞公!'庞云:'你要我笊篱,我要你木杓。'"亦作罘罳。杨诚斋诗:"罘罳亲捞微带生。"苏鹗《杜阳杂编》:"同昌公主出降,镂金为笊篱。"

筲箕　箲帚

盛饭器曰筲箕。见《海录碎事》引许慎《古今注》云:"陈留以饭帚为筲。"今人呼为筲箕。按,《说文》"筲"字注:"一曰饭器,容五升。一曰宋、魏间谓箸筩为筲。"①《类篇》作筲,并音梢。箲帚,见《广韵》,亦作"筅",注云:"饭具。"

粪箕

粪箕,见《续传灯录》:"僧问文悦禅师:'如何是第三句?'曰:'粪箕扫帚。'"扫帚,始见《南史·刘休传》:"休妻王氏妒,宋帝闻之,令休于宅后开小店,使王氏亲卖皂荚、扫帚,以辱之。"

钵盂

释氏盛食器及研药具曰钵盂。按,《世说》:"王、刘听林公讲。王云:'自是钵盂后王何人也?'"吴任臣《字补》云:"钵盂,僧家饭器。"岑参《太白胡僧歌》:"床下钵盂藏两龙。"亦作"盋盂"。《汉·东方朔传》注:"盂,食器也。若盋而大。"东坡《〔游〕中峰杯泉》诗:"戏取江湖入钵盂。"

---

① 《说文·竹部》"筲":"陈留谓饭帚曰筲。从竹捎声。一曰饮器容五升。一曰宋、魏谓箸筩为筲。"《海录碎事》引许慎《古今注》"之说有误。《海录碎事》无此语,《古今注》作者是晋崔豹。

注　子 <small>酒鳖　自斟壶　滴苏</small>

酒壶曰注子。见郑獬《觚记注》："唐时有注子，名偏提。"吕氏《言鲭》云："唐郑注为相，民间呼注子曰自斟壶。"明人《山家清事》云："偏提，即今之酒鳖。"按，酒鳖之称，以其形似也。　又曰："滴苏，当为急须之讹。"沈括《忘怀录》有行具二肩，其附带杂物内有虎子、急须子。陆容《菽园杂记》云："急须，溺器也。以其应急而用，故名。赵襄子漆智伯头为饮器。注：'饮，于禁切，溺器也。'今人以暖酒器为'急须'，'饮'字误之耳。吴音'须'与'苏'同。"又，转"急"为"滴"，遂呼为"滴苏"。

钱　筒

市肆以竹筒盛钱，号钱筒。案，《说文》"鲚"音项。注："受钱器也，古以瓦，今以竹。"则汉时已然。又，《赵广汉传》"鲚筒"注："若今盛藏瓶，为小孔，可入而不可出，或鲚，或筒，皆为此制。"

火　筒

灶下炊火具曰火筒。见《淮南子》："鼓橐吹埵，以销铜铁。"注："吹火筒也。"俗转"筒"为"通"。

梯　桄

梯上横木曰梯桄。桄，本音光，今作"狂"上声。按，释氏《大智度论》云："譬如缘梯，从一初桄而上。"字盖本此。

醡　床

压酒具曰醡床。"醡"亦作"榨"。山谷《放言》诗："榨床在东壁。"

《切韵》"醡"注："压酒具。"《玉篇》："又作醢。"

抽　　替

厨桌有版如匣可出入者曰抽替。按，周密《癸辛杂识》云李仁甫撰《通鉴长编》，"作木厨十版，每厨作抽替匣二十枚，每替以甲子志之"云云。盖取抽出而有所替代之意。又，《南史·孝武帝纪》："殷淑仪死，帝思之，为抽替棺，欲见辄引替。"此又仁甫抽替匣之所本。俗作屉。案，字书有"屜"无"屉"，惟《字汇》"屜"："音替，鞍屜也。"《类篇》"屜"注："履中荐也，音替，亦作'屟'。"

石敢当 石将军

立短石门首，镌"石敢当"三字，相传镇压风水。按，《急就篇》"罗列诸物名姓字"，有云"师猛虎，石敢当"。颜师古注："卫有石碏、石买、石恶，郑有石癸、石(到)〔制〕，皆为石氏。""敢当，言所当无敌也。"师猛虎亦人名。宋人《继古编》云："吴民庐舍，街衢直冲，必设石人或植片石，镌曰石敢当，以寓厌禳之旨。"则此风已久。俗读"当"作去声，或增"泰山"二字。皆非。又，考《五代史》"刘知远为晋押衙，高祖与愍王议事，知远遣勇士石敢袖铁椎以虞变，与左右格斗而死"。此又一石敢也。陈眉公《琐碎录》、刘元〔卿〕《贤奕编》俱以石敢当为五代时人，亦未之审矣。又，《汉书》："中郎将孟溢破贼张纯于石门，土人立庙祀之，庙侧立石，曰石将军，至今尚存。"今俗或称"石敢当"为"石将军"，亦有出。《淮南毕万术》云："埋石四隅家无鬼。"庾信《小园赋》："镇宅神以薶石。"薶，即"埋"字。

喇　　叭

吹器曰喇叭。见明总戎戚继光《新书·号令篇》，云："喇叭，军中吹器。"喇，读如"辣"上声。叭，读如霸。俗谓之号筒。正德间，高邮王磐有咏喇叭《朝天子》词，云："喇叭，唢呐，曲儿小，腔儿大。"时阉寺在外作威，所至多用号筒喇叭迎接，故云。见《坚瓠集》。

铁　懒

《侬渠录》云：“吴农呼垦田器四齿者音若‘铁懒’。”恐“懒”即“犁”音之转，当是铁犁。如班固《宾戏》内“赖”字，吴才老作力制切，是音“利”也。吴正传注《国策》“漆身为疠”云“癞、疠声近假借”。《中吴纪闻》云：“吴人呼‘来’为‘厘’，自陆德明始。”是可证也。陆氏《释文》“贻我来牟”、“弃甲复来”皆〔因〕〔音〕“厘”。

鹞　子　鹞，音效

清明前后，儿童竞放纸鸢，谓之鹞子，取其乘风高扬也，或作鹰隼形，呼曰“老鹰鹞”，不识鹞为何物矣。又以竹片缚纸鸢背，因风播响，曰鹞琴，即古之风筝。高承《事物纪原》云：“纸鸢，俗谓风筝，古传韩信所作，以量未央宫远近，欲穿地入宫应陈豨也。一云侯景攻台城，羊侃令小儿作纸鸢，藏诏于中，简文帝出太极殿前，因北风起，放之，冀得达援军，贼谓是厌胜，射落之。”按，二说皆无据。《五代史·李业传》云汉隐帝与业造纸鸢，为宫中之戏。盖始乎此。杨升庵谓：“唐人诗所谓风筝，乃檐前铁马。”详五卷“铁马”条。

走　马　灯

走马灯之名，见《姑苏志》：“上元作灯市，或悬剪纸人马于傍，以火运，曰走马灯。”周庚有《走马灯》诗。“何人刻楮作游龙，尾似流星耳逐风。一跃便当三万里，不知局促在环中。”

拨　弗　倒

吴梅村有《戏咏不倒翁》诗。按，即今儿童嬉戏之“拨弗倒”也。俗讹如佛佛倒。或以之侑酒，古名“酒胡”。《唐摭言》：“卢汪连举不第，赋

《酒胡子》以寓意,序曰:'巡觞之胡,听人旋转,所向者举杯,颇有意趣。然倾倒不定,缓急由人,不在酒胡。'"《陆桴亭集》有《酒胡歌》。

竹 夫 人

暑中床席间置竹笼以憩手足,谓之竹夫人。见东坡诗:"闻道床头惟竹几,夫人应不解卿卿。"自注:"世以竹几为竹夫人。"又诗:"留我同行木上座,赠君无语竹夫人。"陆放翁诗:"空床新聘竹夫人。"罗大经《鹤林玉露》云:"李公甫谒真西山,西山以竹夫人为题曰:'蕲春县君祝氏,可封卫国夫人。'"黄山谷《内集·赵子充示竹夫人诗,盖凉寝竹器,憩臂休膝,似非夫人之职,予为名曰青奴》诗云:"青奴元不解梳妆。"是其名起于宋,陆鲁望诗谓之竹夹膝。

汤 婆 子

床中暖足器有汤婆子。按,范石湖有《戏赠脚婆》诗,盖本山谷《暖足瓶》诗"千金买脚婆"句。东坡与杨君素札云"送暖脚铜缶一枚,每夜热汤注满,塞其口,仍以布单裹之,达旦不冷"云云。即今"汤婆子"之制也。然未有其名。吴匏庵宽有《汤婆子传》,号曰"汤媪,有器量,能容物"云云。其名盖起于是时。匏庵,明天启初相国也。

太师椅 交椅 杌子

高背大圈椅曰太师椅。见张端义《贵耳录》:"交椅即胡床,向来只有栲栳样,秦太师偶仰背坠巾,吴渊乃制荷叶托背以媚之,遂号曰太师样。"按,椅子之名,见《丁晋公谈录》:"窦仪雕起花椅子二,以备右丞及太夫人同坐。"又,王铚《默记》:"李后主入宋后,徐铉往见李,卒取椅子相待。铉曰:'但正衙一椅足矣。'引椅偏,乃坐。"椅,本作倚,以可倚靠也。《正韵》始作椅,盖以木所成,故从木,读倚。○"杌子"之名亦起于宋,见周益公《玉堂杂记》。胡三省《通鉴》注云:"胡床,今谓之交床,其制本自房中,隋恶'胡'字,改曰交床。"阮吾山云："今之交椅是也。"案，今俗转为高椅。

佛 郎 机

礮大者曰发郎机。案，《事物绀珠》："佛郎机铳，铜为管，大者千余觔，小者百余觔。佛郎，本海外国名，嘉靖二十八年入寇，败之，得其礮，即以为名。"俗以"佛"为"发"声转也。《说文》"礮"注："机石也。"今俗作"砲"。考《唐书·李密传》："以机发石，为攻城具，号'将军礮'。"是犹不用火药也。宋虞允文始用火药，后遂无用机石者。铳之制，亦起于明初。古只训鉴，音"蛮"，斤斧受柄处。《事物纪原》谓："轩辕作砲，吕望作铳。"不知何据。《事物纪原》一书，(唐)〔宋〕元(封)〔丰〕中高承增益朱绘《事原》为之。然宋陈振孙《书录解题》谓较《崇文总目》所云，多至数百事。是非元本。正德版且多至一千八百余事，则为明人所增益矣。郎瑛《类稿》谓《山谷集》中有"铳"、"䮝"等字，蜀人语也。

风 炉

煮茶炉曰风炉。见岑嘉州《晚过盘石寺》诗："岸花藏水碓，溪竹映风炉。"陆羽《茶经》云："风炉以铜铸之，如古鼎形，凡四窗，以备通飙漏烬之所。"山谷《谢黄司业寄惠山泉》诗："风炉煮茗卧西湖。"

蟹 簖

编竹，湖中以取鱼蟹，名曰蟹簖。按，字书无"簖"字。吴梅村《涂松晚发》诗："簖响若鸣滩。"《吴江县志》引陆鲁望《渔具诗·序》"列竹海澨曰沪"，今谓之簖。考陶九成引鲁望《蟹志》："渔者纬萧，承其流而障之，名曰蟹断，断其江之道焉尔。"则当为"断"字。《姑苏志》亦作"断"。

烟 草

男女相尚吃烟，渐至童稚亦然。按，辽阳刘廷玑《在园杂志》云：

"闽外人相传,高丽国妃死,王哭之恸,梦妃告曰:'冢生一草,名曰烟草,焙干,以火燃之,而吸其烟,则可止悲。'王如言采得,遂传其种。其国有盖露、佘糖、发丝等名。"《食物本草》云:"草顶数叶,名曰盖露。"姚旅《露书》云:"吕宋国在海中,后为佛郎国所并。有草名淡巴菰,一名金丝醺。"按,《明史》:"淡巴,西南海中国名,其地多草木。"菰,犹草也。或其地产此,故名。万历间,闽人得其种,植之,获厚利。崇祯初,以其通外,置重典,民犹冒死私植,后释其禁。以边军寒疾,非此不解也。自是植者益多,渐流入吾地。先辈志镇洋者列之土产,谬矣。康熙间《苏州志》已有之,云:"向无此种,明季始种植。"〇长洲韩宗伯菼酷嗜之。试六馆士有《淡巴菰赋》①。汪讱庵《本草》谓其醒能使醉,醉能使醒,饥能使饱,饱能使饥,代酒代茗,终身不厌。谓之相思草。鄙人雅不喜此,未之信也。

---

① 试六馆士,清代学者全祖望的号。

卷四

各　省

明陆氏容《菽园杂记》云："元制：内设中书省，外设行中书省，故旧时移文中多称各省。今既改行省为布政司，而移文奏章尚有称省者。"思按，陆放翁诗："往者行省临秦中。"又，"行省他年驻陇头。"是宋已有行省之称，然惟称之四川。金宣宗时，州县为元兵残破，乃随处设行省，以治一方。《唐·杨收传》云："汉制，总制群官曰省，分移而治曰寺。"按，汉避孝元后父讳，改禁中曰省中，后以中书、尚书官署设在省中，故亦名省。王渔洋《居易录》亦云："自明及今，止当称布政司，而不当称省。其相沿旧称，至形于奏牍文章，皆习而不察，至河南、京畿等道，则尚沿唐称。"唐初为十道，开元分为十五道。省，本读"醒"上声，省察之义，今呼作"省俭"之"省"，相沿之误。

衙　门

刘熙《释名》云："牙，军中大旗。发号令者以键立牙于帐前，谓之牙门。"《后汉书·袁绍传》云："拔其牙门。"李善《东京赋》"牙旗"注："以象牙饰之"，后呼公府为牙门。韦昭《国语》"渠门"注云："两旗所建，以为军门，若今牙门也。"是"衙门"当作"牙"字。然司马公《类篇》云："古者军行有衙，尊者所在，后人因以所治为衙。"戴侗《六书故》云："唐之藩镇皆开军府，因以治宇为衙，循袭之称也。"则唐宋已作衙门。《唐·仪卫志》："天子居曰衙。"

辕　门

官署两旁作木栅护之，曰辕门。按，《周官·掌舍》："掌王会同之舍，设车宫辕门。"注："以车为宫，仰辕为门也。"《史记·项羽纪》："召见诸侯将，入辕门。"注："军行以车为陈，辕相向为门，故曰辕门。"黄度《五官解》引"掌舍"文云："今犹称将幕为辕门。"陶翰诗："将军辟辕门，耿介当风立。"杜诗："飞鸟避辕门。"皆指将幕也。今之辕门，名是而实非矣。《穀梁》："蒐于红。"《传》："置旃以为辕门。"盖蒐以讲武事，故设为辕门之形。

公　馆

官僚寓处曰公馆。按，《礼记》："公馆复，私馆不复。"所使之国有司所授舍曰公馆。详《曾子问》。杜诗："日临公馆静。"又，《海棕行》云："左绵公馆清江濆。"已通用。

戒　石　铭

郡县署立石，镌"尔俸尔禄，民膏民脂，下民易虐，上天难欺"十六字，曰戒石铭。按，张唐英《蜀梼杌》：广政四年五月，昶著《仪石铭》，颁于郡县，"尔俸尔禄"云云，则其铭始于孟蜀。又，景焕《野人闲话》载孟昶所著铭词凡二十四句。朕念赤子，旰食宵衣。言之令长，抚养惠绥。政存三异，道在七丝。驱鸡为理，留犊为规。宽猛得所，风俗所移。无令侵削，无使疮痍。下民易虐，上天难欺。赋与是切，军政是资。朕之赏罚，固不逾时。尔俸尔禄，民膏民脂。为民父母，莫不仁慈。勉为尔戒，体朕深思。名曰《令箴》。宋太宗摘其切要四语书之，颁于天下州县，更名曰《戒石铭》，后相沿不改。《容斋随笔》、吴曾《漫录》皆云然。《续通鉴》谓宋绍兴二年以黄庭坚所书《戒石铭》颁于州县刻石，不知太宗已有之。欧阳《集古录》谓戒石起于唐明皇。按，明皇有《赐诸州刺史〔以〕题座右》诗，尚无"戒石铭"之称。

鼓　楼

城隅有楼曰"鼓楼"，典质家亦起楼置鼓以守夜。按，《太平广记》

引《谈薮》云："北齐李崇为交州刺史，时多盗，乃村置一楼，楼悬一鼓，盗发处鼓乱击，四面诸村始闻者挝一通，次闻者复挝以为节。俄顷间声布百里，伏其险要，无不禽获。"诸州置鼓楼自此始。

马 头

商船聚会处曰"马头"。按，《通鉴》："史宪诚据魏博，于黎阳筑马头，为渡海之势。"胡三省注："附岸筑土植木夹之，以便兵马入船，谓为马头。"今吾邑南门外去城三里呼曰"南马头"，以元代朱清、张瑄海运日，诸船聚此，有"六国马头"之称。杨廉夫诗所云"娄江马头天下少"也[1]。前史言马头者不一，如：《晋书·地志》，武昌郡鄂县"有新兴马头铁官"。《南史·何承天传》："到彦之率兵先至马头。"《北史·杨侃传》："魏于马头置戍。"《魏书》："命长孙真趋马头。"《五代史》："遣刘捍先之淮口，筑马头。"《宋·马默传》："河决，作东西马头。"

客 堂 后堂

内堂曰客堂。案，后汉延笃书云："吾昧爽栉梳，坐于客堂，诵羲、文之《易》，虞、夏之《书》。"退之诗："客堂喜空凉。"许浑诗："芰荷风起客堂静。"皆谓见宾客之堂也。今以为后堂之称，失其义矣。 后堂，见《汉·张禹传》：召戴崇"入后堂饮食"、彭宣"未尝得至后堂"。又，《尹翁归传》：廷尉于定国令至"后堂待见"。

暖 阁

官府所坐曰暖阁。案，《太平广记》："陈季卿访僧青龙寺，憩暖阁中。"欧阳炯诗："红炉暖阁佳人睡。"是和尚、女子皆有暖阁也。

---

[1] 元杨维桢《冶春口号七首》之四："鲛卵兼斤传海上，海人一尺立阶前。娄江马头天下少，春水如天即放船。"

眠床　塌床

《南史·虞愿传》：“褚彦回诣愿，不在，见其眠床上积尘埃。”又，《鱼宏传》：“有眠床一张，皆是蹙柏。”盖是时坐者亦曰床，如胡床、交床之类。故以“眠”字别之。徐陵《双林寺傅大士碑》：遗诫“莫移我眠床”。元微之诗：“眠床都浪置。”山谷诗：“君为拂眠床。”　明王应电《同文备考》“塌”字注：“塌，床著地而安也。从土，近地之意。”塌床之称，盖本此。或以榻为床，曰榻床。无据。

框　档

司马公《类篇》“档”注：“又‘当’，去声，横木框档也。”本平声，木床。又，木名。框，音匡。俗呼作腔。《正字通》云：“门档，古借用〔框〕〔匡〕。”①今物之有系者皆曰档。

华表柱

贵家墓前立石柱曰华表柱。见任昉《述异记》：“广州东界文种墓前有石华表柱。”《搜神记》：“燕昭王墓前有千年华表树。”《续搜神记》：“丁令威死，后化鹤归，集城门华表柱。”李远《失鹤》诗所云“华表柱头留语后”也。魏鹤山《师友雅言》云：“华表即古之桓楹。《檀弓》：‘三家视桓楹。’汉时避讳改作华楹，后复避宣帝庙讳改为华表，今官府前亦竖之。”《说文》“桓”字注：“邮亭表也。”②徐〔铉〕〔锴〕云：“表双立为桓。”汉法：“亭表四角建大木，贯以方板，名曰桓表，县所治两边各一。”《汉书·尹赏传》：“葬寺门桓东。”崔豹《古今注》：“尧设诽谤之木”，即今之华表。《西京记》谓之“交午柱”。

---

① 《正字通·木部》“框”注：“苦光切，音匡。门档。古借用匡。”又，“档”注：“登浪切，音挡。俗谓横木框档。”

② 大徐本《说文》“桓”字注作“亭邮表也”。

戟　门

墓前石门曰戟门。按,《周官·掌舍》:"为坛壝宫,棘门。"注:"列棘以表门。"[1]"棘"与"戟"通。《〔礼〕记》:"越棘大弓。"《左传》:"子都拔棘。"皆以"棘"为"戟"。墓前戟门殆取形似。或谓取《诗》"墓门有棘",非是。墓有棘,非美词。

和　头　和,去声

棺前后曰和头。见《吕氏春秋》:"季历葬涡水之尾,滦水冲啮其墓,见棺之前和。"谢惠连《祭古冢文》中有"二棺正方,两头无和"。郦氏《水经注》:"见胡公棺前和。"《广雅》:"棺,其当谓之脉。""脉"即"和"也。

浮　厝

停棺浅土曰"浮厝"。按,潘岳《寡妇赋》:"将迁神而安厝。"李善注:"迁柩归葬也。"《颜氏家训·终制篇》云:"先君、先夫人旅葬江陵东郭,欲营迁厝。"《广韵》"坫"注:"权安厝也。"

僵　尸

尸不朽曰僵尸。按,《史记·淮南王传》:"僵尸千里,流血顷亩。"《后汉·耿弇传》:"八九十里僵尸相属。"郑注《周官》"杀人者踣诸市"云:"僵尸也。"皆以新死尸为僵尸。刘敬叔《异苑》:"汉京房弃市,至晋义熙中犹完具。僵尸人肉堪为药,军士分割之。"《水经注》:"温泉

---

① 《周礼·天官·掌舍》"为坛壝宫,棘门",注谓王行止宿平地,筑坛,又委壝土起堳埒以为宫。郑司农云:"棘门以戟为门。"杜子春云:"棘门或为材门。"

水侧有僵人穴,穴中有僵尸"洛水"条。"又,"僵人峡上有死人僵尸"。
又,"僵尸倚窟,枯骨尚全"渭水"条"。此则以陈死人为僵尸。《广韵》作
"殭",注:"死不朽也。"又,"彊"注:"上声,尸劲硬也。"《西京赋》:"尸僵路
隅。"杜诗:"京观且僵尸。"

灵　柩

子建《赠白马王彪》诗:"孤魂翔故域,灵柩寄京师。"谓任城王彰。庾
子山《柳遐墓铭》:"往年灵柩,漂泊江沱。""灵柩"字见此。

礓　磜

寺院阶级曰礓磜。吴任臣《字汇补》"礓"作"姜",云"姜磜石",见
《大内规制记》。磜,音擦,今呼如"铲",声之转也。《广韵》"礓"注:"砾
石也。"

十字街　三叉路

四达之衢曰十字街。见《北史·李庶传》:"刘家在七帝坊十字街
南。"颜鲁公《题家庙碑阴》云:"殷夫人居十字街西北壁弟一宅。"元僧
《续传灯录》:"志先禅师云:'十字街头满面尘。'大觉云:'儿童不识十
字街。'""三叉路"见东坡诗:"溪边古路三叉口。"放翁诗:"不愁归路有三叉。"

天　井

阶前庭曰天井。案,本为井名。《山海经》:"天井夏有水,冬无
水。"《博物志》:"棋者语堕穴者云:'从此西行有天井,但投身此井,自
当出。'"《风俗通》:"今殿作天井,井者,东井之象。"①《华山记》:"天井

---

① 东井:星宿名。即井宿,二十八宿之一。因在玉井之东,故称。东井主水,克火。

才容人，上可长六丈余。"皆实言井也。后人以庭空而方，状如井形，因号天井。韩诗："是时新晴天井溢。"山谷《答晁无咎》云："时雨泻玉除，横流溢天井。"此疑借用。《河图括地象》"井宿为天井"之说，庾子山《司马裔碑》所云"镇天井之星也"，宋任渊注山谷诗，以天井为水名，引《水经注》"径尧城西，流入汾水"之说，似未是。

天　　窗

屋上窗曰天窗。见王文考《鲁灵光殿赋》："尔乃县栋结阿，天窗绮疏。"张载注："高窗也。"《泰山记》云："仰视天门，如从穴中视天窗矣。"庾子山《步虚词》："天窗影迹深。"太白《（草）〔明〕堂赋》："天窗皒翼而衔（泥）〔霓〕。"又，《题元丹丘山居》诗："凭雪蹑天窗。"[①]义山诗："鸟影落天窗。"范石湖诗："天窗晓色半熹微。"

羊　　沟

李戒庵《漫笔》云："今人檐头下沟称羊沟，其名甚古。"思按，崔豹《古今注》："长安御沟谓之杨沟，以其上植杨柳也。一曰羊沟，言羊喜抵触，为沟以隔之，故名。"《庄子》有"羊沟之鸡"。戒庵又云："有以屋下者为阴沟，檐前者为阳沟，甚显。"《鲁灵光殿赋》："玄醴腾涌于阴沟。"注："醴泉出殿北地，故曰阴沟。"裴夷直诗："（鱼）〔急〕绿走阴沟。"

扑　　水

厅前复室曰扑水。见《老学庵笔记》："蔡京赐第宏敞，老疾畏寒，惟扑水少低，乃作卧室。"洪容斋《夷坚志》作"扑风版"。

滴 水 步 廊

檐前曰滴水，深者曰步廊。按，《尔雅》："檐谓之樀。"郭注："屋

---

① 李白《题嵩山逸人元丹丘山居》诗中"雪"字，诸本作"雷"。

梠。"梠音滴。李戒庵云："今曰滴水。"相如《上林赋》"步檐周流"，李善注："步廊也。"

天　花　版

王志坚《表异录》云："绮井亦名藻井。"今俗曰天花版。案，林坤《诚斋杂记》载元遗山妹为女冠，文而艳，张平章往访之，方自手补天花版。是其称已久。

照　壁

《宣政杂录》："太傅王黼，赐第生白芝，一本在厅事照壁。"今厅后有门曰照壁，见此。王梅溪《苏诗注》云："柳氏以杖击照壁大呼。"

槅　子

窗扇曰槅子。他无所见。陈其年《题画册词》用之，云："浪花槅子冰纹槛。"不知何所本。槅，本训大车轭。窗槅当为"隔"，言隔住也。又，左太冲诗"端坐理盘槅"，则为盛肴馔之器。

复　壁

墙上木版曰复壁。按，《后汉·赵岐传》："藏孙嵩复壁中。"又，梁冀虑妻孙寿害私生子伯玉，"常置复壁中"。《隋·尔朱敞传》："长孙氏媪藏于复壁。"《旧唐书·王涯传》："前代法书名画，厚为垣窍，藏之复壁。"《唐书·李林甫传》："所居重关复壁。"皆谓两重墙壁也。庾子山《崔说神道碑》："复壁襁负。"李义山诗："复壁交青琐。"

大　门

《公羊·宣五年传》：“勇士入其大门，则无人门焉者。”大门见此。

墙　门

《后汉·祭祀志》：“立大社稷，在宗庙之右，方坛，无屋，惟墙门而已。”盖谓墙上为门，今则大门通呼墙门。

后　门

《荀子·大略篇》：“柳下惠与后门者同衣。”杨倞注：“君之守后门，至贱者。惠衣之弊恶，与守后门者同。”按，此即今之屋后门也。太白《赠从弟之遥》诗：“前门长揖后门关。”义山《少年》诗云：“别馆觉来云雨梦，后门归去蕙兰丛。”若《吕览·长利篇》“天大寒而后门”高诱注：“谓日夕门已闭”，此与《韩非子·外储说》“暮而后门”同义。

山　门

寺门曰山门。案，老杜《三川观水涨》诗：“乘陵破山门。”注：谓“土门山”也。山有二土门，故曰山门。乐天《寄天竺师》诗：“一山门作两山门。”指天竺山言。盖旧时庙宇多在山中，故名。今城市中亦称之矣。

高　墩

平地积土曰墩。见《尔雅》“敦丘”郭注：“江东呼地高堆为墩”，字亦作“墪”。

灰 堆

积灰处曰灰堆。见《金坡遗事》："张洎诋京师风物,有'一灰堆'之句,后与苏易简不睦。苏曰:'若更矛盾,将"一灰堆"句进呈矣。'"范石湖《村田乐府序》："除夜将晓,婢获持杖击粪壤致词,以祈利市,谓之打灰堆。"

篱 笆 枪篱

《史记索隐》："江南谓苇篱曰笆篱。"今俗则呼"篱笆"。《广韵》"笆"注："有刺竹篱也。"本音把,有刺竹名。亦曰"枪篱"。盖本子云《长杨赋》："木拥枪累,以为储胥。"注："木拥栅其外,又以竹枪累为外储胥也。"储胥犹御护也。乐天《买花》诗："旁织笆篱护。"

篱 门

篱间出门曰篱门。见《南史·萧惠明传》："独居屏事,非亲戚不得至其篱门。"

衖

呼巷为弄,书作"衖"。按,"衖"即"巷"字,见《尔雅·释宫》。《广韵》作"鄉"。《离骚》："五子用失乎家衖。"与"纵"字为韵。俗盖以此沿讹。考《南史》："萧谌接郁林王出,至延德殿西弄"。又,"东昏侯遇弑于西弄。"注云："弄,宫中别道,犹'永巷'之类。"①是当作"弄"字。

---

① 此注不明出处。明杨慎《丹铅总录》卷六"西弄"条:《南史》:"东昏侯遇弑于西弄。宫中别道,如永巷之类也。《楚辞》:五子用失乎家衖。衖,音哄。所云弄者,盖衖字之转音耳。元《经世大典》所云'火衖',注即音弄。"

小　店

市肆自称小店。见《南史·刘休传》：“宋帝令休于宅后开小店。”

轿　子

篮舆，人肩以行，曰轿子。按，《汉·河渠书》：“山行即轿。”《史记》作“桥”。《严助传》：“舆轿逾岭。”淮南王《谏击闽越书》亦云。服虔、薛瓒并音“桥”，云：“隘路车也。”《玉篇》注：“小车肩行。”《正字通》云：“盖今之肩舆，谓其平如桥也。”《集韵》作“𨍶”。　宋制：百官乘马。徽宗政和三年，以雪泞，许乘轿。又，高宗在扬州，以砖街滑，许百官乘轿。《汪浮溪集》有《谢许乘轿表》。见叶氏盛《水东日记》。《正字通》谓：“‘轿’字皆读去声，薛、服注平声，汉以前之音也。”章氏黼《韵学集成》云：“《汉书》虽音‘桥’，今闽浙语音实与去声同，合从通用。”《广韵》有渠庙切一音，训“轺车”。

下　岸

河下塘曰下岸。见许浑诗：“下岸谁家住。”

夜　航　船

货船日从苏郡上下曰航船，夜行者曰夜航船。按，古乐府有《夜航船曲》，吴虎臣以为言浙西风土。皮日休《寄陆鲁望》诗：“明朝有物充君信，榓酒三瓶寄夜航。”榓木，见《山海经》，其汁味甘，可为酒。俗本讹作携酒。唐李肇《国史补》云：“大历、贞元间，有俞大娘航船最大，居民嫁娶悉在其中。”　叶氏《水东日记》载吴思庵讷谈及浅学后进云：“此《韵府群玉》秀才好趁航船尔。”今航船多趁行人，盖明初已然。乐天《答客问杭州》诗：“小航船亦〔头画龙〕〔画龙头〕。”方回有《听航船歌》诗。

快　船

双橹驾船曰快船。见宋无《啽呓集·咏贾似道》诗注："至芜湖，与伯颜军请和，不成，惶怖失据，阴备快船为走计。"

埠　头

船聚泊、船行前曰埠头。见方以智《通雅》："埠头，水滨也。又笼货物、积贩商舶之所。"《正字通》："埠，同'步'，舶船埠头。"思按，退之《罗池庙碑》："步有新船。"俗本讹作"涉有"。又，《孔戮墓志》："蕃舶之至泊步。"柳州有《铁炉步志》云："江之浒，凡舟可摩而上下曰'步'。"是"埠"当作"步"。又，张勃《吴录》地名有瓜步、鱼步、龟步，则步之称甚古。

地　头

圃中地曰地头。见《唐书·食货志》："大历元年有地头钱，每亩二十，通名为'青苗钱'。"

宝　塔

《西域志》："波斯匿王都城东大海边有大塔，塔中有小塔，高一丈二尺，装众宝饰之。夜中每有光耀，如大火聚。云佛涅槃百五岁后，龙树菩萨入海化龙王，王以其宝塔献龙树。将施此国，装饰严好，过佛在时"云云。是本以众宝装饰，故称宝塔。今则瓦砖所成，动称宝塔矣。梁元帝《扬州梁安寺碑》："地涌神龛①，皆成多宝之塔。"唐岑勋撰《千福寺多宝碑》，本此。

---

① "神龛"之"龛"，《释文纪》、《汉魏六朝百三家集》等作"龛"。

旗 竿

　　绰楔曰旗竿。见朱子《干旗》诗注："以旄牛尾注于旗干之首。"①《后汉·袁绍传》注引《真人水镜经》曰："旗竿、牙门，军之精也。"此军中所用者。今大僚衙署及神庙前立竿张旗，谓之旗竿，固宜。发科树表，初无旗帜，亦从此称，相沿之误。

斋 扁

　　题额曰斋扁。见《嘹呓集·咏叶李》诗注"贾似道嗾林德夫告李等泥金饰斋扁不法"云云。按，《说文》"扁"注："从户、册者，署门户也。"②何晏《景福殿赋》："爰有禁楄。"李注："扁"同。

八 字 头

　　木根两旁有孔，曰八字头。见《复社纪略》："张南郭采登第，将树绰楔，恶八字头类鼻孔，令锯去。吴俗谓奴仆为鼻头，时仆人势焰，多叛主，故恶之。匠人执不可，乃令向内，勿使往外生事。"故张家门首绰楔八字头独向里。一本作"八字孔"。

铁 猫

　　焦弱侯《俗书刊误》云："船上铁猫曰锚，或作锚。"即今船首尾四角叉，用铁索贯之，使船不动摇者。俗读若茅。《玉篇》音苗。

---

① 按此处处有误。《诗·大雅·韩奕》："入觐于王，王锡韩侯。淑旂绥章，簟茀错衡。"朱熹集传："绥章，染鸟羽或旄牛尾为之，注于旂竿之首，为表章者也。"
② 《说文·册部》："扁，署也。从户、册。户册者，署门户之文也。"

木 刨

匠人以刀光木,有木刨。见《广韵》"刨"注:"刨,刀治木器也。'苞'去声。"元微之《江边十四韵》诗:"修椽郢匠刨。"读作"抛"。

木 柿 _{音废,与果实之"柿"同"柿"者别}

削木片曰木柿,见《晋书》:"王濬为益州刺史,造船,木柿蔽江而下。"又,《魏书》:"太祖营梓宫,木柿尽生成林。"又,五代周显德四年"修永福殿,役徒有削柿为匕,以瓦唼饭者"。柿音废,俗讹如"皮"去声。《后汉·方术传》有"风吹削哺",注:"哺"当作"柿"。字亦作"肺"。见《史记·惠景间侯者年表》"肺腑"注及《汉书·楚元王传》"肺附"注。

竹 鞭

宋僧赞宁《竹谱》云:"竹根曰竹鞭。鞭行时以八月为春,二三月为秋。""竹鞭"二字见此。又云:"根伸而达谓之鞭行,鞭头为笋,俗谓之伪笋。"范石湖《约邻人》诗:"雨倾沙岸竹垂鞭。"邹道乡诗:"不容山竹暗行鞭。"

麸 炭

树柴炭曰麸炭。见乐天诗:"日暮半炉麸炭火。"《五代史》:"李茂贞优人云:'归长安,卖麸炭,足过一生。'"[1]亦作"浮炭"。陈无己帖有《与酒务官买浮炭书》。陆放翁《笔记》云"投之水中而浮,今人谓之麸炭",以此。按,《唐韵》"浮"字本有"孚"音。独孤良器试礼部《沈珠于渊诗》,以

---

① 两部《五代史》均无相关记载。较早的相关记载如唐孙光宪《北梦琐言》卷十五"披褐至殿门"条:"先是,茂贞入阙,焚烧京城。是宴也,俳优安辔新号茂贞为火龙子,茂贞惭惕俛首。宴罢,有言:他日须斩此优!辔新闻之,请假往凤翔求救,茂贞遥见,诟之曰:'此优穷也,胡为敢来!'辔新对曰:'只要起居,不为求救,近日京中且卖麸炭,可以取济。'茂贞大笑而厚赐,赦之也。"

"浮"字押入"珠"韵,可证。今俗"浮"呼如"扶"。如"浮萍、浮桥、鱼浮头"之类。

炭　屑 _{木屑}

炭末曰炭屑。见王仁裕《开元天宝遗事》:"杨国忠家以蜜和炭屑成凤形,蓺炉中。"　木屑,见《陶侃传》:"造船,竹头木屑,悉令举掌。后元会,大雪始晴,以木屑布地。"

安　息　香

《晋书·佛图澄传》:"坐绳床,烧安息香。"案,此香出波斯国,见《酉阳杂俎》。刻辟邪树皮,胶如饧,名安息香。今但有其名。

西　瓜

西瓜出双凤镇者为佳,名"寺前瓜"。在法轮寺左右。见旧《苏州志》。陆容《菽园杂记》云:"金时王予可《咏西瓜》云:'一片冷裁潭底月,六湾斜卷陇头云。'是西瓜自金时有之。"按,《五代史·四夷附录》:"胡峤居契丹七年,自上京东去四(千)〔十〕里,至真珠寨始食菜。明日东行,始食西瓜。土人云:'契丹破回纥得此种,以牛粪覆棚而种,大如中国东瓜而甘。'"杨升庵引胡峤《陷虏记》云:"于回纥得瓜种,结实大如斗,味甘,名曰西瓜。"则自峤始入中国也。方回《秋热诗》:"西瓜足解渴,割裂青瑶肤。"[①]文信国有《西瓜吟》。

瓜　瓤 _{音练}

瓜瓤曰瓜瓤。见《广韵·二十二霰》注。《集韵》云:"瓜中瓤也。"张补庵云:"《尔雅·释草》释文'瓣'字有力见反一音。"则"瓤"当为

---

① 方回诗原名《秋大热上七里滩》。

"瓣",《本草》作"练",非是。

莲　蓬

　　莲房曰莲蓬。见山谷《清人怨》诗:"莫藏春笋手,且为剥莲蓬。"吴梅村有《莲蓬人》诗。

蛤　霸

　　虾蟆谓之蛤霸,见《蟫史》:"科斗脱尾生足,好鸣能跳,经年方老,谓之蛤霸。夏夜则出拾虫,不能跳,亦不鸣聒。其实一物也。"东坡诗注:"岭南呼虾蟆为蛤。"今俗呼小时鸣跳者曰"旱蛤子",音转为渴①。俗亦谓之癞蛤霸,以其皮似疥癞,谚所云"借了一升还九合"也。

曲　蟮

　　蚯蚓曰曲蟮,见《考工记》"却行"。《释文》:"蜏衍,刘云:'或作衍蚓,今曲蟮也。'"②宋俞炎《席上腐谈》:"谚云:'蝼蝈叫得肠断,曲蟮乃得歌名。'"史容注《山谷外集》引东坡说云:"历试笔锋如著盐曲蟮,诘曲纸上。"《玉篇》"蟮"注:曲蟮也。《古今注》作"曲蟺"。"蟺"与"蟮"同。

水　鸡

　　《祥符图经》云:"《本草》:'蛙有背作黄文者,一名水鸡。'"王志坚《表异录》云:"水(鸭)〔鸡〕,蛙也。"今人呼水鸡,本此。土鸭,见《尔雅》注,

---

① 东坡诗无"岭南呼虾蟆为蛤"之注。按此说最早见于唐刘恂《岭表录异》卷上:"有乡墅小儿,因牧牛,闻田中有蛤鸣"自注:"蛤即虾蟆。"明杨慎《升庵集》卷八十一"吷蛤"条:"东坡《岭南》诗有云:稻凉初吷蛤,柳老半书虫。注:不知蛤为何物。近览《岭表录异》云:唐林蔼为高州太守,有牧童牧牛,闻田中有蛤鸣。原注:岭南呼虾蟆为蛤。"后遂讹为东坡诗注之语。
② 《周礼·冬官·考工记》"蜏衍",《经典释文》:"羊忍反,下如字。《尔雅》云:蜏衍入耳。郭璞云:蚰蜓也。案此虫能两头行,是却行。刘云:或作衍蚓。衍,音延,今曲蟮也。"

及陶隐居《本草》。《格物总论》云："蝼蝈俗名田鸡"，误以蝼蝈为一物矣。今名蛙曰水鸡，亦曰田鸡。

淡　菜

淡菜谓之贡菜，有头贡、二贡之名。盖以名不雅驯而讳之。孙光宪《北梦琐言》："《和南越诗》：'晓厨烹淡菜，春杼织橦花。'牛翰林见而绝倒曰：'安知淡菜非雅物？'"则是时已讳之。《本草》："一名海𧌟，又名东海夫人。"

菠　菜

《嘉话录》：菠薐种自西国，有僧将其子来，云是颇陵国之种。《张文潜集》作"坡陵国"。语讹为"菠薐"。《玉篇》："菠薐，菜名。"按，《唐会要》："太宗时，尼波维献菠薐菜，类红蓝。"《唐·西域传》："婆罗献波稜。"即今之菠菜也。

马　蓝　头

草名有马蓝头，可食。按，《尔雅·释草》："葳，马蓝。"郭注："今大叶冬蓝是也。""葳"音斟。俗以摘取茎叶，故谓之头，如"草头、香椿头、黄莲头"之类。他处以其音不雅，呼曰红根菜，非是。红根菜即菠菜，见《姑苏志》。

哺鸡笋　燕笋

《吴郡志》有"哺鸡竹笋"云，以其蔓延如鸡之哺子也。《姑苏志》谓之"附笋"云。俗称"杜园笋"。《苏府志》云："一名'护居'。"又有"燕笋"，以燕来时生也。

菜 心

《南史·江泌传》:"菜不食心,以其有生意,惟食老叶而已。""菜心"二字见此。

笋 脯

倪云林《题画》诗有云:"松肪笋脯劝加餐。""笋脯"字见此。

木 耳

陈澔《内则》注:"芝,如今木耳之类。"则宋时已有此称。朱子诗"树耳黑垂聃",即木耳也。

面 筋

《老学庵笔记》云:仲殊长老遇毒,"豆腐、面筋、牛乳之类,皆渍蜜食之。"①"面筋"字见此。方密之《物理小识》有《洗面筋法》,云:"面十斤,盐两半,温水和之。俟其发起,挼之,挏之,牵开有筋,则入水洗之,可得半成,余滓澄为小粉,无盐则无筋矣。市以麸为之。"

重 罗 面

面之细者曰重罗面,以用细罗筛筛之也。见束广微《(面)〔饼〕赋》:"重罗之面,尘飞雪白。"

---

① 按,此处引述有误。仲殊出家前曾遭妻投毒,食蜜而解,与"豆腐"二句无涉。

嘉　庆　子

唐韦述《两京记》:"东都嘉庆坊有美李,甚甘鲜,人称嘉庆李。"程大昌《演繁露》云:"今人但言嘉庆子,既不加李,亦可纪也。"《词谱》有"嘉庆子"调。

茭　白

《祥符图经》:"菰,江南人呼为茭草,又谓之茭白。"今俗皆称之。山谷诗"菰白媚秋江"即茭白也。

慈姑　地栗

元微之诗:"小片慈姑白。"案,《群芳谱》:"慈姑,或作'茨菰'。"杨诚斋诗:"恰恨山中贫到骨,茨菰也遣入诗囊。"谓之慈姑者,以根生十二子,有慈姑之义。《本草》:"乌芋,又名荸脐,一名地栗。"案,《博雅》:"菲姑、水芋,乌芋也。"《群芳谱》谓慈姑"一名地栗",殆以此耶?周栎园《瓜蔬疏》云:"荸脐,方言曰地栗。"

木　犀　花

桂曰木犀。见张邦基《墨庄漫录》:"浙人呼岩桂曰木犀,以木纹理如犀也。"曾幾诗:"团团岩下桂,表表木中犀。"后人加"木"作"樨",非是。《罗湖野录》:"晦堂和尚谓黄山谷曰:'闻木犀香乎?'"

水　红　花

《毛氏诗》"游龙",《传》云:"龙,红草。龙,即"茏"字之省。一名马蓼,生水泽中。"《草花谱》云:"水边更多。故俗名水红花。"《广韵》作

"溪"。李长吉诗："江图画水溪。"皇甫嵩词："水溪花发秋江碧。"俗作
"荭",非。

鹿 葱

嵇含《宜男花赋序》云："宜男花者,荆楚之俗,号曰鹿葱。"案,宜
男即萱草。见曹植《颂》、傅咸《赋》及周处《风土记》。《群芳谱》云："鹿葱,色类
萱,无香,鹿喜食之,故名。"《本草》注"萱"云："即今之'鹿葱'。"误。
不知始于嵇含也。

狗 蝇 蜡 梅

范石湖撰《梅谱》云："蜡梅本非梅类,以与梅同时,香又相似,故
名。凡三种,花小香淡,俗谓之狗蝇;花开常半含,名磬口;深黄如檀
香者,品最佳。"案,《群芳谱·蜡梅》云："次曰荷花,又次曰九英。"是
"狗蝇"殆"九英"之误? 抑文其名而更之邪? 山谷书《戏咏蜡梅》诗后云："京洛
间有一种花,香气似梅而不能晶明,类女功染蜡所成,京师人因谓之'蜡梅'。"

状 元 红

荔支以状元红为最。案,周栎园《闽小记》："兴化枫亭,宋徐铎状
元故居,手植荔枝,名'延寿红',至今尚存,人因名'状元红'。"《图经》
云："荔枝有名状元红,惟枫亭为多。"

卷五

花　押

　　名下著字，草书如符，曰花押。按，李肇《国史补》："宰相判四方之事有堂案，处分百司有堂帖，不次押名曰花押。"岳亦斋《桯史》谓画押晋已有之，然无可考。《南史》："齐高帝在领军府，令纪僧真学己手迹，下名、报答、书疏，皆付僧真。上观之，笑曰：'我亦不复能别。'"《北齐书·后主纪》："领军一时二十，连判文书，各作花字，《北史》作"依"字。不具姓名，莫知谁也。"花字即花押。黄长睿《东观余论》云："唐人一书中云，文皇帝令群臣上奏任用真草，惟名不得草。后人遂以草名为花押，韦陟五朵云是也。"又云："唐人及国初，前辈与人书牍，或只用押字，与名用之无异，上表章亦或尔，近世遂施押字于檄移。或不书己名而别作形模，非也。"又周密《癸辛杂识》云："古人押字谓之花押印，是用名字稍花之。前辈简帖，皆前面书名，其后押字，即以代名，不复书名也。近士大夫不以押字代名，才百余年耳。乾淳间，礼部有申秘省状，押字而不书名者，或以为相轻致憾。范石湖闻之，笑其陋云。"今之押字，多不书名，有如黄伯思所呵也。刘克庄诗："花押常简少，柑香昼坐多。"《演繁露》作"花书"。

疏　头

　　僧道表文谓之疏头，见王符《潜夫论》："或裁好缯，作为疏头，令人画采，雇人书祝，虚饰巧言，欲邀多福。"

拜　表

　　道士伏坛读疏曰拜表。二字见李密《陈情表》末云："谨拜表以闻。"蔡邕《独断》:"表者,不〔禣〕〔需〕头上言'臣某',下言'臣某诚惶诚恐顿首'。"

方　丈

　　释家有方丈之称。按,王简栖《头陀寺碑》云:"宋大明五年,始立方丈茅茨以庇经像。"李善注:"堵长一丈,高一丈。回环一堵为方丈。"犹《记》所云"环堵"也。宋僧道诚《释氏要览》云:"方丈,寺院之正寝。唐显庆中,融州黄水令王玄策往西域充使,至毗耶黎城维摩居士宅示疾之室,遗址叠石为之,玄策以手板量之,纵横十笏,故云方丈室。"亦见《法苑珠林》。沈忠柱注徐陵《双林寺碑》,引王玄策事,谓读此碑,唐之前已有方丈之称,忘却《头陀碑》矣。

田　莊

　　佃人所居曰田莊屋。按,《通鉴》:"唐置莊宅使。"史炤释文:"田舍也。"胡三省注:"盖田屋外舍之事,今俗作庄。"考《五音集韵》:"庄,音彭,平也。"

都　啚　鱼鳞册

　　田亩有几都几啚之分,亭林《日知录》引《嘉定县志》,以"啚"为"图"之省文,即里也。古者邦邑每里册首一图,故不曰"里"而曰"啚"。又引《萧山志》谓改"里"为"图",自元始。思按,《说文》:啚,音鄙,"啬也"。今书啚啬字从"阜"作"鄙"。谢少连《歙县志》谓即子产"都鄙"之遗制,赵宧光《长笺》亦云然,亭林非之。然册首之图,实不起于元代。《宋史·袁燮传》"为江阴尉,常平使属当赈灾,燮命每保画一图,田畴、道路、山水,悉载之。合保为都,合都为乡,合乡为县。披图可立决"云云。则南宋始行之。　里书有册,曰鱼鳞册,见《明太祖实录》:"洪武二十年,命国子生武淳等分行州县,随粮定区,量度田亩,次以字号编类为册,状如鱼鳞相次,号曰鱼鳞图册。"

白　地

空地待种曰白地。骤起家者,有"白地开花"之称。按乐天《简简吟》:"不肯迷头白地藏。"东坡《答赵郎中》诗:"恰似西施藏白地。"卢熊《府志》引《中兴系年要录》:"给事中贺允宗奏乞以官荒间白地为牧马寨地。"《辍耕录》载金方所诗:"两观番成白地皮。"

钱　粮

完纳官课皆以银而谓之钱粮,盖沿旧称。考《宋史·仁宗纪》:"景祐二年,诏诸路缗钱。福建、二广易以银,江东以帛。"则其余尚皆以钱可知。又考唐以前通用钱,至韩退之奏状始言"五岭买卖一以银"。金时,铸银有"承安元宝",每两折钱二贯,行之未久,银价日贵,宝泉日贱,民但以银论价。至元光二年,钱几不用。哀宗正大间,民间但以银市易。此上下用银之始。

生　口

驴马曰生口,见《魏志·王昶传》注"任嘏常与人共买生口,各雇八匹,后生口家来赎时,价值六十匹"云云。若《汉书》所云,生口乃军中生擒人口也。

古　董

旧玩器曰古董。东坡《仇池笔记》作骨董,引陆道士诗"投醪骨董羹",谓饮食杂烹之名也。明镏绩《霏雪录》云:"古董,东坡作骨董,晦庵作汩董。"方密之《通雅》云:"骨董之'骨'当作'圄',见《说文》,音忽,古器也。" 不合时宜者目曰古董,以其过时也。

套　杯

酒杯大小十枚一副,曰套杯,见丁度《集韵》。凡物重沓者为套,今之沓杯为套杯。按,《广韵》作套,取长、大、会意。今呼外衣曰外套,盖亦重沓之意。《古今诗话》:"刁约《使契丹》诗曰:'馺行三匹制。'"阮葵生云:匹制即今套杯。　《正字通》载方语云:"不受人笼络者曰不落套,简略时趋者曰脱套。"

筹　马

抟博以物记数,曰筹马,盖本射者所用。《乡射礼》:"箭筹八十。"郑注:"筹,算也。"《投壶记》:"请为胜者立马,一马从二马,三马既立,请庆多马。"又云:"马各直其算。"陈祥道《礼书》云:"汉人格五之法,有功马、散马,皆刻马象而植焉。"郑氏释"火币献禽"谓:"旌币争禽而不审者,罚以假马。投壶之马盖亦如此。"今俗不刻马而名以马,相沿不觉矣。

十　　番

吴梅村《望江南》词:"十反粗细听人多。""反"音"翻"。谨案,《御制诗》注:"什榜,蒙古乐名。"今俗所谓十番,或因此。杨万里诗有"全蕃长笛横腰鼓,一曲春风出塞声"之句,盖乐名"番"本塞外语而传讹耳。其器则笛、管、筝、琶、弦、阮、火不思之类①。谓之什者,乐器有十种。梅村词共十首,多用方言,如"弦索应云锣"、"小吃砌宣窑"、"兰蕙伏盆芽"皆是。

骨　牌

《正字通》云:"牙牌,今戏具也。俗传宣和二年所设,高宗时诏

---

① 见《御制诗集》三集卷八《什榜》诗注。

颁行天下,谓之骨牌。如博塞、格五之类。"今俗则竹者亦号骨牌矣。

骰 子

博具有骰子,其名亦旧。《广韵》"骰"字注:"骰子,博陆采具,出《声谱》。"温飞卿词:"玲珑骰子安红豆。"程大昌《摴蒱经略》云:"博骰本以木为质,唐世镂(木)〔骨〕为窍,杂以朱墨。"[①]冯鉴《续事始》云:"陈思王制双陆局,置骰子二。唐末有叶子之戏,遂加至六。"李洞诗:"六赤重新掷印成。"至今沿之。骰亦作投,以其可投掷也。《唐志》:"李郃有《骰子选格》。"《戒庵漫笔》:"顾璘知许州,地中掘得窑烧骰子一窑,约两三石。"《七修类稿》:"有某宦筑魏州城,得窑烧骰子数斗,或谓即子建所埋以传于人间也。"

叶 子 马吊

欧阳公《归田录》云:"叶子格者,唐中世以后有之。说者云有姓叶号子青者撰此格,因以为名。非也。骰子格本备检用,故亦以叶子写之,因以名之耳。"宋辕文《笔记》谓:"叶子二字,坼(其)〔叶〕字上半,乃'廿世'字,下'木'字,凑'子'字作'李'字,为有唐二十帝之谶。"姚平山引《品外集》云"唐同昌公主会韦氏族于广化里,韦氏诸家好为叶子之戏",姚云叶子如今之酒牌酒令。郭氏《书目》有南唐李后主妃周氏编《金叶子格》。马氏《经籍考》有《叶子格戏》。晁氏《读书志》云:"世传叶子,晚唐时妇人也,撰此戏。"又有马吊之名。陈确庵《顽潭诗话》谓即"戳戏","始明万历中年,崇祯间尤甚。京师搢绅入朝归,袍笏未除,毯列已具"。同时王石隐、盛圣传皆有诗纪之。按,戳戏创于常熟冯犹龙,吾邑为之尤甚。百老用献,千生用闯。亡何,有闯、献二贼之祸。王石隐有《戳谶谣》。"戳"字见《篇海》,敕角切,枪戳也。

---

① 宋程大昌《演繁露》卷六"投五木琼橑玖骰"条载:"《御览》载繁钦《威仪箴》曰:其有退朝偃息闲居,操橑弄棋,文局摴蒱,言不及义,胜负是图。注云:橑,瞿营反,博子也。橑之读与琼同,其字仍自从木。知其初制本以木为质也,唐世则镂骨为窍,朱墨杂涂。"

升 官 图

局戏有升官图,以骰子掷之,幺为赃,绯为德,六为财,二三五为功。相传前明倪鸿宝所造。按,即唐时所谓彩选。王逢原有《彩选》诗。卒无及第效,徒有高人气。昏昏忘其大,扰扰争其细。赵明远有《彩选格》,见沈作喆《寓简》。房千里《骰子选格序》颇详。王阮亭谓彩选始唐李郃,宋尹师鲁踵而为之。刘贡父又取西汉官秩为之,取本传"所以升黜"之语注其下,其兄原父喜而序之。宋时又有《选仙图》,王珪《宫词》云:"尽日窗间赌选仙,小娃争觅列盆钱。上筹须占蓬莱岛,一掷乘鸾出洞天。"亦彩选类也。

着 衣 镜

富家厅堂置大镜曰着衣镜。案,《东宫旧事》:"皇太子纳妃,有着衣大镜。"是平等人不得用。庾子山《镜赋》云:"梳头新罢照着衣。"此一镜两用也。

灯 笼

灯笼,见《宋书·武帝纪》:"留葛灯笼、麻绳于阴室。"《南史·本纪》云:"壁上挂葛灯笼。"东坡《夜过舒尧文》诗:"蜡纸灯笼晃云母。"山谷《答黄冕仲》诗:"夜堂朱墨小灯笼。"

脚 钱 毛钱

《旧唐书·裴耀卿传》:"充转运使,凡三年,运七百万石,省脚钱三十万贯。"又,《齐澣传》:"岁减脚钱数十万。"盖谓脚力价也。俗谓送礼物力钱曰脚钱,亦有出。 小钱曰毛钱,见《宋史·高宗纪》:"建炎十三年,毁私铸毛钱。"

浴　　盆

《逸周书·王会解》:"堂后东北为赤帝焉,浴盆在其中。""浴盆"字见此。

镟　　子

锡盘盛食曰镟子。见戴侗《六书故》:"镟,温器也,旋之汤中以温酒。或曰今之铜锡盘为镟,取旋转为用也。"按,《说文》"镟"训圜炉。盖即今所谓锡锣。

等　　子

市井间谓秤银具曰戥子。按字书无"戥"字。《西湖志余》载宋高宗金等子事。王阮亭诗"汴上已亡金等子",用此。明张靖之《方州杂录》记优逮即眼镜云"合则为一,歧则为二,如市中等子匣"云云。是当作等,取有差等之意。

算　　盘

宋冯鉴《续事始》云:"黄帝使隶首作算数,得下筹之法。周公作《九章》,详明算法,而制算盘之始。"案,古谓之算子,以铁为之,见《清异录》。

眼　　镜

《庶物异名疏》:"叆叇,今俗谓之眼镜是也。"案,钱虞山诗:"西洋眼镜规璧圆,玻璨为质象绁缘。"

匾　担

《传灯录》:"北宗门人忽朗澄为匾担山晓了禅师撰塔碑。""匾担"
二字见此。

扇　坠

《钱塘遗事》:"高宗宴大臣,见张循王持一扇,有玉孩儿扇坠。"今
呼"坠"作"滞"音。

掌　扇

官府舆及神座后有掌扇,盖以像人掌形名之。案,程大昌《演
繁露》云:"今人呼乘舆所用扇为掌扇,殊无义,盖障扇之讹。江夏
王义恭奏草诸侯制度'不得用雉扇'是也。"蔡嶷词:"扇开仙掌。"
误也。

莓　箓　竹

《苏州府志·物产》云:"姜华雨莓箓竹,与嘉兴王二漆竹齐名。"
一作麋绿竹。麋,通"眉",俗呼"眉"如"梅"字音。

桃　丝　竹

俗有桃丝竹扇。案,胡三省《通鉴注》:"桃竹,桃枝竹也。"胡仔
《渔隐丛话》云:"桃竹叶如椶,身如竹,密节而实中,犀理瘦骨,岭外人
多种之。"是桃丝为桃枝之误。盖以竹有纹如白丝也。太白《酬宇文
少府赠桃竹书筒》诗云:"桃竹书筒绮绣文。"

撀兜

捞鱼具曰撀兜,见章黼《韵学集成》:"鸽撀,网也,俗云撀兜。"音"海"平声。

绰板

节曲板曰绰板。案,当为拍板。《合璧事类》云:"晋魏之代有宋识善击节,以拍板代之。"此拍板之始。

茶船

富贵家茶杯用托子,曰茶船。见李济翁《资暇录》,云:"始建中蜀相崔宁之女,以茶杯无衬,病其熨手,取碟子承之。既啜而杯倾,乃以蜡环碟子中央,其杯遂定。即命匠以漆环代蜡,进于蜀相,大奇之。话于宾友,人人以为便。于是侍者更环其底,愈新其制,以至百状。或谓贞元初,青州青郸油绘为荷叶形,以衬茶碗,别为一家之楪,为托子之始。非也。"思按,名之曰船,盖本《周礼·司尊彝》"六彝皆有舟"之文,郑注:"舟,尊下台也。"

铁马

檐前悬铁马始于隋炀帝。《南部烟花记》云:"临池观竹,既枯,隋后每思其响,夜不能寐。炀帝为作薄玉龙数十枚,以缕线悬于檐外,夜中因风相击,与竹无异。民间效之,不敢用龙,以竹骏代。今俗则以烧料谓之铁马,以如马被甲作战斗形,且有声也。"杨升庵《外集》云:"古人殿阁檐棱间有风琴、风筝,因风动成音,自谐宫商。"元微之诗:"鸟啄风筝碎珠玉。"高骈有《夜听风筝》诗。僧齐己及王半山皆有咏风琴诗。此乃檐下铁马也。今人名纸鸢曰风筝,非也。真西山云:

"风筝,檐铃。俗呼风马儿。"

图　书

都元敬《铁网珊瑚》云:"古人私印,有曰某氏图书,惟以识图画书籍,其他则否。今人私刻印章,概以图书呼之,误矣。"

蒲　鞋

五代刘章有《蒲鞋》诗,见《丹铅新录》,"蒲鞋"字见此。张南郭《张溥传》:"奴仆私骂曰:'蹋蒲鞋儿何能为?'以其婢出也。"

烙　铁　熨斗

熨衣器有柄者曰烙铁,见《苏州府志》:"洪武初,陈宁知苏州,征赋苛急,令左右烧铁,烙人肌肤,号'陈烙铁'。"　熨斗,见《淮南子》:"熨斗生乎炮烙。"①

钵　头

瓦器有钵头,见张祜《容儿钵头》诗:"两边角子羊门里,犹学容儿弄钵头。"②

竹　节

庾子山《步虚词》:"成丹须竹节。"二字见此。亦可作"栉"。五代黄台诗:"笋栉高簪玳瑁斑。"又作"疖"。皮日休《二游》诗:"榻共松

---

① 《淮南子·齐俗》:"炮烙生乎热升。"热升即熨斗。
② 按,此处作者释词有误。张祜诗中"弄钵头"是唐代戏弄节目名称,与陶器钵头无涉。

疮疖。"

甋甀

张揖《博雅》云："瓴甋，甋甀也。"亦见《玉篇》。服虔《通俗文》云："狭长者谓之甋甀。"《汉书·尹赏传》注作"甋甀"。

筒瓦

宋周越《书苑》云："近有长安民献羽阳宫瓦十余枚，若今人筒瓦然。""筒瓦"二字见此。

黐胶

《广韵》："黐，音摛。黐胶所以黏鸟。""黐胶"字见此。　又，"黐"注："音摘，又音革，黏也。"俗谓黏物曰黐，音如"得"，当为此字。

裙裥

梁简文帝诗"罗裙宜细裥"。《玉篇》："裙幅相厕曰裥。"俗有裙裥、折裥之称，本此。吴梅村《江南好》词："百裥细裙金线柳。"

被头

被曰被头，见韩偓诗："被头不暖空沾泪。"

被囊

《晋书·惠帝纪》："侍中黄门，被囊中私赍钱三千。""被囊"见此。

芦虆

芦席,一曰芦虆。按,《梁书》:"太中大夫王敬允卒,遗命'一芦虆藉下,一枚覆上'。"

戒　指 <small>手镯　翠臂</small>

妇女喜带戒指,男子渐亦效之。或金,或玉,或玛瑙、蜜蜡、翡翠。按,卫宏《汉旧仪》:"宫人御幸,赐银指环,令数环计月也。"许慎《五经要义》云:"古者妃妾当御,以银环进之。娠则以金环退之。进著右手,退著左手。"亦见郑氏《诗笺》。又,《晋书·西戎传》:"大宛俗,娶妇先以金同心指环为聘。"则戒指乃以幸女子者。《广韵》引《续汉书》曰:"孙程十九人立顺帝,各赐金钏指环。"男子带戒指盖始于此。俗亦呼"手记"。陆氏伸以为康成《诗笺》有云"事无大小,记以成法",故名。《正字通》"钏"注:"古男女同用。"案,今惟女饰有之,云男女同用,未知何据。俗谓女子所带曰手镯,见《事物绀珠》。钏,手镯,桀以金玉为之。男子所带则曰翠臂。考《元氏掖庭记》:"元静懿皇后,旦日人献翠腕阑。"注:"手镯类。"翠臂殆即翠腕之义。

朱　松　邻

妇女簪钗有名朱松邻者。初不解,后见王应奎《柳南随笔》,云即以创始之人为名。按,松邻名鹤,嘉定人,曾以竹刻簪钗等物。宋荔裳《竹罂草堂歌》注云:"嫏城朱松邻、白门濮仲谦,皆以竹器擅名。"《嘉定志》:"明邑人朱松邻善竹刻。其子小松、孙三松益精其技。"按,小松名缨,三松名稚徵,亦见王氏《随笔》。

花　铃　子

棉花未开时谓之铃子。按,沈括《补笔谈》"零陵香,本名蕙,又名薰,唐人谓之铃铃香,亦谓之铃子香。谓花倒悬枝间如小铃也。今京师人买零陵香,须择有铃子者,铃子乃其花也。此本鄙语"云云。今俗多以之称棉花。

捲　荷

荷叶未舒曰捲荷。见《老学庵笔记》,云:"今人谓卷荷为伎荷。伎,立也。卷荷出水面,亭亭植立,故名。""卷"即"捲"字。

冷　泽 音零铎

屋木悬冰如箸曰冷泽。案,《五音集韵》"冷"字注:"又音零,吴人谓结冰曰冷泽。"亦见黄氏《韵会》。

蚌　子 乌蜑虫

米中小黑虫曰蚌子,大者曰乌蜑虫。案,《尔雅·释虫》作"蚌",郭注:"今谷中小黑虫是也,建平人呼为蚌子。"亡婢切。《广韵》亦从此音。《唐韵》《集韵》皆音养。陆德明《释文》云:"蚌,本或作芊。"《字林》作"蚌",弋丈反。蜑,见《广韵》,注云:"米中黑虫。"音加。

蚊　子

吴融《平望蚊子》诗:"平望有蚊子,白昼来相屠。"谓蚊曰蚊子,见此。平望,吴江巨镇也。

载　毛　虫

夏秋间有毛虫,食树叶,曰载毛虫。载音刺。《尔雅》:"蛅毛蠹。"邢疏引《说文》云:"'载毛虫。'今俗呼为毛载。《楚词》'载缘兮我裳'

是也。”鸟有截毛鹰,以食此虫得名。沈懋嘉《秋鸟诗》注以为日本国所产,大者名截毛鹰,亦曰鹬鹏,中者花鸡,小者钻篱。

偷 瓜 窅

旧《苏府志》“刺猬”注云:“俗名偷瓜窅。”按,“窅”当为“窅”字之讹。窅,音血,凿穴居也。以其好窃瓜,常负以入穴,故名。窅,音杳,目深貌。

螭 虎

衣饰、器皿绘画龙像,呼曰螭虎。按,蔡邕《独断》:“天子玺以玉,螭虎纽。”卫宏《汉旧仪》云:“秦以前用金玉朱印,龙虎纽。”《正字通》云:“或龙或虎为纽,非谓螭虎一物也。今俗连‘螭’读,误合为一物”云云。则以龙曰螭虎,自明已然。

壁 虎

陶弘景《本草》:“蝘蜓,吴人呼为壁虎。”案,《说文》:“在壁曰蝘蜓,在草曰蜥蜴。”《尔雅・释虫》则以蝾螈、蜥蜴、蝘蜓、守宫为一物。邢昺疏云:“一物形状相类而四名也,亦作蝎虎。”东坡诗:“窗间守宫称蝎虎。”以此虫善啖蝎,故名。

壁 蟢

《事物原始》云:“壁茧,蟢子也,一名壁蟢,作窠于门壁之上。”《山堂肆考》云:“壁钱虫,一名扁蟢。”

时 里 白

鱼有“时里白”之名。以夏有三时,鱼在时内出也。按陆放翁《避暑录》："太湖白鱼冠天下。梅后十有五日入时,白鱼最盛,谓之时里白。"亦见《姑苏志》。

参 条 鱼

《正字通》"鲦"注云:"小白鱼,俗称䰵鱼。䰵音参。亦曰参条鱼,小而长,时浮水面,性好游,故名鲦。又音条。"①今俗呼"参"如"搀"。

鲞 白鲞

《本草》:"乌贼鱼,盐乾者名明鲞,淡干者名脯鲞。"今俗通名咸鲞。新者曰鲜鲞,即鯯鱼。《正字通》所谓"状如鲫鱼,干曰鯯鲞"也。考陆广微《吴地记》云:"吴王阖闾入海,会风浪,不得渡,粮绝,祷于天,见金色鱼逼而来,因取食。及归,思此鱼,所司曰'已曝干矣'。索食之,味甚美。因书'美'下'魚'为'鲞'字,读作'想',寓思想之意。"黄花鱼干者曰白鲞,见罗愿《尔雅翼》,云:"诸鱼乾者皆为鲞,美不及石首,故独得白之名,呼曰白鲞。若露风色变红则失味。"王右军《蕲茶帖》云:"石首鲞,食之消瓜成水。"按,石首,即黄花鱼。首中有骨似石,故名。杜诗"顿顿食黄鱼",即此。张南郭《州志》作鳇鱼,非是。鮰鳇鱼,俗所谓著甲,即鳣鱼。著,音酌,陆玑《虫鱼疏》所云"背上腹下皆有甲者"是也。

海 蜇

《临淮新语》云:"水母,干者名海蜇,腹下有脚纷纭,名曰蜇花;鲜者一名海蛇,气最腥,为虫之所宅。虫者,虾也。"明章黼《韵学集成》"靼"字注云:"柔皮,音浙,又曰水母也。"陈继儒《农田余话》以为此物正似柔皮状,或疑《岭表录异》谓之蛇痴驾反,音近作鳘。非是。《庶物异名疏》云:"俗名海舌。"

---

① 鲦,《集韵》有"田聊"、"夷周"二切。

吐哺鱼 鰕虎

冯时可《雨航杂录》："吐哺鱼，本名土附，以其附土而行，不似他鱼浮水也。"《镇洋志》作"土鮒，俗呼土步。"《姑苏志》："类土附而腮红若虎，善食鰕者，名鰕虎鱼。"鰕虎见此。

鲙 残 鱼

杨衒之《洛阳伽蓝记》："释宝志尝于台城对梁武帝食鲙，帝曰：'朕不知其味二十余年矣，师何云尔？'乃吐出小鱼，依依鳞尾。今秣陵尚有鲙残鱼也。"按，《吴越春秋》："句践保会稽，方斫鱼为鲙，闻吴兵，弃其余于江中，化而为鱼，犹作鲙形，故名鲙残，亦曰王余。"是此鱼不始志公也。《博物志》："孙权曾〔以〕〔江〕行，食鲙有余，弃于中流，化为鱼，今有鱼犹名吴余，长数寸，大如箸，尚类鲙形。"皮日休诗："分明数得鲙残鱼。"

鱼 秧

养鱼者种自江滩，买置池塘，以豆汁饲之，谓之鱼秧。按，叶梦得《避暑录话》："浙东人率以陂塘养鱼，乘春鱼初生时，（所）〔取〕种江外，长不过半寸，以木桶置水中，细切（烟）草为食，如饲蚕，谓之鱼苗。"陆深《豫章漫抄》云："鱼苗，或曰鱼秧。"南郭《州志》作"鱼鉠"。"鉠"当为"秧"之误。

麦 末

炒麦磨粉曰麦末，见许叔重《说文》"面"字注："麦末也。"按，《类篇》有"䊍"字，音末，"舂米碎也。"是亦可作"䊍"。

炒　米

《南史·陈武帝纪》："齐所据城中无水,或炒米食之。"

豆　沙

饼饵馅以赤豆末、红糖炒之,曰豆沙。见范石湖《祭灶》诗:"豆沙甘松粉饵圆。"

盐　豆

陆放翁诗:"盐豆数粒粥一盂。""盐豆"字亦有出。

乳　腐

《唐国史补》:"穆氏兄弟四人:赞、质、员、赏,时以赏为乳腐,言最凡固也。""乳腐"字见此。

卷六

老　酒

黄酒曰老酒。按，范石湖诗："扶头老酒中。"自注："老酒，数年陈酒也，南人珍之。"是"老"即"陈"字之意。苏子由《求黄家紫竹杖》诗云："老酒仍烦为开瓮。"今不论新陈，黄酒通呼老酒矣。

烧　酒 酒脚　糟油　郁金香

徐文长《路史》谓："元暹罗国始造烧酒。"方密之《物理小识》亦云："元时始创烧酒之法，名阿刺吉。"又引《饮膳正要》云："葡萄烧酒，出哈嗽火者最烈。"按，乐天诗："烧酒初开琥珀香。"雍陶诗："自到成都烧酒熟。"是唐时已有其名。盖即黄酒之煎过者。今所谓煮酒，非世俗所行烧酒也。　方氏又引宋其武说云酒酿脚十斤，加曲二斤"以罐蒙纱，入糟埋中。从春过夏，取出，在罐中者即为糟油。"今吾乡糟油称独绝，他处仿之，终不逮也。"酒脚"字见此，亦俗称也。　烧酒中有名郁金香者，盖取太白诗"兰陵美酒郁金香，玉碗盛来琥珀光"之语。《诗》"黄流"注："酿秬黍为酒，筑郁金，煮而和之。"按，郁金，草，出西域大秦、扶南、罽宾等国。见《魏略》及《梁书·扶南国传》、《唐书·西域传》。鱼豢云："其香十二叶，为百草之英。"

发　酵

萧子显《齐书》"起面饼"注："发酵也。"《正字通》云："以酒母起面曰发酵。"酵，音教，今转为"告"。韦巨源《食单》有"婆罗门轻高面"。《正字通》曰："今俗笼蒸馒头发酵浮起者是也。"

赤米 _{赤，呼为"察"}

籼米曰赤米。见《国语》："大夫种曰：'今吴大荒荐饥，市无赤米。'"注云："赤米，米之奸者，今尚无有。"

肚羹

细切猪肚，加以野菜，谓之肚羹。见王定国《清虚杂著》，梁焘与司马康在执政前证邢恕论蔡确语言，康曰："时饥，贪食肚羹，不听得。"

骆驼蹄

《姑苏志》"饮馔之属"有骆驼蹄。注云："蒸面为之，其形如驼蹄。"重阳节物，今俗于端午节卖之。《姑苏志·风俗》云："重九用面裹肉炊之，曰重阳糕，一曰骆驼蹄。"今俗分为二物。

孛娄 _{孛，音如"泼"}

糯谷爆花名孛娄，见《吴郡》、《姑苏》二志。张司直寅《太仓志》因之，范《志》云："亦曰米花。"按，李戒庵《漫笔》有《米花》诗。东入吴城十万家，家家爆谷卜年华。就锅抛下黄金粟，转手翻成白玉花。红粉美人占喜事，白头老叟问生涯。晓来妆饰诸儿女，数片梅花插鬓斜。《姑苏志》云："又曰卜流，言卜流年也。"

茶食

干点心曰茶食。见宇文懋昭《金志》："婿先期拜门，戚属偕行。以酒馔往，酒三行，进大软脂、小软脂，如中国寒具。又进蜜糕，人各一盘，曰茶食。"周煇《北辕录》云："金国宴南使，未行酒，先设茶筵，进茶一盏,谓之茶食。"

点心 馒头 馄饨 包子

小食曰点心。见吴曾《漫录》:"唐郑傪为江淮留后,家人备夫人晨馔,夫人谓其弟曰:'治装未毕,我未及餐,尔且可点心。'俄而,女仆请备夫人点心。傪诟曰:'适已点心,今何得又请?'"周煇《北辕录》云:"洗漱冠栉毕,点心已至。"又,《癸辛杂识》:"赵温叔丞相善啖,阜陵谓曰:'我欲作小点心相请。'"俗语"小点心",亦有出。 点心中有馒头、馄饨、包子等。高承《事物纪原》云:"诸葛亮渡泸,以面作人首形祭神,因号'馒头',取欺谩之义。"程大昌《演繁露》云:"馄饨,出于虏中混氏屯氏,故名。"案,《太平御览》引《方言》:"饼,或谓之馄。"是其名已久。《食物志》云:"或作混沌,象其圜形。"包子,见王(楸)〔林〕《燕翼诒谋录》:"仁宗诞日,赐包子。"

中饭

《长白漫笔》云:"俗谓午餐曰中饭。"见权德舆诗:"山僧相劝期中饭。"

吃素 荤素

断鱼肉曰吃素。按,当云素食。《汉书·霍光传》:"昌邑王居道上,不素食。"注云:"菜食,无肉也。"又,《王莽传》:"每逢水旱辄素食,太后诏云:'今秋幸熟,公宜以时食肉。'"盖"素"有"空"义,犹《王制》所谓"徒食"也。云"吃素",是亦可谓之"食徒"乎? 俗以蔬菜曰素,鱼肉曰荤,亦非。《说文》"荤"注:"臭菜。"徐锴云:"通谓芸台、椿、韭、葱、蒜、阿魏之属。"芸台,即油菜,《本草》作芸薹,一名薹菜。阿魏,香药名。《玉篇》:"荤叶所以辟凶邪。"《士相见礼》"夜膳荤"注:"荤,辛物,食之止卧。"《玉藻》"荤桃茢"注:"荤者,姜及辛菜也。"《荀子》"志不在于食臭"与荤同。杨倞注："葱韭之属。"罗愿《尔雅翼》云："西方以大蒜、小蒜、兴渠、慈葱、茖葱为五荤。茖，音恪，山葱。道家以韭、蒜、芸薹、胡荽、薤为五荤。"俗以朱子注"齐必变食"有"不饮酒，不茹荤"之文，六字见《庄子·人间世》篇，颜子语也。遂以鱼肉为荤而戒之，谬已！然魏鹤山《周礼折衷》云："荤，本只姜、桂、韭、薤之类，今人却以为荤腥。犹国有故，则天子素服减膳，今却又有素食之说。"戴埴《鼠璞》云："程、苏二公，当致斋日，厨人禀造食荤素，程令办素，苏令办荤。"华亭宋辕文《笔记》云："黄山谷在宜州，有曹醇老送肉及子鱼来，遂不免食荤。"则是时已以鱼肉为荤。盖以《管子·轻重篇》"黄帝钻燧生火，以熟荤臊"，"荤"与"臊"属，因致讹。《旧唐书·李辅国传》亦云："不茹荤血，常为僧行。"《周礼》："王日一举，齐则日三举。"举者，杀牲盛馔也，未闻齐戒有不食之说。梁武帝奉佛，戒不食鱼肉，刘勰并请二郊、农社亦从七庙之制，但供蔬果。盖齐忌鱼肉，始于梁武。《玉藻》："卯日稷食菜羹。"惟忌日乃然。

白　　饭

无肴吃饭曰白饭。见少陵《入奏行》："与奴白饭马青刍。"东坡诗："但得君眼青，不辞奴饭白。"若作"白粲"，则为尊贵之食，不应以饲奴隶。

扛　　醵　音具

合出钱饮酒曰扛醵。按，醵之名甚古。《礼器》"周礼其犹醵与"郑注："合钱饮酒曰醵。"伏生胜《鸿范五行传》："孟秋之月，令民畋醵。"《字书》："横关对举曰扛。"盖扛物必须数人，故以为喻。

酒　　令

酒筵行令饮酒，曰酒令。案，《贾逵传》："逵著《酒令》九篇。"是东汉已有之，至唐而盛。乐天诗："醉翻襕衫抛小令。"刘贡父《诗话》云："唐人饮酒，喜以令为罚。"

溲　面

作饼饵，以水拌面曰溲面。见《集韵》“溲”字注：“溲面。”东坡《食冷淘》诗注：“取槐叶汁溲面作饼。”

擀　面

以杖转面，曰擀面。见孙光宪《北梦琐言》：“王蜀时，有赵雄武能造大饼，每三斗面擀一枚，大如数间屋，号“赵大饼”。”王渔洋云：“‘擀’字亦俚语也。”

泼　水

弃去水曰泼水。东坡《雪后》诗用之：“但觉衾裯如泼水。”又，《答赵郎中》诗：“赵子吟诗如泼水。”又，《石炭》诗：“投泥泼水愈光明。”又，《和孔毅父久旱》诗：“可怜明月如泼水。”《玉篇》“泼”注：“弃水也。”《朱翁子传奇》有“泼水”事。

摙　水

《南史》：“何远为武昌太守，以钱买井。不受者，摙水还之。”《侬渠录》云：“吴语有‘搬汤摙水’。”陆玑《诗疏》：“蜾蠃以虫入穴，摙泥封之。”《祥符图经》云：“摙泥作窠，或双或只。”

打水　打饭

欧阳公《归田录》云：“世俗言造舟车曰打船、打车，网鱼曰打鱼，汲水曰打水，役夫饷饭曰打饭，从者执伞曰打伞，以〔尺〕丈量地曰打量。”吴曾《漫录》据《经典释文》“丁者，当也”，以为“‘打’字从‘丁’，以手当其事者也。故触于事者皆谓之'打'。"今吾俗犹然。

使　风

船行张帆曰使风，见温飞卿《西州词》："去帆不安幅，作抵使西风。"_{东坡《陈季常见过》诗："送君四十里，只使一帆风。"}

抢　风

逆风行船曰抢风。见庾阐《扬都赋》："艇子抢风，榜人逆浪。"吴任臣《字汇补》音"锵"去声，云："吴楚谓帆上风曰抢，今舟人曰掉抢。"_{掉，音调。《崇明志》书作"戗"，非是。《玉篇》："戗，古'创'字。"}

艌　船

修船曰艌船。《正字通》云："挽舟索曰笿，本作纤，因其为挽舟具，故从念从舟作艌，音'牵'去声。今辑理旧船读若'念'者，有音无义，方俗语也。"案，宋元字书无"艌"字，惟宋濂《篇海》有之①，注："奴店切，艌船。"是其言起于元明间。

放　船

解缆开船曰放船。按，《世说》："谢太傅于东船行，小人放船纵横。"杜诗"落日放船好"本此。

起　屋

王凤洲答慎侍御问王维诗"还从物外起田园"，云："'起'字即俗

---

① 篇海：原作"海篇"。

语‘起屋’所自始。”其说非也。《汉书》屡用“起”字。《郊祀志》：“粤俗有火灾，复起屋，必以火，用胜服之。”《地理志》：“太华山有集灵宫，武帝起。”《武帝纪》：“二年春，起建章宫。”《明帝纪》：“诏无起陵寝。”霍光、张安世、张汤传，并有“起冢、祠堂”之文。《杨恽传》：“家居，治产业，起室宅。”《原涉传》：“大治起冢舍。”《陈汤传》：“渭陵不复徙民起邑。”又云：“今作初陵而营起邑居。”又云：“果起昌陵邑。”王夫人、悼后传：“皆改葬，起园邑。”《吴志·陈表传》亦云：“太子登为起屋宅。”《晋·虞博传》：“时祭酒求更起屋行。”《周书·司马裔传》：“诏为起祠堂。”是“起”字之来甚典。《三辅故事》：“始皇葬骊山，起高坟五十丈。”洪氏《隶释》载熹平元年《吴仲山碑》有云：“不能起楼高殿，棁窗同观菜色。”庾子山《长孙俭碑》：“于州城之南，起清德之楼。”徐孝穆《杂曲》：“为谁新起凤凰楼？”又，双林寺《傅大士碑》：“一分舍利起塔于冢，一分舍利起塔在山。”皆是也。王建诗亦云：“妾家高楼连苑起。”《法苑珠林》：“八王请分，还国起塔。”

筛 锣

赵彦卫《云麓漫抄》云：“中原人以击锣为筛锣，东南人亦有言之者。”今俗，连声敲锣曰筛锣。

擂 鼓

《宋史·礼志》：“打毬，命诸王大臣驰马争击，旗下擂鼓。”杨升庵《丹铅录》引岑参《凯歌》“鸣笳擂鼓拥回车”，以为近制。启明定昏鼓三通曰擂鼓，当用此字。今本作“叠鼓”，非。

哺 鸡

老母鸡抱鸡子曰哺鸡，业此者曰哺坊。按，当作“菢”。《广韵》“菢”注：“鸟伏卵也。”通作“抱”。太白《求白鹇》诗序：“盖是家鸡所伏。”是亦可云“伏”。哺，则为口中嚼食以饲之。《姑苏志》载“哺鸡笋”，所谓蔓延如鸡哺子也。

蚕　上　山

蚕三眠后,吐丝箔上,曰上山。按,朱国祯《涌幢小品》云:"作茧,以柴帚,登蚕其上,曰上山。"盖取其向高之义。

白　墡

粉垩木器曰白墡。按,卢氏熊《苏府志》引《祥符图经》云:"阳山产白墡,亦名白墡岭。可圬镘,洁白如粉。"《佛国记》:"普贤山,一名白墡山。即灵鹫山也。"《清异录》:"秣陵孟娘山土正白色,曰白墡土。"《广韵》"墡"注:"白土也。"

撩　浅

开河不竭水而以器捞坭曰撩浅。见《五代会要》:"吴越置都水营田,使募卒为都,号曰撩浅。"

回　残

买物用过,仍卖店中,谓之回残。二字见《旧唐书·王毛仲传》:"管闲廐刍粟之类,每岁回残,常致万斛。"又,《新唐书·食货志》:"太和九年,以天下回残钱置常平仓本钱。"俗读"残"如"藏",音之转也。

放　债　利息

《史·货殖传》:"吴楚七国反,长安列侯当从军者欲贷子钱,子钱家莫肯出贷,惟无盐氏捐金出贷,其息十之。"此今放债之始。《汉书·谷永传》:"为人起责,债同。分利受谢。"小颜注:"富贾有钱,假托其名,代之为主,放与他人,以取利息,而共分之。"此"放"字所本。《宋书·顾觊之传》:"三子绰,多以私财出放。" 利息之义,见《周官·泉府》:"民之贷者,以国服为之息。"郑众注:"贷者,从官借本贾也。故有息,使民弗利,以其所贾之国所出为息也。"《正字通》:"俗称贷于人,还母钱加子曰息。"

冷 债 京债

久远之债曰冷债。见东坡《艾子杂说》:"艾子答魏安厘王云:'近日却告得孟尝君处借得冯驩来索得几文冷债,是以饶足也。'" 选官到京,重利借贷,谓之京债。见《旧唐书·武宗纪》:"中书奏:'选官多京债,到任填还,致其贪求,罔不由此。'乃定户部预借料钱到任扣还之例。"

加 一 三分钱

重利大斗斛有加一之名。见杜征南《左传注》:"晏子云:'陈氏三量,皆登一焉,量乃大矣。'"杜云:"登,加也。加一谓加旧量之一也。"
官利以三分息为止,俗谓之三分钱,见《元·世祖本纪》:"至元十九年,诏民间贷息以三分钱为率,著为令。若宋《青苗条例》所云,比元请价钱,不得过三分。如一户请过一贯文,送纳见钱不得过一贯三百文。"此则今所谓加三利息矣。

断 屠

官禁杀牲曰断屠。见《隋·文帝纪》:"仁寿三年,诏云:'六月十三日是朕生日,宜令断屠。'"又,《旧唐书·武宗纪》:"会昌四年正月,敕三元日各断屠三日。"《事物纪原》谓断屠起于唐高祖武德二年,非是。《唐会要》云:"所在公私,宜断屠钓。"是兼断钓也。

禁 杀 牛

《南史》：“梁傅昭性笃谨，子妇尝得家饷牛肉，以进昭，昭召其子曰：‘食之则犯法，告之则不可。’取而埋之。”《梁书·萧琛传》：“又禁杀牛解祀，以脯代肉。”是知牛之禁杀，自梁已然。

咬 虱

得虱，置口中嚼之，其来已久。《汉书》：“王莽校尉韩威云：‘无异口中蚤虱。’”曹子建《论》亦云：“得虱者，莫不劘之齿牙，为害身者也。”又，《秦策》应侯告秦王已有“犹口中虱”之语。

跣 水 　跣蹝

赤脚渡水曰跣水。《广韵》“跣”字注：“步渡水也，白衔切。”则当读如“监”平声。今呼如“爿”，声之转也。张寅《州志》有澧河。注云：“当作涩，音蒲鉴切。” 宋景濂《篇海》有“蹝”字，音炭，注：“跣蹝，不能行也。”按，《广韵》：“蹝㨊，宛转也。音槃滩。”《说文》：“槃㨊，不正也。”今俗呼手足并行者曰跣蹝，音如“爿瘫”，疑当为蹝㨊。

淘 米

淅米曰淘米。见老杜《示从孙济》诗：“淘米少汲水，汲多井水浑。”

米 泔

淅米水曰米泔水。《说文》：“周谓潘曰泔。”《广韵》“泔”：“淅米汁也。”《荀子·大略篇》：“曾子食鱼，有余，曰：‘泔之。’门人曰：‘泔之伤人。'"或谓以米汁浸之也。旧注以为"烹和之名"。

泥　　塑

《朱子语录》:"谢显道谓程明道如泥塑人。"俗谓痴钝者曰泥塑木雕,本此。　《正字通》云:"今俗捏土肖鬼神貌曰壤。"按,《广韵》"塑"注:"塑像也,出周公《梦书》。""壤"注:"捏土容,出《古今奇字》。"二字音同,义相似。

箍　　桶

以篾束物曰箍,音孤,见《异字苑》。《广韵》引之。《朱子语录》:"大慈寺有箍桶者,精于《易》。程明道兄弟就质所疑,酬应如响。"《临淮新语》:"番禺诸村皆在海岛中,大村曰大箍围,小村曰小箍围,言四环皆江水也。"

裁　　缝

成衣人曰裁缝。见《周官》郑注"内司服":"宫中裁缝之长。"又,"缝人":"主裁衣者。""缝线":"掌裁缝及所用之线。"梁江总《山水衲袍赋》云:"裁缝则万壑萦体。"杜《白丝行》:"裁缝灭尽针线迹。"太白《庐江主人妇》诗:"为客裁缝君自见。"盖本为裁剪缝缀之事,后遂以名其人。

裱　　褙

装潢曰裱褙。按,米南宫《画史》有"苏州褙工"之称。《姑苏志·风俗》:"以裱褙列之工作。"注云:"两京外惟吴中为得法。"东坡诗题有"观吴道子画,于鲜于子骏家装褙完好"云云。装褙,即裱褙也。陈眉公《一捧雪》杂剧有"汤裱褙"。《正字通》云:"装潢即今之裱褙。"《历代名画记》:"褚河南等监掌装背。"装背即裱褙也。

顾　绣

刺绣称顾绣。案，前明松江府顾氏女善绣，因得名。华亭周茂源子纶撰门联，云："问文章似谈笺顾绣，换得钱无？"[1]二物皆松江土产。吴园次《韩绣行》云"泖水曾传顾氏娥"，指顾绣也。诗载徐钪《本事诗》。

剪　绺 音柳

途中剪窃衣物曰剪绺。见王应奎《柳南随笔》："徽州唐皋屡试不售。时有口号云：'经魁解元荷包里，争奈京师剪绺多。'"《说文》："丝十缕为绺。"沈佺期《七夕·曝衣篇》："上有仙人长命绺。"

毕　姻 联姻

婚娶曰毕姻。见郑文康《俗礼歌序》："予为膏儿毕姻。"盖即向子平婚嫁毕之意。俗作姅，非是。《博雅》："姅，母也。"　初定亲曰联姻。《世说》："络秀曰：'若连姻贵族。'""连"、"联"同。

寿　器

生时置棺曰寿器。见《后汉·梁商传》："及薨，帝赐以东园朱寿之器。"师古注："寿器，棺也，以朱饰之。"

---

① 清王士禛《居易录》卷二六载此联："论家世如阁帖官窑，可称旧矣；问文章似谈笺顾绣，换得钱无？"

卷七

自　在

适意曰自在。见《汉书·王嘉传》："恣心自在。"《水经注》言温泉云："道士清身沐浴，一日三饮，多少自在。"案，二字本佛家语。《维摩经》云："世王自在于民，法王自在于法。"又，"佛土清净，如自在天宫。"《本起经》云："已免忧苦，存亡自在。"亦见《佛国记》。《瑜伽记》："王过有十二，不得自在。"《婆娑论》："罪人为狱卒阿旁所拘刺，不得自在，故名地狱。"《翻译名义》云："梵语摩醯首罗，此云大自在。"杜诗："江流大自在。"又，"自在娇莺恰恰啼"。

受　用

适意亦曰受用。见《吴郡志·龚明之传》："每自谓平日受用，惟一诚字。"又，《吕氏童蒙训》载程明道语云："吾只是待人以诚，一生受用不尽。"

快　活

喜乐曰快活。见《北齐书·和士开传》："劝武成帝曰：'一日快活敌千年。'"又，《五代史》："桑维翰云：'居宰相如着新鞋袜，外面好看，其中不快活。'"又，刘昫、李愚罢相，百官相贺曰："自此我曹快活矣。"乐天诗："谁知将相王侯外，别有优游快活人。"

开　心

快活亦曰开心。见《颜氏家训》："读书学问，本欲开心明目。"《唐书·刘知幾传》："十二岁听讲《左氏》则心开。"《国史纂异》："许敬宗曰：'闻陛下即位河北，心开目明。'"太白《扶风豪士歌》："开心写意君所知。"又，《送陈郎归衡阳序》："朝心不开，莫发尽白。"又，《月下独酌》云："酒酣心自开。"东坡《和陶》诗："开心无良友。"与《马援传》所云"开心见诚"义少别。

作　乐 _{音洛}

《晋书·向秀传》："始欲注庄周书，嵇康曰：'此书讵复须注？正自妨人作乐耳。'""作乐"字见此。山谷诗："举目尽妨人作乐。"《北齐》："和士开劝武成王曰：'宜及少壮，恣意作乐。'"

高　兴

有兴致曰高兴。《世说》注引支氏《逍遥论》曰："至人乘天正而高兴。"殷仲文诗："独有清秋日，能使高兴尽。"卢照邻诗："高兴复留人。"老杜诗尤数见。《北征》："青云动高兴。"《寄张山人》："高兴如笼鸟。"《寻范隐居》："入门高兴发。"《九日曲江》："晚来高兴尽。"又诗："高兴潜有激。"又"高兴激荆衡"。皆是。

活　泼

做人圆转曰活泼。见《五灯会元》："无住禅师云：'活泼泼地，平常自在，此心体毕竟不可得。'"《朱子语类》："或问：'"活泼泼地"是禅语否？'曰：'不是禅语，是俗语。'"

缩　朒

畏人曰缩朒。见《汉·五行志》："王侯缩朒不任。"师古注："退怯貌。"《玉篇》："缩朒，不宽舒貌。"

落　度 音铎

落落不管事曰落度。按,《宋书·五行志》:"元超兄弟大落度,上桑打椹为苟作。""度"字正作入声。又,《三国〔志〕》:"杨仪语费祎曰:'处世宁当落度如此?'""度"字注无音,疑亦当入声。

糊　涂

不谙事务曰糊涂。见《宋史·吕端传》:"太宗欲相之,或言端为人糊涂。太宗曰:'小事糊涂,大事不糊涂。'"今呼"涂"字作去声。孙奕《示儿编》读"糊涂"为"鹘突",声之转也。解曰:"鹘,隼。突起、卤莽之状。"又,程明道《杂志》:"钱穆公决一滞狱,苏长公云:'可谓霹雳手。'钱曰:'安得霹雳手,仅免葫芦蹄。'"或作提,非。疑"葫芦"即"糊涂"之转。周亮工读"葫"为"鹘",则"芦"当为"突"矣。

恨　毒

《后汉·张奂传·赞》:"虽恨毒在心。"今恼恨曰恨毒。

厌　烦

懒倦曰厌烦。黄山谷《放言》云:"从事常厌烦。"用《高士传》闵仲叔"我欲省烦,今更作烦"语意。

出　息

称赞孩稚曰有出息。案,朱子所谓"取物于人,而出息以偿之",谓利息也。详卷六。近人问官宰云:"每年出息若干?"至以之期望小儿,异矣。

懵 懂

《西湖志余》载：“永嘉甄龙友不能对孝庙龙友之义，以为一时懵懂。”《正韵》：“懵懂，心乱也。”①懵亦作懞。宋翟耆〔年〕题米氏山水云：“善画无根树，能描懞懂山。”见《画鉴》。

乖 觉 伶俐

子弟颖悟曰乖觉，或作乖角。按，退之诗：“亲朋顿乖角。”罗隐《焚书坑》诗：“祖龙算事浑乖角。”皆舛谬之谓，且“乖”字非所以称人。扬子《方言》：“凡小儿多诈而狯，或谓之姡姡。”音括。“乖”殆“姡”之转也。明周芝山《锡元亭闲话》云：“俗人不识字，称人子弟曰乖、曰凶，则喜，其意盖以为美词耳，不知正相反。” 又曰伶俐。按，字书无“俐”字。《广韵》“刢”字注：“刢利，使性人也。”刢音灵。丁谓书判官简尾云：立地机关子太乖②。似已以“乖”为乖巧。则非颖悟之谓。梅氏《字汇》云：“今俗谓黠慧者曰伶俐。”盖前明方言。

顽 皮

小儿嬉戏曰顽皮。见《五代史·冯道传》：“自称顽皮老子。”③

倔 强 强拗〇强音其两切

顽梗曰倔强。见《宋史·赵鼎传》：“鼎不附和议，桧曰：‘此老倔强犹昔。’”《汉·陆贾传》作“屈强”，云：“乃欲以新造未集之越屈强于

---

① “乩”可作“始”、“乱”的异体字，这里是“乱”的异体字。
② 此谓丁晋公事，参阅宋释文莹《湘山野录》卷下。
③ 中华书局标点本《新五代史·冯道传》：“德光诮讯之曰：‘尔是何等老子？’对曰：‘无才无德痴顽老子。’”作“痴顽”。

此。"注:"不柔服也。"《史记》作"屈彊"。　又,《朱子语类》:"王临川天资亦有拗强处。"《韵会》"拗"注:"拗戾,固相违也。"此今拗捩、强拗之所本。捩、戾通用。

㘞㘞　上音"两",下"强"上声

事不停妥曰㘞㘞。见《广韵·三十六养》:"㘞㘞,力拒也。"《集韵》:"又体急皃。"今虫鱼半死,亦曰㘞㘞。

认　真

尽力曰认真。见《元史·王克敬传》:"临事不认真,岂尽忠之道乎?"

猥挼

状貌寒陋曰猥挼。见《传灯录》:"明州布袋和尚,形裁猥挼,蹙额皤腹。"一作脮脮,音猥馁,肥皃。

陇种

老悫曰陇种。见《荀子·议兵篇》:"陇种而退。"注:"遗失貌,如陇之种物然。"亦作龙钟。退之诗:"东野不得官,白首夸龙钟。"董彦远注:"潦倒意。"苏鹗《演义》云:"龙钟谓不翘举,如鬒鬖、拉搭之类。"杨升庵云:"龙钟,竹名。见《广韵》。人老似竹,摇曳不自持,故曰龙钟。"思按,杜弼《为侯景檄梁》云"龙钟稚子",则非独老人之称。《集韵》作儱偅,云:"不遇貌。"《埤苍》作躘蹱。《北史·李穆传》又作笼东:"宇文泰战败,敌兵追及,穆以鞭击泰曰:'笼东军士,尔曹主安在?'"

撺掇 指唆

《韵会小补》云：“诱人为恶曰窜。平声。”俗曰“撺掇”，《正字通》亦云然。按《集韵》“窜”、“撺”二字俱注“又七丸切”。“窜”注“入穴”；“撺”注“掷也”。今读作平声，亦有本。 撺掇亦曰指唆，指音如主。《正字通》：俗云“使唆”[①]。即指唆之意。

尴尬

事可疑曰尴尬。按，当作“尲尬”。《说文》“尬”注：“尲尬，行不正也。”从“介”音。注：“曲胫也。”《广韵》：“尴，同尲。”《正字通》以“尴”为俗“尲”字。

斫丧

耗散精神曰斫丧。按，《左传》“以陈氏为斧斤，既斫丧公室”云云。今呼斫如作，音近致讹也。《唐书·杨复恭传》亦云：“斫丧天下。”

主张

主张二字，始于《庄子》：“孰主张是？”微之《授王播同平章事制》：“不有主张，孰能勘济？”退之《送穷文》：“各有主张，私立名字。”朱子诗：“茫茫宇宙内，此柄孰主张？”皆本之。《宋史·徐中行传》：“子庭筠曰：‘愿安时处顺，主张世道。’”

---

① 按，《正字通·手部》“撺”：“七乱切，音爨，掷也。……俗谓诱人为恶曰撺掇。”又，《口部》“唆”：“桑柯切，音梭。咝唆，小儿相应声。又，俗云‘使唆’。古无‘唆’字，通用‘嗦’。”

子　细 俗作"仔细",非。仔,任也。一音咨

小心临事曰子细。见《北史·源思礼传》:"为政当举大纲,何必太子细也。"杜诗:"醉把茱萸子细看。"①又,《观李固山水图》云:"野桥分子细。"

离　经

不在伦理曰离经。按,《学记》:"一年视离经辨志。"注:"言离绝经书之句读。"俗盖以经为常,离其常则可异也。

佹　事 佹,音该

扬子《方言》:"非常曰佹事。"今吾俗犹然。《说文》:"奇佹,非常也。"

随　喜

佛寺游玩曰随喜。见龙树《十住论》:"礼拜十方诸佛,忏悔劝请,随喜回向。"案,徐孝穆《双林寺傅大士碑》云:"僧皓法师见书随喜。"又,《与智颛书》云:"极相随喜。"是为欢喜之意。老杜《望兜率寺》诗:"时应清盥罢,随喜给孤园。"此与今所谓随喜意同。

撞　席

朱国祯《涌幢小品》载:"士子有用《中论》中式者,后相竞用之。时为语曰:'主司好请客,徐幹偶撞席。只好这一遭,后会难再得。'"时

---

① 所引《北史》语,最早见于北齐魏收《魏书》。所引杜诗,《杜诗详注》作"仔细"。

以言不对题者为请客文章。俗谓不速自至者曰撞席。"撞"转作"闯",盖言突如其来也。

请　安

问候曰请安。见《左氏传》:"使宰献而请安。"本言齐侯自请安适,不在坐饮酒也。今以为请问安好之意。

贺　喜

吉事相庆曰贺喜。见史游《急就章》"偏吕张,鲁贺喜"。师古注:"言有喜而可贺也。"《焦氏易林》:"贺喜从福,日利蕃息。"

做　媒　人

宋子虚名无,元初人。《唫呓集·咏田山叟》云:"潜将灵药私官婢,更做媒人嫁薛昭。""做媒人"字见此。田山叟,即申天师。

白　蚂　蚁

惯说合成交者曰白蚂蚁。案,此蚁出粤中,能入箱箧食银,遗矢雪白,溶化犹可成银。以此种人善赚银钱,故以名之。

剃　头　剃面

削发曰剃头。见元微之《赠卢头陀》诗:"剃尽心花始剃头。"剃,《说文》作"鬎",注云:"大人曰髡,小儿曰鬎,尽及身毛曰䰂。"康成《周官·薙氏》注:"薙,读如鬎小儿头之鬎。"《管子》:"屠牛长朝解九牛,而刀可以剃发。""剃发"二字始见此。《颜氏家训》有"熏衣剃面"之语,盖是时不剃发,只修饰其面。今妇人则曰剃面。

出　恭

如厕曰出恭。吕蓝玉《言鲭》谓"出于恭敬之外"。是前明已有此语。明人撰《西游传奇》，"出恭"字凡两见。毛西河以《西游记传奇》为元时丘长春所撰。钱竹汀先生以为丘真人。《西游记》在《道藏》内，非即今所行之书。

小　便　撒尿

溲溺曰小便。见《汉·张安世传》："郎有醉，小便殿上。"《后汉·甘始传》："方士或饮小便。"嵇中散《绝交书》："每常小便而忍不起。"杜征南注《左传》"将私焉"及"夷射姑旋焉"，并云："小便也。"《晋语》："少溲于豕牢。"韦昭注："小便也。"《吕览》："肉之美者……旄象之约。"高诱注："约，要道，小便处。"《南史·谢幾卿传》："小遗，沾令史。"注云："即俗言小便也。"小遗，见《汉·东方朔传》。《圆觉经》云："咀涕浓血，精液涎沫，痰泪精气，大小便利，皆归于水。"《杂宝藏经》云："梵志大小便利于石上，有雌鹿来舐，即便有身，生一女子。"○俗亦曰撒尿。《说文》作"屎"，从尾省。注云："人小便也。""鸟"去声。今呼作"势"平声者，盖呼"水"作"势"上声，因以"尸"下"水"为"舒"字音。

屎　恶　去声

《汉书·昌邑王传》："梦青蝇矢积西阶东，以问龚遂。遂曰：'陛下左侧谗人众多，如是青蝇恶矣。'"师古注："恶，即矢也。"矢，古与"屎"同，本作"菡"。"越王句践为吴王尝恶"，古读如字，今呼作乌路切，或书作"屙"。《玉篇》："屙，上厕也。"《传灯录》："大宏禅师：'吃沩山饭，屙沩山屎，不为沩山禅。'"

肛　门

谷道两旁曰肛门。见《史记·仓公传》："肛门重十二两。"注：

"肛,钆也,言其处似车钆,故曰肛门,即广肠之门也。"《六书故》:"大肠端,肛门也。"

尾　巴

尾曰尾巴。按《正韵》"巴"字注:"又尾也。"《正字通》云:"方俗有尾巴语,经传不载。"是此言起于明初。○"巴"本蛇虫之名,篆作 𢀳,象长尾形,尾巴之名殆取此。

脚　跟

足后曰脚跟。见《山海经》:"跂踵国,人行脚跟不着地。"

老　茧

手足皮厚起曰老茧。案,《国策》:"墨子自鲁趋楚,一日一夜,足重茧而不息。"注:"足伤皮皱,如蚕茧也。"《广韵》作"𦙄",注:"皮起也。"亦作"趼"。《庄子》:"百舍重趼而不敢息。"注:"胝也,音茧。"

肚　皮

《东坡杂志》:"坡尝坦腹问侍者:'汝辈试道此中何物?'朝(霞)〔云〕曰:'是一肚皮不合时宜。'坡捧腹大笑。""肚皮"二字见此。又,陈希夷对周世宗歌:"展开眉头,解放肚皮,且一觉睡。"已用"肚皮"字。

臂　膊

臂曰臂膊。"膊"转作"巴"字声。按,唐末路德延作《孩儿诗》五十首,有云:"臂膊肥如瓠,肌肤软似绵。"○膊,本作"髆"。《广韵》:"胸髆也。"今讹为胸蒲。

奶 字本作"嬭",古文作"圝"

谓乳曰奶。见唐彦休《阙史》:"渤海僧闻牝豕向猪群行,作声,以为行行向前槐阴下吃奶。"按,《说文》"𣪠"注:"奴斗反,乳也,楚人谓乳曰𣪠。"奶,盖"𣪠"音之转。《广韵》又出"㛋"字,"音𣪠,一曰乳也"。

胡　咙

喉咙曰胡咙。按,《后汉·五行志》童谣云:"吏置马,君具车,请为诸君鼓咙胡。"胡,额下肉也。又,去声。《金日磾传》"捽胡",晋灼音"护颈"也。杨升庵《古音余》"喉"载虞韵,音胡,则喉咙亦可读胡咙。尤、虞二韵古通也。

额　角

《逸雅》:"角者,生于额也。"《论语纬考撰谶》云:"颜回有角额,似月形。"[1]庾信《舞媚娘》歌:"额角轻黄细安。"俗呼"额"为额角,本此。

面　孔

面孔,见郑綮《开天传信记》:"面孔不似胡孙。"

面 脸 骨

《广韵》"脸"注:"面脸,音检。"今俗读作"敛"音,而呼面脸骨则从"兼"上声,为得其正。

---

① 清陈元龙《格致镜原》卷十一引该语,书名作《论语撰考谶》。

下　颏

口以下曰下颏。见周密《齐东野语》:"俗谚,人喜过甚者,曰兜不上下颏。"

肩头　鼻头 拳头

肩头,见薛逢诗:"肩头薪续厨中烟。"鼻头,见山谷《谢王炳之惠石香鼎》诗:"人向鼻头参。"又,《万州下岩》诗:"若为刘道者,拽得鼻头回。"　拳头,见《续传灯录》:"若珠禅师答僧问,道:'举起拳。'僧曰:'学人不会。'曰:'拳头也不识?'"

脚　心

《吴真君服椒法》云:"半年脚心汗如水。"东坡《谢袁公济芎椒》诗:"汗水流骹始信吴。"自注引之。

鬖　脚

女人鬖发之根曰鬖脚。亦有出。山谷《乐寿县君吕氏挽词》:"骑省还秋直,霜侵鬖脚衰。"古男子亦栉发,故可通称。

版　牙 牙龈

牙齿阔大者曰版牙。亦有出。《晋书·载记·慕容皝》:"龙颜版齿。"齿根肉曰牙龈。见东坡诗:"脆响鸣牙龈。"《唐·张果传》:"堕齿之龈。"

眉　毛

眉曰眉毛。见《旧唐书》:"毛若虚眉毛覆于眼。"东坡《赠黄山人》诗"眉毛覆眼见来乌"用此。又,宋僧德延偈云:"而今大义重宣也,剔起眉毛觌面看。"

寒　毛

《晋书·夏统传》云:"闻君之谈,不觉寒毛尽戴,白汗四匝。"张寅《州志》引《长白漫笔》云:"今俗谓'吓得我寒毛子子竖'亦此意。"

面　嘴

面脸曰面嘴。见《指月录》:"佛照光颂云:'一亩之地,一蛇九鼠①,仔细看来,是何面嘴?'"

眅　眼

目皮向上曰眅眼。案,《说文》"眅"注:"多白眼也。"《六书故》:"反目貌。"则宋世已有此谓。本音扳。《广韵》又音上声,注:"目中白貌。"

人　中

《辍耕录》:"赵文敏云:'唇之中何以谓之人中?若曰人身之中,则当在脐腹间。盖自此而上,眼耳鼻皆双窍,自此而下,口与二便皆单窍。三画阴,三画阳,成泰卦也。'"

————————

① "一蛇九鼠",据《大正藏》当作"三蛇九鼠"。

重　身

妇人怀孕曰重身。亦有出。《诗》："大任有身。"郑笺："身重也。"陆氏《释文》直勇反，又直龙反。是可作平声。盖言有两身，故重叠也。又，《广韵》"䡢"字注："妇人娠也。"音重，则当为䡢身。《内经》：人有重身。注亦有两音。

人　身

死后有投人身之说，"人身"二字亦有本。《颜氏家训》："汝曹当兼修戒行，留心诵读，以为来世津梁，人身难得，勿虚过也。"

驼　背

背偻曰驼背。见柳州《郭橐驼传》："病偻，〔隆〕然伏行，有类橐驼者，乡人号之驼。"注："人驼背不能仰也。"《庄子》："卫有恶人哀骀。"注："骀与驼同，言背偻也。"冯翊《桂苑丛谈》："邹凤炽，唐高宗时人，眉高背曲，号'邹骆驼'。"

痹　子

《正字通》："今人以身上热疮为痹子。"①按，《广韵》"痹"音沸。今俗读若佩，声之转也。"痹"字见《素问》。

甕　鼻　头

鼻不通曰甕鼻头。华亭宋辕文《笔记》引《论衡》"鼻不知香臭曰

---

① 《正字通·疒部》"痹"："芳未切，音费，热生小疮。《素问》：'汗出见湿，乃生痤痱。'今俗以触热肤疹如沸者曰痱子。"

甕"为证。案,《论衡·别通篇》云:"人不博览古今,犹目盲耳聋鼻癰也。"乃是"癰"字。《广韵》作"齆",注:"鼻塞曰齆,乌贡切。"《埤雅》:"语云:'蛇聋马齆。'""甕"字当是后来之说,言其音不清,如出甕盎中也。

喀　嗽

《列子》:"两手据地而欧之,〔不出,〕喀喀然。"张湛注:"喀,音客,欬声。"俗谓"嗽"曰"喀嗽",当是此字。《集韵》亦作"𧮫"。

豰　豰 音谷速

唐释(元慧)〔慧琳〕撰《一切经音义》引《通俗文》云:"斗薮谓之豰豰。上都谷反,下音速。"案,《广韵》"豰"注:"豰豰,动物也。"豰,音剢,《说文》:"小豚也。"盖小豚性喜动,故谓动物不已者曰豰豰①。

---

① 明杨慎《升庵经说》卷十四"觳觫"条:"《孟子》:吾不忍其觳觫。言牛将就屠而体缩恐惧也。觳,本古文斛字。其字从谷省。谷而角之,是斛也。谷字义兼声,角字声兼义。合为斛字,乃正字,非借也。觳,鼎食也。俗作觫。牛之恐惧字当作觳觫。觳从豕,尾惧之貌。觫从角,角惧之貌。汉隶又作觳㾌。㾌,寒战疾也。借作牛之惧貌,义亦互通。"《丛书集成初编》本可供参考。

卷八

前　　程

生监以上通呼曰前程。按,《辍耕录》载"院本名目"有《问前程》。当取冯道诗"不用问前程"语。孟襄阳诗:"访人留后信,策蹇赴前程。"杜诗:"容易即前程。"盖本为路程,借为人身阶衔也。

履　　历

出身三代曰履历。按,《魏书·源子恭传》:"表云:'据其履历清华。'"封演《闻见记》:"百司诸厅皆有壁记。"原其作意,盖欲著前政履历云云。李虞仲《授王承休刺史制》:"循其履历,颇谓优深。"《宋史》尤屡见。《王彦超传》:"武行德等自陈凤昔战功及履历艰苦。"《雷德骧传》:"太宗令录京朝官履历功过之状以便引对。"《卢知远传》:"为吏部尚书,以官秩次弟履历为一书。"《石豫传》:"左肤为御史,履历与豫略同。"盖为践履阅历之意,后遂沿为三代名色之称。

官　　衔

官职名曰官衔。按,《封氏闻见记》云:"新旧职名相衔不断,如人口衔物,如马有衔,故云。"又,孔平仲《谈苑》云:"当时选曹补授,须存资历,开奏之时,先具旧官名于前,次书拟官于后,新旧相衔不断,故曰官衔,亦曰头衔。"今俗以捐纳职名曰职衔,非矣。　又,王渔洋《池北偶谈》引《家语·礼运篇》:"官有衔,职有序。"注:"衔,治也。"《执辔篇》云:"古之衔天下者以六官总治焉。故曰衔四马者执六辔,衔天下者正六官。"以为官衔之义本此。

出　身

既贵，推其起初曰出身。见《魏书·食货志》："白民输五百石，听依第出身。"庾子山《司马裔碑》："出身司徒府参军。"又，《萧公墓志》："公子出身，非郎官而同品。"唐司业李元瓘上言："明经所习，务在出身。"王（保定）〔定保〕《唐摭言》："进士殿试二甲曰赐进士出身，三甲曰赐同进士出身。"一甲曰赐及第。宋制：五甲曰同进士出身，四甲曰并进士出身。

白　身　人

无前程者曰白身人。按，徐凝《辞韩侍郎》诗："欲别朱门泪先尽，白头游子白身归。"《宋〔史〕》："娄机谓堂吏曰：'进士非通籍不及亲，汝辈乃以白身得之。'"盖古者庶人通服白衣。《史·儒林传》："公孙弘以《春秋》白衣为三公。"《后汉·孔融传》："与白衣祢衡跌宕放言。"《宋书·陆澄传》："坐免官，白衣领职。"今俗亦谓之白衣人。《管子》："白徒三十人奉车两。"魏收《食货志》："白民输粟五百石。"羊叔子《与弟书》云："以白士而受重位。"《隋》："乐平公主曰：'李敏，一白丁耳。'"刘梦得《陋室铭》"往来无白丁"用此。即白身人之意。古庶人在官者亦服白衣。苏伯玉妻诗："吏人妇，会夫稀。出门望，见白衣。谓当是，而更非。"陶靖节"望见白衣送酒"之"白衣"亦是①。故娄机谓堂吏为白衣。

乡　亲

同乡人曰乡亲。见《晋书·陶潜传》："有乡亲张野。"太白《门有车马客行》："乃是故乡亲。"

---

① 《艺文类聚》卷四引《续晋阳秋》曰："陶潜尝九月九日无酒，宅边菊丛中摘菊盈把，坐其侧久，望见白衣至，乃王弘送酒也。即便就酌，醉而后归。"

俗 物

呵粗鄙者曰俗物。见《晋书·王戎传》:"为竹林游,戎后至,阮籍曰:'俗物已复来败人意!'"老杜《漫成》诗:"眼前无俗物,多病也身轻。"崔宗之《赠李十二》诗:"换囊无俗物。"东坡《携妓乐游张山人园》诗:"故将俗物恼幽人。"

恶 少

无赖子弟曰恶少。见《荀子》:"无廉耻而耆乎饮食,可谓恶少者也。"《汉书·昭帝纪》:"发恶少年戍辽东。"又,《尹赏传》:"举杂长安中轻薄少年恶子。"《南史》:"陈方泰与诸恶少年群聚。"杜诗《寄语》:"舟航恶年少。"又,"奸雄恶少皆封侯"。韩诗:"隔墙恶少恶难似。"

杂 种

詈人曰杂种。见《后汉·西羌传》:"滇零等集会附落及诸杂种。"又,《晋书·前燕载记·赞》:"蠢兹杂种,奕世弥昌。"丘迟《与陈伯之书》:"姬汉旧邦,无取杂种。"庾肩吾《乱后经吴御亭》诗:"杂种乱辕辕。"杜诗:"杂种虽高垒。"《后汉·任延传》"令将杂种胡骑休屠、黄石"注:"黄石,杂种号也。"

汉 子 好汉

贱丈夫曰汉子。见《北齐书》:"魏恺固辞青州刺史。文宣怒曰:'何物汉子,与官不就。'"此与师古《西域传》注"匈奴谓中国为秦人者,习故言也"同意。《辍耕录》:"今人谓贱丈夫为汉子。" 《询刍录》云:"汉自武帝伐匈奴二十余年,闻汉兵莫不畏者,称为好汉。后遂为男子之称。"《旧唐书·狄仁杰传》:"武后谓曰:'朕要一好汉任使,有乎?'"东坡《饯顾子敦》诗:"人间一好汉,谁似张长史。"《慕容垂歌》:"我身自分当,枉杀墙外汉。"汉,即汉子也。

饭　　头

管厨房者曰饭头。见范石湖诗："孤云野鹤本无求,刚被差充粥饭头。"

管　　家

称人奴仆曰管家。见《明史·严嵩传》:"时称文选郎中万寀、职方郎中方祥为文武管家。"

家　　属

官府前呼奴仆曰家属。按,李心传《朝野杂记》:"岳少保案行遣省剳,有小帖子云:'看详岳飞、张宪所犯情重,逐人家业并家属,合取自朝廷指挥施行。'"又一条云:"北兵退,独陈鲁公与黄通老家属在城中。"是家属犹云家眷、眷属也。《汉·陈汤传》:"愿与妻子家属徙初陵。"《后汉·窦武传》:"徙武家属日南"。此"家属"二字之始。

奴　　才

骂仆人曰奴才。案,《水经注》:"李特至剑门,叹曰:'刘氏有如此地而面缚于人,岂不奴才也!'"《晋书·刘元海载记》曰:"颖成都王名。不用吾言,遂自奔溃,真奴才也!"本概言之,今遂为奴隶之称。《郭子仪传》:"责其子云:'子仪诸子皆奴材也。'"

鼻　　头

诋仆隶曰鼻头鼻讹作别音。《余氏辨林》以为:"当是胡语。契丹骂汉儿作十里鼻,犹言奴仆也。或云妆门面;或云猪鼻,善掘地,取生事之义。皆臆说。"案,《复社纪略》"张南郭采以八字头像人鼻孔,恶之。是时奴仆横行,人以为反在主上。吴中读嘴如主音,因借鼻以号奴,故恶之"云云。然则"鼻头"之说自是吾俗方言,非匈奴"十里鼻"之谓。

王　八

骂人曰王八。案,《五代史记》:"王建少无赖为盗,里人谓之贼王八。以其行八也。"俗又转为王霸,以为乌龟之别名。误矣。　一云,"王"为"忘"之讹,言其孝弟忠信礼义廉耻八者俱忘也。或云,黄巢兄弟八人,皆无行,贩私盐为生。故詈人曰黄八,音转为霸。

强　盗

盗曰强盗。见《后汉·陈忠传》:"穿窬不禁,必为强盗。"《宋书·羊元保传》有"占山护泽,强盗律"之文。

众　生 众,音终

詈人曰众生。按,《地藏菩萨本愿经》:"为是罪苦,六道众生,广设方便。"又,"度脱如是等难化刚强罪苦众生。"《金刚经》云:"无人相,无众生相。"是众生固不得为人矣。元人撰《醉菩提》曲用之,云:"披毛带角,做个众生相。"《广韵》"众"又音终。今从此声。

畜　生 畜,音触

骂人又曰畜生。见《隋书·文帝纪》:"恚太子广曰:'畜生何堪付大事!'"太白《崇明寺陀罗尼幢颂》:"当生七反畜生之身。"吴曾《漫录》:"汪彦章云:'无奈这一队畜生何。'"在翰苑,屡致言者,因作《点绛唇》词。

或问:"归梦浓于酒,何以在晓鸦啼后?"彦章答之云云。又,《后汉·刘宽传》:"坐客骂苍头曰畜产。宽私遣人视之,恐其自杀,曰:'此人也,而被骂畜产,吾惧其死也。'"畜产即畜生也。《北史·高车传》:"单于女以老狼为畜生。"

洩 气

骂人言不合理曰洩气。按,《宋史》:"邵箎以上殿洩气,出知东平。谓之洩气狮子。"以其高鼻圈〔鬢〕髯,形似狮也①。倪云林令童子担水,以后者洗足,曰:"恐其洩气致秽。"魏校《六书精蕴》云"子在母胎,诸气尚闭,惟脐内入声气,囱为通气;既生,则窍开,口鼻内气,尾闾为之洩气"云云。是即骂人放屁之意。《广韵》"屁"注:"气下洩也。"屁本作屄,从尾字省。亦作糒②。

吃 醋

妇人妒忌曰吃醋。按,《岭南录异》:"相思豆有雌雄,合置醋中,辄相就,不可解。"盖以豆喻之,又以醋而转为撚酸。

注 夏

卢熊《府志》:"夏至食李,以解注夏之疾。"《姑苏志》作端午,似误。张寅《州志》:"立夏日煮麦豆,和糖食之,曰不注夏。"《南郭志》则云:"夏(志)〔至〕用蚕豆、小麦煮饭,名"夏至饭"。今俗则为夏至粥。戒坐户槛,云犯得注夏疾。"家先生治斋公云:"'注'当为'蛀'。入夏不健,如树之为虫蛀也。"思按,今俗相猜忌曰注,不服船曰注船。《西溪丛语》云:"今人不善乘船谓之苦船,北人谓之苦车。"苦音库,困也。则"注"

---

① 元无名氏《居家必用事类全集·嘲诮》:"时邵箎以上殿洩气,出知东平。邵高鼻鬢髯,社人目为洩气狮子。景亮又凑为七字对曰:说法马留为察使,洩气狮子作知州。"《宋史》未见其事。
② "糒"为"屁"之异体。《玉篇·米部》:"糒,失气也。"《集韵·至韵》:"屁,《字林》:'下出气也。'或作糒。"

当为"苦"音之转。

跨　灶

子胜其父曰跨灶。见苏长公《与陈季常书》："二子皆有跨灶之兴。"案，《古今诗话》引吴琮《贺人生子》诗"寄语王浑防跨灶"，以为"灶上有釜，'釜'上有'父'字，故子过于父曰跨灶"。思谓此说殊牵强。高士奇《天禄识余》引《海客日谈》云："马前蹄上有两空处，名灶门。马之良者，后蹄印地之痕反在前蹄之前，故名'跨灶'。言其后步趫过前步也。"临淮人《新语》载："张穆之畜名马，尤善画马，尝谓马前蹄下有灶门，谓之寸金，奔驰时后蹄能击到寸金，谓之跨灶。跨高一寸者为骏，低者次之。寸金处常破损，如豆，不生毛，为跨灶之验。"[①]此较"灶上有釜"之说为切。吴任臣《字汇补》云："灶，马足迹也。驹行每越老马之迹，故有'跨灶'之称。"又稍异其说。坡公又有书云："此子着鞭，一跃当撞破烟楼。"盖由灶宇生出烟楼。

邋　遢　音腊榻

《广韵·二十八盍》"遢"注："邋遢，不谨事也。"俗谓不洁净曰邋遢。宋太祖《咏日》诗："欲出未出光辣闒。"又作"辣闒"。

齷　齪

污秽不洁曰齷齪。按，《六书故》："齷齪，齿细密也。人之曲谨者曰齷齪。"亦作握齱。《汉·郦食其传》："握齱好苛礼。"注："急促也。"又作握踸。《司马相如传》："委琐握踸，拘文牵俗。"注："局狭也。"皆

---

① 屈大均《广东新语》卷十三《艺语》"诸家画品"："又谓马相在骨，其腹前有两兰筋，尝微动者则良。前蹄后有灶，谓之寸金。马奔驰时，后蹄能击到寸金，谓之跨灶。跨高一寸者为骏，低者次之。寸金处常破损如豆大，有血流出不生毛，是为跨灶之验。"此"临淮人《新语》"指屈大均《广东新语》。详卷二"七七"条。

非不洁之谓。方氏《通雅》云："今江北、江左乡语皆以握鲰为尘浊之称，音近而义各殊。"

鏖　糟　_{鏖，音拗}

暴热不可耐曰鏖糟。案，晋灼《霍去病传》注："世俗谓尽死杀人曰鏖糟。"则与今语义别。

啰　苏

语言支离，作事不直捷曰啰苏。按，《续传灯录》："僧问慧宝禅师至再三，曰：'苏噜。'"殆即啰苏之意。《集韵》："啰，又利遮切。多言也。"又，吐蕃居有"罗娑川"，亦西方人语。康熙初，绅士颂朱州守士华里排歌有云："不差胥，少啰唆。"则苏又可为唆也。

簏　簌

物垂下曰络索。按，当为簏簌。李贺诗："揉丝团金悬簏簌。"注："下垂貌。"李郢诗亦云："钗垂簏簌抱香怀。"

功　緻　_{细緻}

细巧曰功緻。案，《月令》："必功致为上。"郑读"致"为"緻"。陈皓云："功力密緻也。"亦可作工緻。《唐书·诸公主传》："安乐公主营第，皆宪写宫省，而工緻过之。"《洛阳名园记》："刘给事园有台一区，尤工緻。"亦曰细緻。《释名》："缣，兼也。其丝细緻。"

袣　襫

徐坚《初学记》载魏程晓《伏日》诗："今世袣襫子，触热到人家。"

《集韵》："襰禶，不晓事也。"音耐戴。俗转其音为来歹，为累堆。

修 娖

葺理曰修娖。见《唐书》："中和二年修娖部伍。"娖，音齪。《说文》："谨也。"今讹"修"为"收"，"娖"读如"捉"，字与"捉"通也。《后汉·中山王焉传》："五国各官骑百人称娖。"《唐志》："守捉将千人。"《正字通》云："即称娖也。"

收 拾

收拾，见《汉·光武本纪》："二十二年诏云：'家羸弱不能收拾者。'"欧阳〔修〕《梅圣俞集序》："诗既多，不自收拾。"

膨 胀 鼓胀

腹胀曰膨胀。见退之《石鼎联句》："豕腹涨膨脝。"一作"彭亨"。又，《城南联句》："若闻腹膨脝。"《急就章》"寒气泄"注："腹胪胀。"《通雅》云："腹鼓胀也。"胪音闾，腹前也。今俗腹胀病曰鼓胀，言胀满如鼓也。或作蛊，非。

窸 窣

微有声曰窸窣。见李长吉《神弦曲》："海神山鬼来座中，纸钱窸窣鸣飙风。"又，杜诗："河梁幸未坼，枝撑声窸窣。"《说文》"窣"，苏骨切，音捽，穴中卒出也。俗呼作"率"音。

擸 攦 上音"腊"，下"惭"入声

污秽物曰擸攦。见《广韵》："和杂也。又破坏也。"又，搕攦，粪也。搕，乌合切。或书作拉杂。

毡 毵 <small>疲痂</small>

眼不清爽曰毡毵，<small>音阖飒</small>。见《广韵·二十七合》："毡毵，目睫长貌。"上古沓切，下苏合切。又，"痂""注：肥痂疲。出《字林》。"音答。（欸）〔皴〕，"皮宽也。"俗皮肉伤起块曰"疲痂"，音如"蛤搭"，疑即此字。

脗 缝

《侬渠录》云："吴人谓合唇曰脗嘴，合而无际曰脗缝。"脗音泯。《集韵》："脗，合无波际貌。"《庄子》亦作缗，《在宥》篇："当我缗乎。"注："缗，合也。"

狼 藉 <small>音籍</small>

收拾不尽，遗弃在地，曰狼藉。案，许氏《说文》："狼藉草而卧，去则秽乱，为狼藉。"《尔雅翼》云："狼贪聚物不整，故称狼藉。"又，康成"条狼氏"注："狼，狼扈道上。"贾《疏》谓："不蠲之物在道，犹今言狼藉也。"俗语"狼狼藉藉"亦有本。

囫 囵

焦弱侯《俗书刊误》云："今人谓完全曰囫囵，犹言浑仑也。"梅诞生音"囵"为"忽"。今呼作"或"。

日 逐

王仁裕《开元天宝遗事》："帝与贵妃日逐宴于桃树下。"俗谓"日日"曰"日逐"，本此。

客　气

作客曰客气。见《左氏·定八年传》："阳虎云：'尽客气也。'"《宋·颜延之传》："客气虚张，曾无愧畏。"

使　气

因怒，借物出气，曰使气。颜师古《汉书·灌夫传》"使酒"注："因酒而使气也。"《赵充国传》"使酒"注亦云。

抬　举

相尊重曰抬举。见唐张元晏《谢宰相启》："骤忝转迁，尽由抬举。"《元微之集》尤屡见。如咏高荷云："亭亭自抬举。"咏牡丹云："风光暂抬举。"[①]又，"大都只在人抬举。"又，《卢窦纪事》绝句："千万春风好抬举。"陶榖《清异录》有"抬举牡丹法"。

消　息 信息

音问曰消息。始于《后汉·独行传》："远至京师，觇候消息。"蔡文姬《悲愤诗》："仰问其消息，辄复非乡里。"《困学纪闻》谓出《魏志·少帝纪》，非也。《后汉·窦后纪》："数呼相工问息耗。"耗即消也。《正字通》据《月令》注"阳生为息，阴死为消"，以俗语消息为非，不知古有此称。若《易象传》所云"消息盈虚"乃言气化之生长。钱竹汀先生谓："《三国志》言'消息'者不一。如《管宁传》：'常使经营消息。'《张辽传》：'虎贲问消息。'《孙綝传》：'使传国消息。'《朱然传》：'遣使表疾病消息。'《费诗传》：'承知消息。'鱼豢《魏略》载王朗与许文休书

---

① 该诗原题作《牡丹二首》，《土风录》所引者乃其二。原诗作"风光一抬举"。

亦云：'文休足下，消息平安。'"按，车茂安《与陆士龙书》云："闻此消息，倍益忧虑。"
王子敬《静息帖》："赖消息内外极生冷。"又，《淳化阁帖》载杜预书云："间得来说，知消息。"杜少
陵有《得舍弟消息》诗。又，《梦李太白》诗："金瓶落井无消息。"

生　活

百工作事曰生活。按，二字始见《孟子》书，然非此义。《魏书·
胡叟传》："蓬室草筵，以酒自适。谓友人曰：'我此生活，似胜焦先。'"
《南史·临川王宏传》："武帝谓云：'阿六，汝生活大可。'"谓其多藏也。
《北史·尉景传》："与尔计生活孰多？"又，《祖莹传》："文章须自出机
轴，何能共人同生活也。"此今语所本。《唐摭言》："元、白在裴令公第夜宴联句，
杨汝士得句，白谓云：'笙歌鼎沸，作此冷淡生活。'"《邵康节外纪》云："屋下盖屋，床下安床，所
谓陈言生活者也。"吴曾《漫录》载沈存中姪辽言："有监官夜中闻牛语，相呼以行，曰：'今吾辈有
何生活？'"

利　市

市肆中有"利市"之称。案，《易·杂卦》："为近利市三倍。"又，
《左氏传》："子产谓贾人曰：'尔有利市宝贿。'"此于商贾尤切。子产
之言前于孔子也。《北梦琐言》："夏侯孜未遇时，号'不利市秀才'。"

主　客 主顾

贸易相与曰主客。始见《老子》："用兵有云：吾不敢为主而为
客。"东坡《岐亭》诗用之："披图见八阵，合散更主客。"《唐·食货志》：
"杨炎相德宗，作税法，量出主入，户无主客，以居者为簿。"又，李华
《吊古战场文》："主客相搏。"冯时可《雨航杂录》载谚语云："芦芽长一
尺，不与河豚作主客。"唐张为有《主客图》。《史记》："淳于髡为诸侯主客。"此唐制
主客郎中所本。非市中主客之谓。又，庾子山《崔说碑铭》："星辰主客。"用《天文
志》"太白为客。辰星出，太白为主人"。是天上亦有主客也。　"主顾"

字,见王充《论衡》:"性定质成,不为主顾。"然与市间所云殊义。

交　易

田宅买卖曰交易。见《易·系辞》:"聚天下之货,交易而退。"今但用之田宅。《史·越世家》:"范蠡以陶为天下之中,交易有无之通路。"

交　关

《后汉·光武纪》:"得吏郎交关谤毁者数千章。"又,《孔融传》:"汉律:与罪人交关三日已上,皆应知情。"又,《党锢传》:"或有未尝交关。"《三国·曹爽传》:"专共交关,看察至尊。"《夏侯元传》:"交关阉竖。"俗语"交关"二字见此。此条见《恒言录》。案,《宋书·顾觊之传》亦云:"与汝交关,有几许不尽。"

居　间

居中说合曰居间。见《史记·武安侯传》:"宾客居间。"亦见《汉书·灌夫传》。又,《游侠传》:"邑中贤豪,居间以十数。"按,子长亦本《左传》语:"吴人居其间七日。"杜注:"在吴楚之间。"

相　与

交游曰相与。见《史·淮阴侯传》:"此二人相与,天下至欢也。"然《易·咸》卦词已云:"感应以相与。"《恒象》云:"雷风相与。"《礼运》云:"诸侯以礼相与。"

出　手

以所业示人,自谦曰"拿不出手"。案,《颜氏家训·勉学篇》云:

"学为文章,先谋亲友,得其评裁,知可施行,然后出手。"

放　手

置手曰放手。见东坡诗:"亲友如抟沙,放手还复散。"若汉明帝诏"权门请托,残吏放手",此为放纵之义。杜诗"刘葵莫放手,放手伤葵根",用此。

点　火

辛弃疾《莫春》词:"点火樱桃,照一架荼蘼如雪。""点火"字见此。释圆至诗:"点火拨船来卖鱼。"

家　火

谚有"野火"、"家火"之称。见《成都记》:"火井,盐井也。欲出其火,先以家火投之。"东坡诗:"十年家火烧丹铅。"

典　当

质库曰典当。见《后汉·刘虞传》:"虞所赉赏典当,公孙瓒复抄夺之。"《正字通》云:"凡出物质钱谓之当。"《言鲭》云:"今人作库质钱取利。唐以前惟僧寺为之,谓之长生库。"

火　伴

古《木兰诗》:"出门看火伴。"案,《司马法》:"人人正正辞辞火火。"注言:"每火与一火,犹人人殊之人人也。"又,《唐书·兵志》:"府兵十人为火,火有长。广骑十人为火,五火为团。"《通典·兵制》:"五人为烈,烈有头目。二烈为火,立火子。五火为队。"此"火伴"之所由名也。俗作"伙",非。《字书》无"伙"字。《正字通》云:"俗谓同本合谋曰伙计。"案,即火伴也。

后　事

死后之事曰后事。见《魏志·朱建平传》:"荀攸、钟繇共使相,曰:'荀君虽少,然当以后事付钟君。'"

叙　寒　温

初相见问讯曰叙寒温。见杜诗:"虚名但蒙寒温问,泛爱不救沟壑辱。"山谷《寄谢外舅》云:"相过问寒温。"

卷九

书　信

赠答书函曰书信。案，王逸少《与朱处仁帖》有云："往得其书信，遂不取答。"在《十七帖》中。黄伯思《东观余论》云："谓昔尝得其书，而信人竟不取报书耳。"案，"信人"即相如《喻巴蜀檄》所云"信使"。世俗误以"书信"为句，遂以遣书馈物为"信"矣。陶隐居《真诰》云："公至山下，又遣一信见告。"又帖云："明旦信还，仍过取反。"《晋·谢朓传》："荆州信去倚待。"《宋书·刘穆之传》："即驰信召焉。"又云："晨起出陌头，属与信会。"《南史·王敬弘传》："妻弟桓灵宝遣信要令过己。"徐陵《为贞阳侯与王太尉书》："频遣信裴之横处，示其可否。"又云："今且顿东关，更待来信。""信"皆谓使人也。虞永兴帖亦云："事已信人口具。"然北周宇文护《报母书》云："二国分隔，理无书信。"杜诗："书信有柴胡。"元微之诗："远来书信隔年闻。"太白《题元丹丘山居》诗序云："邑信频及，许为主人。"则以"信"为"信息"，其来已久。

家　信

家书曰家信。见《南史·徐陵传》："父摛在围城之内，不奉家信，便疏食布衣。"

不宣　不备

书信结尾多用"不宣"及"不备"字。案，杨德祖《答临淄侯笺》末云："造次不能宣备。"是始于汉末。又，汉高祖初定天下，诸侯王上疏，末云："不宣，昧死再拜。"则汉初且用之章奏。宋君谟《送荔支与昭文相公帖》尾云[1]："谨奉手状上闻，不宣。"是时侍僚与宰相书犹用

---

[1] 宋君谟：指宋代蔡襄。按，蔡襄字君谟。

此二字。

云　云

书札中多用"云云"字。案,《汉·汲黯传》:"武帝曰:吾欲云云。"注:"犹言如此如此也。"李陵《答苏武书》:"执事者云云。"徐陵《谏深法师罢道书》:"巷里云云,余无惊色。"若《史记·封禅书》"秦文公获若云云于陈仓北阪",此为众多语,与《庄子》"万物云云"义同。《后汉·蔡义传》:"霍光曰:'何谓云云?'"师古曰:"云云,众语也。"

左　冲

张萱《疑耀》云:"今人作书启,于左方之末书'慎余左冲',不详所始。程大昌《考古录》谓:'古人尊赐卑者纸,尾批曰"与某人云慎余"等语者,示行卑不敢更有他语也。'"思案,冲者,虚也。卑者上书所尊,必虚其左,以请批答也。即古人书谨空之义。当由官署中嫌空字不佳,故改为冲。近则更为美词曰庆余庆长。今人札无余纸,而亦书冲,失其义矣。　又,王渔洋《池北偶谈》引黄山谷说云:"唐人书末云'谨空',谓空首也。即《周官》'大祝辨九撵古拜字'中之'空首'注云'拜而头至手'。"今所谓拜手也,然非左冲之义。

致　意

王厚斋《困学纪闻》谓"致意"字出《晋书·简文帝纪》。案,《班史·朱博传》:"遣吏存问致意。"《佞幸·石显传》:"使人致意,深自结纳。"则前汉已有之。阮元瑜《代曹公与孙权书》云:"还书致意。"亦在晋史前。

留心　留神　留意

《史记·蒙恬传》:"惟大夫留心。"《颜氏家训·归心篇》:"留心诵读。”任昉《王文宪集序》：“未尝留心。”《汉·薛宣传》：谷永疏曰：“惟陛下留神考察。”《后汉·郎𫖮传》：“丁宁再三，留神于此。”“留心留神”字见此。　“留意”见《国策》：《乐毅遗燕王书》云：‘惟大王留意焉。’”《汉·王尊传》：“太后曰：‘陛下不留意。’”《东方朔传》：“愿陛下留意察之。”《外戚·赵后传》：“籍武云：‘子无贵贱，惟留意。’”徐陵《与陈司空书》：“惠览今书，希能留意也。”《南史·刘穆之传》：“谓武帝曰：‘愿公小复留意。’帝既不能留意。”

请　教

文字相观看曰请教。见退之《五箴》：“不请而教，谁云不欺？”

费　心

以事烦人曰费心。见杜诗：“费心姑息是一役。”宋颜度《冬至》诗：“至节家家讲物仪，迎来送去费心机。”载《豹隐纪谈》。

献　丑

以著作示人，自谦曰献丑。见《后汉·郭后纪论》：“虽惠心妍状，愈献丑焉。”

多　谢

谢人曰多谢。见《汉·赵广汉传》：“界上亭长戏谓湖都亭长曰：‘至府，为我多谢问赵君。’”师古注：“多，厚也。言殷勤。若今人言‘千万问讯’。”渊明《拟古》：“〔多〕谢诸少年，相知不忠厚。”东坡《除夜宿常州城外》诗：“多谢残灯不嫌客。”

见　成 见，音现

见有曰见成。庾子山《五张寺经藏碑》云："见成三百余部。"现，俗见字。

见　在

即今日。"见在"见康成《周礼·槀人》注："弓弩矢箙计今见在者。"《史记·齐悼惠王世家》："于今见在。"《汉书·张汤传》："时放见在。"《外戚·赵后传》："掖庭狱丞籍武书对牍背曰：'儿见在，未死。'"《楚元王传》："或言父见在。"《后汉·杨震传》："疏云：'护同产弟威，今犹见在。'"王充《论衡》："《尚书》见在者二十九篇。"刘歆《移太常博士书》："今其书见在。"《梁书·简文帝纪》："诸州见在北人为奴婢者。"《金刚经》："现在心不可得。"

目　下 目今

见在亦曰目下。见《三国·王基传》："畏目下之戮。"又，《程昱传》："公于目下，肆其奸慝。"车茂安《与陆云书》："季甫恒在目下，卒有此役。"《晋书·曹志传》："目下将见责耶。"太白《金陵歌》："目下离离长春草。""目今"二字见《吴草庐文集》。

称　呼

东坡《食蜜渍生荔支》诗："儿女称呼恐不经。""称呼"字见此。

当　中

正中曰当中。见李长吉诗："元精耿耿贯当中。"皮日休诗："当中

见鱼眨。"苏子由《金山诗》:"当中惟一石。"

通　共

总共曰通共。见《汉书·原涉传》:"大郡二千石死官,赋敛送葬皆千万以上,妻子通共受之,以定产业。"

家　常

陶九成诗:"农事年年在,家常顿顿谋。""家常"二字见此。^{"顿顿"}本杜诗:顿顿食黄鱼。详下"一顿"条。

事　体

事曰事体。见司马长卿《难蜀父老文》:"斯事体大。"《梁书·裴子野传》:"高祖以其事体大。"

冷笑　取笑

心不然而口微哂曰冷笑。见《北史·崔赡传》:"赡讥魏收云:'何容读国士,直此冷笑?'"太白诗:"见余大言皆冷笑。"李廓诗:"时时逢冷笑。"乐天诗:"闲谈冷笑接交亲。"东坡诗:"冷笑乘槎向海滩。"皆本之。　伪为称赞曰取笑。案,老杜诗:"取笑同学翁。"李端《酬丘拱》诗:"投傅聊取笑。"刘长卿《负谪》诗:"独醒空取笑。"《五代史·唐家人传》:"明宗云:'传于人口,徒取笑也。'"皆言见笑于人之意。见笑,见《魏志·武帝纪》注:"韩信、陈平有见笑之耻。"

心　花

小儿作事耐久曰有心花。案,"心花"见《圆觉经》:"世尊告普贤菩萨云:'心花发明,照十方刹。'"东坡偈:"心花发明照十方。"用此。梁简文《请御讲启》:"心花成树,共转六尘。"太白《登开元寺阁》诗:"心花期启发。"

护　短

子弟有过,不加呵责,曰护短。见嵇中散《绝交书》:"仲尼不假盖于子夏,护其短也。"《颜氏家训·涉务篇》云:"纤微过失,惜行捶楚,盖护其短也。"东坡《赠梁道人》诗:"神仙护短多官府。"

毛　病

疵颣曰毛病。见山谷《尺牍》:"此荆南人毛病。"谓习气也。

打　扮

饰貌修容曰打扮。见黄公绍《竞渡歌》:"朝了霍山朝岳帝,十分打扮是杭州。"《广韵》"扮"注:"打扮也。"《中原雅音》:"装扮也。""扮"本音"问",此音"班"去声。

标　致

美貌曰标致。元萧士赟注太白诗"曾标横浮云"云:"言其标致之高也。"盖为风标姿致之意。

簇　新　斩新

甚新曰簇新。亦曰斩新。案,刘贡父《诗话》载:"花蕊夫人《宫词》有云:'厨船进食簇时新。"钱虞山诗:"签轴装潢要簇新。""潢"应去声,误作平用。盖取团簇之意。　"斩新"二字,少陵诗用之:"斩新花蕊未应飞。”段成式诗亦云：“姹女不愁难管领，斩新铅里得黄芽。”朱长孺以为唐人方言。按，“斩”，绝也，犹云绝新也。俗称物之异常者曰“斩货”，亦此意。

时　新　重新

食物初出曰时新。见汉韦彤《五礼精义》“品物时新堪进御者”。陈祥道《礼书》引之。王建《宫词》：“御船进食索时新。”欧阳公《谢梅圣俞银杏》诗：“京师寄时新。”已过复起曰重新。见李洞诗：“六赤重新掷印成。”六赤即骰子。

漆　黑

黑甚曰漆黑。见东坡《赠潘谷》诗：“布衫漆黑手如龟。”俗呼如“测黑”，声之变也。

通　红

纯红曰通红。见东坡《书双竹湛师房》诗：“白灰旋拨通红火。”“白”亦有“通白”之称。宋乐史《李翰林集序》云：禁中木芍药，红、紫、浅红、通白者①。

趸　当　零星

买卖整块曰趸当。案，字书无“趸”字。惟吴氏《字汇补》收此字。音“敦”上声。云：“俗零趸是也。”　零碎曰零星。案，《释名》：“星散也。”谢康乐诗：“星星白发垂。”注：“犹点点也。”意盖取此。若《风俗通》所云“零星”，即灵星。

---

① 《李翰林集》，即《李太白文集》。

东　西

货物浑称曰东西。案，宋小说载："神宗问王安石：'市中贸易何以不曰南北而曰东西？'答云：'当取东作西成之意，言东西则南北可该。'"是宋时已有此称。明莲池师答虞平园云："南为火，北为水，水火无求于人，故不言南北。"又，玉东西，酒杯名。王荆公诗："舞急锦腰迎十八，酒酣金盏照东西。"山谷诗："佳人斗南北，美酒玉东西。"

东　道

设席请客曰做东道。见《左氏·僖三十年传》："若舍郑以为东道主。"考郑在秦东，故曰东道。后相沿为主人之称。《南史》："王僧辩云：'鲁晋州亦是王师东道主人也。'"用《左传》语。案，亦可作"南道"、"西道"、"北道"。"南道"，见《魏书·裴延儁传》："孝文自代还，谓咸阳王禧曰：'昨得汝主簿为南道主人。'"徐陵《与荀昂兄弟书》："南道主人以相讨论也。"唐郑余庆指罗让云："此吾南道主人也。""西道"，见《大唐创业起居注》："命贼帅孙华先济为西道主人。""北道"，见《后汉·邓晨传》："光武谓云：'不如以一郡为我北道主人。'"又，《耿弇传》："光武指：'是我北道主人。'"又，《彭宠传》："朱浮云：'大王倚以为北道主人。'"《容斋随笔》但云"北道"有主人之称，不知又有"南道"、"西道"也。

地　主

对远方客有地主之称。案，吴曾《漫录》："张乖崖任成都，有中贵夜分请开城门。公谓曰：'中贵人入川，欲申地主之礼，如何中夜入城？'"然《左传》子服景伯已言之："地主归饩，以相辞也。"

财　主

富家曰财主。见《世说新语》："陈仲弓为太丘长，有劫贼杀财主。"

发　迹

久困暴富曰发迹。案,《太史公自序》:"秦失其政,而陈涉发迹。"《后汉·耿弇传》:"光武与书云:'将军攻祝阿以发迹。'"犹今云起世也。太白《为宋中丞作请都金陵表》云:"昔有周太王之兴,发迹于此。"亦是。释氏有《发迹经》[①]。

从　容 从,音聪

多钱者曰从容。案,《庄子·在宥篇》:"从容无为而万物炊累焉。"注:"从容,舒缓貌。"盖有钱则作事舒徐不迫,故以称之也。家先生以为非富而好礼者不能当此称。

赤　贫

贫极曰赤贫。案,叶廷珪《海录碎事》云:"古人谓空尽无物曰赤,如'赤地千里',《南史》称其家'赤贫'是也。"

寒　酸

黄氏《韵会》云"寒畯",今作"寒酸"。范石湖诗:"洗净书生气味酸。"俗诋腐儒为寒酸,本此。　又曰"醋大",目醋曰秀才,皆以酸字生出。或作"措大",言能举措大事也。

党　与

小人或群,曰党与。见《汉·霍光传》:"上官桀党与有谮光者。"

---

① 隋吉藏《净名玄论》:"《发迹经》云:净名即金粟如来。"然《发迹经》无汉译本,经录亦未载。

又,"夷灭充宗族党与。"《上官皇后传》:"桀、安结党谋杀光。"《尹赏传》:"遣掾求逐党与。"《江都易王传》:"及淮南事发,治党与。"《后汉·王莽传》:"党与承其指意而显奏之。"《宦者传》:"单超等收梁冀党与,悉诛之。"《鲍永传》:"禽破党与。"《说文》"与"字注:"党与也。"

本　分 去声,下同

安分守己曰本分。见《荀子》:"见端正不如见本分。"徐陵《答诸求人书》:"所见诸君多逾本分。"又云:"若问梁朝朱领军等并为卿相,此不逾其本分耶?"《唐语林》:"刘栖楚为京兆尹,常语府县官曰:'诸公各自了本分公事。'"

有分　无分

作事预及,曰有分,否曰无分。财物亦然。案,《左传》:"楚灵王云:'四国皆有分。'子革云:'楚是以无分。'"俗语盖本此。杜诗:"竹叶于人既无分。"

还　答

以物相酬报曰还答。见李陵《答苏武书》:"昔者不遗,远辱还答。"

作　成

店中交易曰作成。盖为作养生成之意。《汉书·郊祀歌》:"经纬天地,作成四时。"本自谦尊人之词,后遂为买卖通称。

公　道

买卖不欺曰公道。见《列子》:"国氏之盗,公道也,故亡。"又,《荀子》:"公道达而私门塞。"《淮南子》:"公道通而私道塞,人材释而公道修。"《汉书·萧望之传》:"庶事理,公道立。"《后汉·杨震传》:"先公道而后身名。"《三国志》:"开诚心,布公道。"李咸用诗:"圣朝公道易酬身。"杜牧诗:"公道世间惟白发。"

便 宜 便,平声

买物过值曰便宜。案,二字见《史记》、两《汉书》者不一,注皆无音。唐李涉诗:"想得俗情应大笑,不知年老失便宜。"邵康节常诵陈希夷语,作诗云:"珍重至人尝有语,落便宜是得便宜。"皆作平声。

吃 亏

市物不值曰吃亏。受屈亦曰吃亏。见杜樊川《定子》诗:"却笑吃亏隋炀帝。"或作义山诗。误。一刻作"吃虚"。今俗呼"亏"如"墟"。

埋 怨

事后责人曰埋怨。高则诚《琵琶记》用之:"以此埋怨你。"

罪 过

伤生辄曰罪过。案,《隋书》:"长孙晟至染干帐,责其帐中有草,当薙以待帝。曰:'奴罪过。'"又,"司马德戡弑帝,不能语,但于马上低头自称曰'罪过'。"《北史》:"郎基历官清勤,惟令人写书。潘子义谓曰:'在官写书,亦是风流罪过。'"东坡《次赵伯成韵》诗自注云:"聊答来句,义取妇人而已,罪过,罪过。"然《国策》已云:"信陵君自言罪。"俗呼"罪"如"在",声变也。

家　累

妻孥曰家累。见《南齐·高祖纪》："领降户家累别为营。"梁昭明《陶靖节传》："为彭泽令，不以家累自随。"宋罗端良《陶令祠堂记》云：初不以家累自随。用此语。又，《魏书·源子恭传》："家累应不轻。"《北齐》："祖元康倩珽作书属家累事。"案，"累"字出《后汉·西域传》："有累重敢徙者诣田所。"注："累〔重〕谓妻子家属也。"又，《仪礼·特牲馈食篇》："嗣举奠。"郑注云："嗣，主人将为后者。使饮奠，将传重累之者。"广东七星岩有李绅题名云："宝历元年二月十四日将家累游。"东坡《乞常州居住表》云："累重道远。"又，《与章子厚书》："贱累皆在渠处，未知何日到此。"渠谓子由。　又，《南史·沈炯传》："宋文帝留炯曰：'当敕所由，相解尊累。'"是亦可称人眷属为尊累也。所由，谓州县官。

带　累　累及

累及人曰带累。见薛能《赠解诗歌人》诗："朝天御史非韩寿，莫窃香来带累人。"　"累及"二字始于《穀梁传》："及者何？累也。"《禅林宝训》："文悦禅师见衲子担笼行脚者，呵曰：'自家闺阁中物不肯放下，反累及他人担夯。'"夯音如抗。《传灯录》曰："且各合口，免相累及。"

排　衙

妆门面曰排衙。此官署中语也。官初莅任，及开印封印，必陈执事。役吏叩头，皂隶站傍嘤喝，谓之排衙。盖借言之。

抬　头　抬身

举首曰抬头。见王仁裕《开天遗事》："张象为华阴尉，为守令所抑。叹曰：如立身矮屋之下，令人抬头不得。"抬，音台。俗呼如"带"

平声。诗文抬头则读台。<small>皮日休《病孔雀诗》：“犹自抬头护翠翎。”杨诚斋诗：“花重纱轻人更老，抬头不起奈春何。”</small>　抬身亦呼作台。二字宋高菊磵《题小姬扇》用之：“贪学耆婆舞，抬身拜部头。”

出　气

洩愤曰出气。案，《史记·日者传》：“伏轼低头，卒不能出气。”太白《效古》诗：“低头不出气。”用此。又，《北史》：“荀济谋诛高澄，见执杨愔，曰：‘迟暮何为然？’曰：‘叱叱气耳。’”是可作叱气。

发　作

面斥人曰发作。见陆鲁望自撰《甫里先生传》：“性狷急，遇事发作，辄不含忍。”盖谓性发作也。“发作于外”见《礼运》。

犯　夜

夜行，为有司所苦呵曰“犯夜”。见《晋书·王承传》：“有犯夜者为吏所拘。”《世说》云：“王安期作东海郡，吏录一犯夜人来。”<small>安期，王承字。</small>东坡《铁沟行》：“犯夜醉归人不避。”林和靖诗：“醉归应犯夜。”

再　会

相见，临行各云“再会”。案，黄鹤《杜诗注》引《南康军图经》曰：“李白卜筑庐山五老峰，后北归犹不忍去。指庐山曰：‘与君再会，不敢寒盟。’”

温　暾

物微暖曰温暾。案，《致虚阁杂俎》云：“今人以性不爽利者曰温暾汤,言不冷不热也。"龚氏《芥隐笔记》谓"温暾"等字皆乐天语。案,元微之诗:"宁爱寒切烈,不爱旸温暾。"王建《宫词》:"新晴草色暖温暾。"不独乐天也。乐天诗:"池水暖温暾。"或以为韩文公诗。又,《火炉》诗云:"温燉冻肌活。"此"温燉"为火炽,与"暾"异。俗又转其音曰"鹘忕"。

白　　话

相与语曰白话。《玉篇》"白"注:"又告语也。"《后汉·钟皓传》:"钟瑾常以李膺言白皓。"《正字通》:"下告上曰禀白,同辈陈事述义亦曰白。"案,《说文·自部》有"白"字。谓"即'自'字之省,词言之气从鼻出,与口相助也"。是"告白"之"白"当读"自"。然《玉篇》已与"黑白"字合为一字。

别　人　家

他家曰别人家。宋张元《鹦鹉》诗云:"好著金笼收拾取,莫教飞去别人家。"后走之夏为边患。见吴曾《漫录》[①]。

自　　家

自己曰自家。见《禅林宝训》:"文悦禅师云:'自家闺阁中物,不肯放下。'"又,杨廉夫《香奁诗》:"自家揉碎砑缭绫。"今讹作韩偓诗。

大　　家

一齐曰大家。见《指月录》:"唐庞蕴居士偈云:'有男不昏,有女不嫁,大家团圞头,共说无生话。'"宋刘邦彦《十四日观灯》诗:"共约更深归及早,大家明日看通宵。"洪容斋《夷坚志》有"大家飞上梧桐

---

① 宋吴曾《能改斋漫录》卷十一"田承君记姚嗣宗诗"条:"张元、〔吴〕昊竟走西夏为边患。张亦有《鹦鹉》诗,卒章有'好置金笼收拾取,莫教飞去别人家'。"

树"之句。_{杨诚斋《竹枝歌》序有云："张哥哥,李哥哥,大家著力一齐拖。"}

一 同

一齐亦曰一同。见《旧唐书·武俊传》:"俊与朱滔、田悦、李纳一同僭号。"

登 时

顷刻曰登时。见《北齐书·祖珽传》:"贼大惊,登时退散。"又,《旧唐书》:"武后欲就捷路,韦安石力谏,登时为之回辇。"又,《宋书》:"刘裕登遣索邈援荆州。"登即登时之意。

过 世

《长白漫笔》云:"俗人死曰过世。见崔鸿《秦春秋·符登传》:'陛下虽过世为神。'"

舍 身

赛神出会或刺臂烧香曰舍身。"舍"呼作"沙"上声。见《梁·武帝纪》:"幸同泰寺,开《涅槃经》题,因舍身。"又,"设无遮大会,舍身。"退之《佛骨表》云:"三度舍身施佛。"《法界次第》云:"一切资身之具及妻子,乃至身命,属他。故云舍身。"沈约有《舍身愿疏》。

卷十

那 亨 几夥

何如曰那亨。方氏《通雅》云即晋人"宁馨"之转。今人或云能亨，或云那向。盖"馨"转为"亨"，"亨"又转为"向"也。又谓"几何"曰"几夥"，见《正字通》。夥音祸，多也。今呼如"虾"去声。

宁 可 能 可

俗呼宁可作寧可。案，《说文》："寧，愿词也。"徐铉云："今俗言'宁可如此'为'寧可'。"则五代时已然。又呼作能可，读"能"作上声。按《广韵·四十三等》有"能"字，注："夷人语，奴等切。"太白《游洞庭》诗："耐可乘流直上天。"又，《秋浦歌》："耐可乘明月。"耐，古能字。见郑氏《礼记注》、师古《汉书注》。明田汝成谓杭人言"宁可"曰"耐可"，音如"能可"，本此。

忒 杀 色界反

太甚曰忒杀，见《辍耕录》："秀州有金方所作诗云：'尔家忒煞欠扶持。'"煞与杀同。袁子让《字学元元》引《唾玉集》："俗语切脚云'忒杀'曰'大'，盖犹'不可'为'叵'之类。"元人传奇有"忒风流"、"忒杀意"等语。

无 谓

无益曰无谓，见范雎《献秦王书》："若将不行，则久留臣无谓也。"

黄　六

事不的曰黄六。张萱《疑耀》云："勾栏诨语，给人曰'黄六'，以黄巢行六而多诈也。"

杜　园

王勉夫《野客丛书》云："观杜田、杜园之说，杜者，犹言假也。"今吾俗有杜田王、杜园物之称。

欺　谩

小儿被人欺，曰欺谩，见《史·始皇本纪下》："慑伏谩欺以取容。"《汉·朱博传》："谓功曹曰：'欺谩半言，断头矣。'"扬子《方言》："楚郢谓欺谩为眠娗。"东坡《和子由蚕市》诗："野人喑哑遭欺谩。"又，《调水符》诗："欺谩久成俗。"《次韵感雨》诗："空腹容欺谩。"《说文》"谩"注："欺也。"

夯声　打夯

大言相恐曰夯声。按，《字汇》："夯，呼讲切，近'罋'上声。人用力以〔坚〕〔肩〕举物也。"吕云孚《六书辨正》云："夯，音烘。北人以大木丈余，平其两端，中凿数十孔，众手举以实土，曰夯。"今俗筑基钉桩作"儿郎伟"声曰打夯。楼攻媿云："儿郎伟犹言儿郎漤。"言夯声者，盖为力未用而先发声之意。

嗀　力

劳碌曰嗀力。案，《广韵》"勤苦用功曰嗀"，音吃。《汉书》："攻苦嗀淡。"字本作嗀。

逃 走

逃窜曰逃走，见《韩诗外传》："孔子谓曾子曰：'小捶则待笞，大杖则逃走。'"亦见《家语·六本篇》。又，《汉书·王夫人悼后传》："媪即与翁须逃走，之平乡。"本以"逃"字为句。翁须，悼后小字。《宋书·朱龄石传》："父绰，逃走归桓温。"《北史·齐神武（记）〔纪〕》："今年孙腾逃走。"

相 打

手搏格斗曰相打，见《晋书·诸葛长民传》："夜眠中，每惊起跳踉，如与人相打。"《宋书·黄回传》："于东阳门外与人相打。"

告 示

官府出晓谕曰告示，见《荀子》："仁者好告示人。"《汉书·谷永传》注："丁宁，谓再三告示。"

交 代

交卸物与人，曰交代；官府新旧接授，亦曰交代，见《汉书·盖宽饶传》："及岁尽交代。"宽饶时为卫司马。山谷有《劝交代张和父酒》诗。

告 老 告终养

致仕曰告老，见杨炯《伯母李氏墓志》："及公乞骸告老。"铭云："公之告老，返维桑兮。"乐天诗："年衰须告老。"苏明允《君奭书义》云："召公之意，欲告老而归也。"蔡传云："召公告老而去，周公留之。" 亲老乞归曰告终养，见李密《陈情表》："乌鸟私情，愿乞终养。"

丁　艰　丁忧　起复

亲丧曰丁艰。案，隋薛璿《寄弟书》："吾幼丁艰。"酷似泛言之。潘岳《怀旧赋序》："余既有私艰。"五臣注："家难。"谓所遭父丧也。傅咸《赠何劭王济诗序》云："历试无效，且有家艰。"刘滔母孙氏作《悼艰赋》。《世说》："袁耽时居艰。"皆谓父母丧也。《梁书·顾协传》："自丁艰忧，遂终身布衣蔬食。"又，《萧琛传》："母忧去官，又丁父艰。"潘岳作《杨仲武诔》云："德宫之艰，同次外寝。"案，《诔》序谓妻死于德宫里。是"艰"字亦可用之妻也。　俗亦曰丁忧。"忧"字本《尚书》"宅忧"之文。《梁书·张率传》："丁所生母忧。"秦少游《与参寥书》云："莘老寿安，君竟不起，子实遂丁忧。"　服满即吉，及病痊就官，曰起复，此相沿之误。古所谓起复，即夺情也，详王勉夫《野客丛书》。

当　家

职掌家事曰当家，见《史·始皇本纪》："百姓当家则力农。"《北史·房豹传》："兄子彦询病卒，豹以为失当家之宝。"乐天诗："当家美事堆身上。"盖即《曲礼》"当室"之意。任渊注《山谷》诗"故应当家有季子"云"当"字去声，未知何据。

当　官　官司

以事役于官曰当官。案，《左传》："当官而行，何强之有？"本指居官者言。《梁书·到洽传》："当官从事，介然无私。"庾肩吾诗："治粟善当官。"庾信文屡用"当官"字。《纥干弘碑》："窦宪当官。"《贺娄公碑》："孝友当官。"《赵公墓志》："项梁以名将当官。"《哀江南赋》："用论道而当官。"吕东莱《官箴》："当官之法有三，曰清、慎、勤。"皆言居官也，俗以为轮值差徭之称。　讼事曰官司。案，《左传》："臧僖伯曰：'官司之守。'"司谓有司也。殆以讼于有司，"官"遂谓之打官司矣。

作　家

勤俭曰作家，见《晋书·食货志》："桓帝不能作家，曾无私蓄。"

行　李

出门衣装曰行李，见《左传》："行李之往来。"又，"不使一介行李。"杜注："行人也，亦作行理。"《国语》："行理以节逆之。"《左传》："行理之命，无月不至。"孔氏《正义》："李、理通。"方杓《泊宅编》云："人将有行，必先治装。如《孟子》之言'治任'，理亦治也。"李济翁《资暇录》以"李"为"使"字之讹，古文"使"作"𠉕"，与"李"相似云云。盖本杜预注"行人"、贾逵注"理"当为"吏"之说。肇法师《答刘遗民书》曰："冀行李数有承问。"亦谓行使也。山谷《送张天觉》诗："因来叙行李。"用此。

串　头　七折钱

钱数曰串头。按，《文字指归》："支取货契曰𧴩。"《广韵》引作"賥"。音腕。《正字通》云："今官司仓库收贴曰串子。邑俗，通用七十钱为百，谓之七折钱。"按，梁武帝时减钱陌，因有足陌之称，即今所谓足百也。唐末以八十为陌；五代汉隐帝时，王章又减三钱，因有省陌之名。今过江而上，则五十当百曰小钱，以足百为大钱。近邑俗，与吏胥钱用五十串，即省陌也。

安　家

濒行，料理家中曰安家。二字见《汉·路温舒传》："父子夫妻戮力安家。"《晋·阮种传》："宁国安家，非贤无以成也。"《文中子中说》："安家者，所以宁天下也。"

四　至

卖田契写东南西北所至处，谓四至。按，《尔雅·释地》有"东至"、"西至"、"南至"、"北至"之文。李吉甫《元和郡县志》："每县皆八到或六到。"四至外有东南、西南、东北、西北。晋杨绍买冢地契有云："东极阚泽，西极黄滕，南极山背，北极于湖。"此今文契写四至之始。《尔雅》"四极"，即"四至"也。陆放翁《笔记》载："长安民家契券四至，有云：'某处至花蕚楼，某处至含元殿。'"[1]宋凌万顷《玉峰志》有"四至八到"，若《左传》"东至海，西至河"，此一国之四至。《文选》载宣德皇后令，所谓"地狭乎四履也"。

上头　外头

汉《陌上桑》曲："夫婿居上头。"卢思道诗："遥居最上头。"老杜诗："安得万丈梯，为君上上头。"太白诗："崔颢题诗在上头。"顾况诗："无限神仙在上头。"刘梦得《竹枝词》："山桃红花满上头。"俗语"上头"亦有出。外曰"外头"。见王建《宫词》："乍到宫中忆外头。"古乐府《企喻歌》："前头看后头，齐著铁钰锋。"此"前头"、"后头"之所出。

横头　边头

元微之诗："招我上华筵，横头坐宾位。""横头"字见此。　边头，本边塞之称。杜诗："边头公卿仍独骄。"姚合《行〔穷〕边词》："行人不信是边头。"今以为旁边之称。

---

① 《老学庵笔记》卷二："长安民契券，至有云'某处至花蕚楼，某处至含元殿'者，盖尽为禾黍矣。"未有"四至"语。

一　张 —科

物一枚曰一张,见《南史·鱼弘传》:"有眠床一张。"萧统《陶渊明传》:"蓄无弦琴一张。"　草木曰"一科",见太白《赠盖寰》:"昔日万乘坟,今成一科蓬。"

一　顿

一度食曰一顿,见《世说》:"罗友尝伺人祠乞食。往太早,主人问:'何得在此?'曰:'欲乞一顿食耳。'"又,"吴领军留客作食,日已中,使婢卖狗供客,比得一顿食,殆无人色。"宋晏殊《与兄手帖》云:"家间仆吏等,直至今两日内破一顿猪肉。"用此。杜诗:"顿顿食黄鱼。"苏诗:"上人顿顿食薯芋。"袁桷诗:"午顿炊难熟。"皆本之。若《隋·炀帝纪》:"每之一所,辄数道置顿。"此以贮食为顿,犹今所云打尖,非食一次之谓。又,《释氏宝鉴》:"香阇黎谓游客云:'檀越等常自噉饭,未曾与香,今日须餐一顿。'"[1]"一顿"字又见此。

一　泼

一番曰一泼。案,李翊《俗呼小录》:"雨一番一起为泼。"今俗,凡事一起皆曰"一泼",雨则云"一阵"。

---

[1] 唐道宣《续高僧传》卷三五:"香阇梨者,莫测其来。以梁初至益州青城山飞赴寺,欣然有终志。时俗每至三月三日,必往山游赏,多将酒肉共相酣乐,前后劝喻,曾未能断。后年三月,又如前集。例坐已了,香令人于座穿坑方丈,人莫知意。谓人曰:檀越等恒自饮噉,未曾与香,今日为众须餐一顿。诸人争奉肴酒。随得随尽,若填巨壑,识者怪之。至晚曰:我大醉饱,扶我就坑,不尔污地。及至坑所,张口大吐。鸡肉自口出,即能飞鸣。羊肉自口出,即驰走。酒食乱出,将欲满坑。鱼鲊鹅鸭,游泳交错。众咸惊嗟,誓断宰杀。"

一　遭

一番亦曰一遭,见《涌幢小品》:"时嘲用《中论》幸售者,曰:'只好这一遭。'"

一　搭

一处曰一搭,见卢仝《月蚀》诗:"当天一搭如煤炲。"

一　把

一握曰一把,见《韩诗外传》:"背上之毛,腹下之毳,益一把不为之加多。"梅尧臣《时鱼》诗:"一把铜钱趁桨牙。"

一　窟 音忽

睡一觉曰一窟,音作忽,见《广韵·十一没》"窟"注:"呼骨切,睡一觉也。"毛初晴《韵学要指》云:"越人语暂睡而觉曰窟。"《礼部韵》无有。

唔　涂

陆伸《侬渠录》云:"北人谓鼾睡声曰打呼,南人则曰打唔涂。"疑"唔涂"即"呼"字之反切,如"孔"为"窟宠","团"为"突栾"之类。

胡　卢

语不清楚曰胡卢,见《阚子》:"周客掩口胡卢而笑。"一本作

"卢胡"①。东坡诗:"满堂坐客皆卢胡。"

滑沰

行路欲颠仆,曰打滑沰,见皮日休《吴中苦雨》诗:"藓地滑沰足。"亦可作滑汰。东坡《秧马歌》:"耸踊滑汰如凫鹥。"《说文》:"汰,滑也。"《广韵》"沰"注:"泥滑。"又,"跶"注:"足跌。"

干瘪 音鳖

《寄园寄所寄》载张士诚败,吴人为十七字诗云:"丞相做事业,专用黄菜叶,谓张士诚信用王敬夫、蔡彦文、叶德新也。一朝西风起,干瘪。"案,《龙龛宝鉴》"瘪"字注②:"枯病。"亦作"鳖"。《广韵》作"瘪"。刘辰《国初事迹》载此谣作"干别"。

流落

漂泊无依曰流落。见太白《上韩荆州书》:"白陇西布衣,流落楚汉。"东坡诗:"流落初坐此。"又,"江湖流落岂关天。"《霍去病传》作"留落":"诸宿将留落不耦。"注:"留谓迟留,落谓坠落。"今俗取物不尽,则曰留落。

穷忙

《老学庵笔记》载:"元丰时,京师语曰:'户度金仓,日夜穷忙。'"俗自称烦冗曰穷忙,见此。

---

① 《后汉书·应劭传》:"昔郑人以干鼠为璞,鬻之于周。宋愚夫亦宝燕石,缇缃十重。夫睹之者掩口卢胡而笑。斯文之俗,无乃类旃。"
② 《龙龛宝鉴》,疑为《龙龛手镜》之误。

随　意

不一定曰随意,见曹子建《桂树行》:"去留随意所欲存。"陆士龙《答车茂安书》:"昔秦始皇离宫别馆,随意所居。"庾信《荡子赋》:"细草横阶随意生。"隋王胄诗:"庭草无人随意绿。"王维诗:"随意春芳歇。"王昌龄诗:"随意清枫白露寒。"皆用之。李善注《头陀寺碑》云:"菩萨能变化生死,随意住生。"

随　分　随便

随意亦曰随分。李端《长信宫词》:"随分独眠秋殿里。"陆放翁《小园》诗:"山家随分有园池。"　又曰随便,见《公羊·宣五年》疏:"双双之鸟,一身二首,尾有雌雄,随便而偶。"后周武帝诏:"愿往淮北者,随便安置。"

打　算

《宋·谢枋得传》:"贾似道行打算法,欲害诸阃臣。"宋无《啽呓集》亦云。今俗算计曰打算,见此。

得　法

作事恰好曰得法,见《鲁语》:"宣公曰:'是良罟也,为我得法。'"又,《国策》:"蒙谷献典,五官得法。"又,《晋书·葛洪传》:"洪就郑隐学,悉得其法焉。"东坡诗:"朱瑶唐晚辈,得法尚雄深。"方岳诗:"酿方传得法。"

道　地

物之佳者曰道地。按,《本草》注:"药出某地者佳。"药肆招牌必曰"道地药材"，他处亦称"地道"，是本为药材之称。又，《汉书·田延年传》："霍将军召问延年：'欲为道地？'"此犹今云"地步"。

狼 犺

物大而无当者曰狼犺。案，《山海经》："犺狼，兽名。"一本作狼犺。盖借兽形言之。

鲫 溜

《西湖志余》："杭人有以二字反切一字以成声，如'鲫溜'为'秀'是也。"则鲫溜即伶俐之意。吴梅村《咏凉枕》词："眼多唧溜为知音。"作唧溜。

挪 移

借用曰挪移。按，《周官》："以待邦之移用。"明郎兆玉注云："移，那也。""那"即"挪"字。此语当起于明初。

谦 虚

自谦曰谦虚，见《后汉·杨秉传》："秉儒学侍讲，常在谦虚。"《晋书》："张宾谦虚敬慎，开怀下士。"庾子山《答移市教》云："圣德谦虚，未忘喧湫。"虚，即实若虚之意。山谷《谢陈适用惠纸》云："君侯谦虚不自供。"

作 难

孙绰《碧玉歌》："感郎不作难。""作难"字见此。太白《忆旧游》诗云:"回山倒海不作难。"①

私　房

瞒父母私蓄曰私房。案,《北史·韦孝宽传》云:"所得俸禄,不入私房。"本言己之房屋,后遂以为蓄积之称。

白　字

讹字曰白字,见《日知录》,亭林先生以"白"为"别"之转音。《后汉·儒林传》云:"谶书多近鄙别字。"近鄙者,犹今俗用字。别字者,本当此字,而讹为彼字也。

闲　书

稗官小说曰闲书,见李建勋诗:"惟称乖慵多睡者,掩门中酒览闲书。"

笔　脚

李戒庵《漫笔》谓今人称所写字曰笔脚。案,柳子厚《酬刘梦得家鸡》诗云:"柳家新样元和脚。""脚"字本此。宋童宗说《柳诗注》云:"元和间有书名'元和脚'者,指公权也。"②

那　边

彼处曰那边,见太白《相逢行》:"万户垂杨里,君家阿那边。"杨诚

---

① 孙绰《碧玉歌》此句,《玉台新咏》作"感郎不羞难",《乐府诗集》作"感郎不羞郎"。李白诗此句诸本均作"回山转海不作难"。
② 《柳诗注》指《柳河东集注》,该语见卷四二。

斋诗："叠嶂双溪阿那边。"马臻诗："记得西峰阿那边。"或训"阿那"为"婀娜"，未是。

隔　　壁

住居左右曰隔壁，见《宋书·范蔚宗传》："果得隔壁遥望。"唐李康成《题河阳女》诗："运命傥不谐，隔壁无津梁。"康成辑《玉台后集》自载之，亦载《刘克庄集》。东坡《和子由病酒》诗："隔壁闻三咽。"案，《南齐·刘瓛传》："兄璡，夜隔壁呼共语。"《南史·乐颐之传》："遇病，与母隔壁，忍病不言。"则一家中亦可称隔壁也。

对　　门

《说苑》："行不修，礼不敏，则对门不通矣。""对门"字见此。太白诗："洛阳女儿对门居。"

切　　脚

开列居址曰切脚。案，袁子让《字学元元》引《唾玉集》有"俗语切脚"，盖为字音之反切。脚，字脚也。后借为居处著实之谓。

风　　闻

官府不由告发，察访行查曰（叫）风闻。按，《汉书·尉陀传》云："风闻老夫父母墓已坏削。"此"风闻"二字之缘起。《晋书·顾和传》："何缘采听风闻，以为察察之政。"沈约《弹王源》云："风闻东海王源，嫁女与富阳满氏。"又云："与风闻符同。"魏任城王澄表云："御史之体，风闻是司。"《唐·百官志》云："御史台不受讼，有诉可闻者，略其姓名，记以风闻。"则风闻乃御史之事。《国语》："风听胪言于市。"贾逵注："风，采也，采听商旅之言也。"

新　闻

王明清《挥麈录》云："朝报外有所谓内探、省探、衙探之类，皆衷私小报，率有漏洩之禁，故隐而号之曰新闻。"亦见赵升《朝野类要》。"新闻"二字见此。

喝　道

官人出，皂隶哽喝，谓之喝道，见唐路德延《孩儿》诗："排衙朱榻上，喝道画堂前。""哽喝"二字见欧阳公《憎蚊》诗序："蝇可憎矣，尤不堪蚊子自远哽喝，来咬人也。"哽，《集韵》亦作吆。

唱　喏 音如"惹"，"唱"作"仓"去声

长揖曰唱喏。何孟春《余冬序录》云："唱喏者，引气之声也。"或古人相揖作此声。宋人记《虏庭事实》云："揖不声，名曰哑揖。"宋以前揖皆作声，元以后都不作声，而唱喏之名犹存。　程哲《蓉槎蠡说》引谢承伯诗"麻霞啰喏官通显"，云"啰喏"，相助为声也。"麻霞"亦声也。小说有"声诺"，即"声喏"也。

打　躬

《周官》"九拜"："四曰振动。"《正字通》云："如仪礼之揖厌。推手曰揖，引手曰厌，今谓之打躬。"[1]俗以揖不至地曰打躬，见此。九拜之空首即唱喏也。

---

[1]《正字通·手部》"拜"："振动，如《仪礼》之揖厌。推手曰揖，引手曰厌，今谓之打躬连拱手。"

敛衽拜

女拜称敛衽。按,古为男子之通称。《国策》:"江乙说安陵君曰:'一国之众见君,莫不敛衽而拜。'"《史·留侯世家》:"郦生曰:'楚必敛衽而朝。'"东坡《题王维吴道子画》诗:"又于维也敛衽无间言。"又,《夜过舒尧文戏作》云:"作客敛衽谁敢侮?"又,《舟中听大人弹琴》诗:"敛衽窃听独激昂。"元熊禾《题东坡集》云:"东坡称天人,再拜当敛衽。"则是时犹未专属女人。

百拜

与父师书札称"百拜",不知起何时。黄榆《双槐岁抄》载韩都宪雍莅两广总督时,少司徒薛公与书称"远百拜奉书永熙都宪年兄行台",邢太守书称"侍生宥百拜奉书都堂先生执事",则百拜且施之贵官。

背书

塾童师前背立,讽所诵书,曰背书。按,《周官·大司乐》:"以乐语教国子,兴道讽诵。"郑注:"倍文曰讽,以声节之曰诵。"昌黎《韩滂墓志》"滂读书倍文"注:"谓背本暗记也。"则当为倍书,背与倍通。今呼背作如字,以其背转书也。

理书 温书

温习所读书曰理书,亦有出。《颜氏家训·勉学篇》云:"吾七岁时诵《灵光殿赋》,至于今日,十年一理,犹不遗忘。"此"理"字所本,盖犹理丝之意。 亦曰温书,见王右丞《与裴迪书》:"足下方温经。"盖本"温故知新"之语。

徧　　数

读一过曰一徧。徧字亦古。《黄庭经》末章云："入室东（西）〔向〕诵玉篇，约得万徧义自鲜。"梁丘子注："徧数既足，功多则义自明。"《晋·董遇传》："令弟子先读书百徧，云：'多读则其义自见。'"昌黎《张中丞传后叙》云："吾于书，读不过三徧。"又，《与大颠书》曰："如此读来一百徧，不如亲面而对之。"裴松之《魏志·贾逵传》注云："最好《春秋左传》，自课诵之，月常一遍。"《梁·陆倕传》："所读一遍，必诵于口。"遍，俗徧字。

学　　书

塾童习写字曰学书，见《说文》"幡"字注："书儿拭觚布。"徐铉云："觚，八棱木，于上学书已，以布拭之，俗呼幡布。"觚，即今所谓简版也。

上　学　忌　双

童子初入塾，以五岁七岁，有"男忌双，女忌单"之说。按，《北齐书·李浑传》："弟绘，六岁自愿入学，家人以偶年俗忌，约而弗许。"则是时已有此说。

上大人丘乙己

乡学书儿描写红字小本，有"上大人丘乙己"之文。按，叶文庄《水东日记》云："诸暨陈儒士洙尝见金华宋学士晚年以眼明自夸，细书小字，曾及'上大人丘乙己'等文。"盖一时信笔，择其字画之简者。后人以便于童蒙而遍行之。金华门人郑楷撰公行状云："先生视近甚明，一黍上能作十余字，皆可辨点画。"又，郎瑛《类稿》谓："尝见公自书诗四册，字小如芝麻。"是则公故自夸眼明者。王弇州《与赵汝师书》云："弟尚未曾描写'上大人'，将来或得小小实用。"则知此风起于明初。然《续传灯录》："僧问蕴良禅师：'如何是接初机句?'曰:'上大人。'"则宋时有此语,特未施之学书尔。
又,初入塾,读《百家姓》、《三字经》,识日用杂字,见陆放翁《剑南集》
诗云:"儿童冬学闹比邻。"自注云:"农家十月乃遣子入学,谓之冬学。
所读《杂字》、《百家姓》之书,谓之村书。"《百家姓》系宋初钱唐老儒所作,时钱俶
据浙,故首赵,次钱,孙乃淑妃,李谓南唐主,次列国之大族。

八　股

俗轻古学,尚时文,盖为科名起见。"时文"二字,始见《唐国史补》目录:"叙
时文所尚。"盖言是时所行之文也。按,八股之体,相传谓自王荆公始。然荆公
只罢诗赋、帖经、墨义,兼取《论》、《孟》发题,在熙宁四年。非有所谓八股
也。朱子《贡举私议》有云"今之为经义者,不问题之大小、长短,必分
为两段,仍作两句对偶破题,其后但反覆敷演破题之意而止"。则是
时已行比偶体。元王充耘《书义矜式》有破题、接题、小讲、大讲、后
讲、结尾,凡十余项,似即今时文滥觞。亭林先生谓:"时文始于成化
以后、天顺以前,其文或对或散,初无定式。"毛奇龄谓"始于元仁宗之
延祐二年",非是。仁宗皇庆二年,《四书》专用朱注,移在经义前,自后遵为定式,未尝改
定文体也。吴修龄乔《围炉诗话》云:"六经至诗余,皆自说己话,未有代
他人说话者;有之,自元人作剧始。八比文非注非疏,与契丹扮夹谷
之会及关壮(穆)〔缪〕唱'大江东去'无异,皆代人说话也。"亭林先生
云:"八股行而古学弃,《大全》出而经说亡。"有以哉!《黄氏日抄》有云:"学
者作时文,亦是少年一厄,过此当留心学问。"是知"时文"二字,从古患之。

尝以修龄之说质之卢抱经先生,云:"今之务时文者,并非关
公'大江东'可比,直是小丑杂剧尔。"近见袁简斋大令《与戴敬咸
进士论时文书》,亦有"优伶"之论,与修龄言盖暗合。若常熟顾
景范所云:"秦坑儒不过四百,八股坑人极于天下后世。"未免过
激已。

卷十一

流　年

算命问流年,见朱子《逢僧谈命》诗:"时行时止非人力,莫问流年只问天。"东坡诗尤屡见。"流年又喜经重九"、"流年自可数期颐"、"共将诗酒趁流年"、"不悲去国悲流年"。李焘《长编》载宋太祖语云:"虚度流年,良可惜也。"案,二字庾子山《柴烈李夫人墓志》已用之:"画龙之符,流年不验。"

年　纪

年岁曰年纪,见孔子《猗兰操》:"年纪逝迈,一身将老。"《魏武故事》云:"操令曰:'去官之后,年纪尚少。'"案,孔安国《书》"既历三纪"传:"十二年曰纪。"《周语》"数之纪也",韦昭注:"数起于一,终于十。十则更,故曰纪。"《魏书》:"战国纷纷,年过十纪。"岑嘉州《秋夕读书》诗:"年纪蹉跎四十强。"东坡《老人行》:"处处无人问年纪。"

同　庚

年齿曰庚,问人年曰尊庚,同年岁曰同庚。《癸辛杂识》:"张神鉴瞽而慧,每谈命,则旁引同庚者数十,皆历历可听。"又,《墨客挥犀》:"文潞公居洛,日与司马旦、席汝言、和煦为同庚会,盖犹同甲之义。"古亦谓之同年,如《吴志·周瑜传》:"与孙策同年。"《步骘传》:"与卫旌同年。"是也。唐时进士俱捷为同年,后因易其名曰同庚。同榜、同年,汉时谓之同岁,见《风俗通》及《范史·李固传》、《三国·魏武纪》①。

---

① 范史,指范晔《后汉书》。

一　匝 音侧

十二岁曰一匝，见高诱《淮南子》"数杂之寿"，注："杂，匝也。人生从子至亥为一匝。"王伯厚《困学纪闻》云："《左传》'是谓一终，一星终也'即今俗语所云一匝。"

日　子

时日曰日子，见陈琳《檄吴将校部曲》，首云："年月朔日子。"六臣注："日子，发檄时也。"盖"子"为语助，如桌子、椅子之类。《南史·刘之（逊）〔遴〕传》："参校古本《汉书》，今本无上书年月日子。"①

日　中

日向午曰日中，见《书·无逸篇》："自朝至于日中昃。"《周官》：匠人"昼考诸日中之景"。《易》："宜日中。"《系词》："日中而市。"《礼》："及日中又至。"《左传》："令诸侯日中造于除。"又，"自日中以争至于昏。"又，"以日中为期。"与《尧典》"日中星鸟"之"日中"不同。《史·平原君传》："日中不决。"《汉·昌邑王传》："日中，贺发，晡时至定陶。"《世说》："吴领军日已中，使婢卖狗供客。"

月　半

望日为月半，见《士丧礼》："月半不殷奠。"《祭义》记"朔月月半"。《周官》："王大食。"郑注："朔月、月半，以乐侑食时也。"《素问》："表正于中。"王砅注云："示斗建于月半之辰。"

---

① 《南史·刘之遴传》："时鄱阳嗣王范得班固所撰《汉书》真本献东宫，皇太子令之遴与张缵、到溉、陆襄等参校异同，之遴录其异状数十事，其大略云：'案古本《汉书》称永平十六年五月二十一日己酉，郎班固上，而今本无上书年月日子……'"

当　年 <small>当,去声</small>

《吕氏春秋》引神农之教曰:"士有当年而不耕者,女有当年而不绩者。"《旧唐书·职官志》:"应考之官,具录当年功过行能。"注:"当,去声。"俗谓本年曰当年,见此。

另　日

《正字通》:"俗谓他日、异日曰另日。"案,"另"字不见经传。或云当作"令"。令,善也。徐陵《太极殿铭》:"嘉哉令日。"

大　后　日

后三日曰大后日。按,《老学庵笔记》云:"今人谓后三日为外后日,意其俗语耳。偶读《唐逸史·裴老传》,乃有此语。则此称已久。裴,大历中人也。"外后日即大后日。

大　二　小　三

晦后见月,有"大二小三"之说,见《说文》"霸"字注:"月始生,霸然。霸,古魄字。承大月二日,承小月三日。"《正字通》谓"小"当读"少"去声。未是。大月小月之称亦始此。

年头　年尾巴

宋戴复古《石屏集》有诗云:"岁尾年头几局棋。"俗语"年头"、"年尾巴"亦有出。尾曰"尾巴",见七卷。

戊己读武己

天干中"戊"字皆读作"武"。案，《册府元龟》："梁太祖曾祖讳茂琳，开平元年六月，司天监请改'戊'字为'武'，从之。"后遂书"戊"读"武"，相沿至今。洪容斋《续笔》以为朱温父名"诚"，"戊"类"（诚）〔成〕"字，故司天谄之。非也。以薛《五代史》只言改"戊"为"武"，不云茂琳讳。故有是言，详余《读书随笔》。周德清《中原音韵》收"戊"字于慕韵，音务。盖沿旧讹。

起课单坼交重

王伯厚云："古筮法用木画地，依七八九六之数而记之。今则用钱，以三少为重钱，九也。三多为交钱，六也。两多一少为单钱，七也。两少一多为坼钱，八也。见《仪礼》疏。"贾公彦《士冠礼》疏也。按，多少即俗所谓字背也。《事原》云："京房始以钱卜。"

三　蓝　色

妇女衣衫尚三蓝色。按，郑氏《通志》："蓝草有三种：蓼蓝染绿；大蓝如芥，染碧；槐蓝如槐，染青。三蓝皆可作淀，色成胜母。故曰：'青出于蓝而青于蓝。'"淀即今所谓靛青，《玉篇》亦作"飐"。

绿　沉　沉

碧绿色曰绿沉沉。案，陆翽《邺中记》："石虎有象牙桃枝扇，或郁金色，或绿沉色，屏风、器物、枪甲、弓弦等以绿色饰之，皆可号绿沉。"虞世南诗："绿沉明月弦。"皮日休《新竹》诗："一架三百本，绿沉森冥冥。"右军《笔经》有"绿沉漆竹管"。赵德麟《侯鲭录》以"绿沉"为竹名，非是。

光 致 致

光滑曰光致致,见韩偓《屟子》诗:"六寸肤圆光致致。"

硬 绷 绷

微硬曰硬绷绷。按,黄溥言《闲中今古录》载:"奉化应履平知县考满,吏部试论一篇,以其貌侜儒,不得列。应题诗云:'更有一般堪笑处,衣裳糨得硬绷绷。'"上二句云:"为官不用好文章,只要胡须及胖长。"

好 童 童

高诱《淮南子序》:"淮南民歌云:'一尺布,好童童;一升粟,饱蓬蓬。'"①俗有"好童童"之称,本此。

耳 边 风

言不听受曰耳边风,见杜荀鹤诗:"百岁有涯头上雪,万般无染耳边风。"王荆公诗:"休添心上焰,只作耳边风。"

眼 中 钉

恶恨人,曰眼中钉,见《五代史·杂传》:"赵在礼罢,宋州人喜其去,相谓曰:'拔去眼中钉,岂不乐哉!'"后复任,令民出拔钉钱。又,《古今风谣》:"丁谓逐寇准,时京师语曰:'欲得天下宁,当拔眼中钉。'"钉、丁同音也。

---

① 布,《淮南鸿烈解序》作"缯"。

眼 孔 浅

吴曾《漫录》:"宋太祖尝云:'措大眼孔小,赐与十万贯,则塞破屋子。'"时赵普谓桑维翰爱钱也。"眼孔浅"见此。

面 皮 厚

不知耻曰面皮厚。按,《指月录》:"翠岩真云:'点一把火,照看黄面老,面皮厚多少。'"黄面老,谓瞿昙。即《诗》"颜厚"之意。俗亦曰老面皮,厚则老矣。

现 世 报

骂人曰现世报,见李诩《戒庵漫笔》:"张、桂当国,有贴'十可笑'于门。""八可笑,驸马招个现世报。"注云:"韦某,无须发也。"

杀 风 景

李义山《杂纂》有"杀风景"。陈圣观云:"杀,色界反。今俗呼作入声。"《邵氏闻见后录》:"王荆公步月中山,蒋颖叔为发运使,过之,传呼甚宠,荆公意不悦。有诗云:'怪见传呼杀风景,不知禅客夜相投。'"颖叔喜谈禅也。东坡《次韵林子中》诗:"为报年来杀风景。"放翁《春雨绝句》:"杀风景处君知否?正伴邻翁救麦忙。"

抱 佛 脚

临时始学曰抱佛脚,见孟东野《读经》诗:"垂老抱佛脚。"《古今诗话》:"王安石有句云:'投老欲依僧。'客应声曰:'急则抱佛脚。'安石云:'投老句是古诗。'客曰:'佛脚句是俗谚。'"

不　在　行

不谙事务曰不在行，见班固《奕旨》："博悬于投，不必在行。"《左传》："以寡君之在行。"杜注："在军行。"山谷《赠赵言》诗："自种自收皆在行。"

不长进 <small>长，音讹如奖</small>

不习上曰不长进，见《宋书·孝武帝纪》："责太子云：'汝不长进，字迹特其一端耳。'"《太平广记》："或谓夏侯孜仆李敬曰：'孜孜事一个穷措大，有何长进耶？'"

不　值　钱

贵重曰值钱，轻贱曰不值钱。<small>钱，音如田。</small>于小儿亦然。见《史记·魏其侯传》："灌夫云：'生平毁程不识不直一钱。'""直"与"值"通。<small>乐天诗："荆钗不值钱。"</small>

不　中　用

无用曰不中用，见《史·始皇本纪》："吾前收天下书，不中用者尽去之。"《汉·外戚传》："择宫人不中用者，去之。"又，《王尊传》："敕掾功曹：'各自底厉，其不中用，趣自避退。'"《左传》："无能为役。"杜注："不中为之役使。"盖用始皇语。

不　相　干

不关涉曰不相干，事无望亦云然，见宋报恩僧偈："大地雪漫漫，春来特地寒。灵峰与少室，料掉不相干。"<small>载《续传灯录》。</small>

不　耐　烦

嵇叔夜《绝交书》："性不耐烦。"《宋书·庚炳之传》："为人强急而不耐烦。"俗谓无心绪及体不适，皆曰不耐烦，本此。　《五代史》："后唐明宗将立后，夫人曹氏谓王淑妃曰：'我素多病，不耐烦，妹当代我。'"

不　中　意

弗合意曰不中意，见《汉·酷吏传》："议有不中意。"小颜注："不当天子意也。"《江充传》："奉法不阿，所言中意。"《杜周传》："奏事中意。""中意"二字又见此。韦苏州诗："新知虽满堂，中意颇未（定）〔宜〕。"

不　敢　欺

市肆贸易，动云不敢欺。《国策》："颜率谓秦王曰：'不敢欺大国，疾定所从出。'"

不　敢　当

《鲁语》："公子欲辞怀嬴。"韦昭注："嫌于骨肉相取，己欲辞让，不敢当也。"韦注又本郑氏《诗笺》："众妾进御君所，不敢当夕。"《史记·齐世家》："顷公欲尊王晋景公，景公不敢当。"《汉书·张安世传》："闻旨惧，不敢当。"《董贤传》："弟闳求中郎将萧咸女为妇，咸惶恐不敢当。"《国策》："聂政曰：'义不敢当仲子之赐。'"

不　保

不理人曰不保，见《北史》："齐后主纬穆后之母名轻霄，穆子伦婢也。后既封，以陆令萱为母，更不保轻霄。"案，字书无"保"字。吴任臣《字汇补》"睐"字注："俅睐，俗言也。词家多用此字。"俅，音秋。《集韵》"俅"音峭。"傻俅，不仁也。"

无 气 力

疲弱曰无气力，见白傅《赠张建封妾盼盼》诗："醉娇无气力，风袅牡丹枝。"李长吉《美人梳头歌》："十八鬟多无气力。"王建《寻橦歌》："行步依前无气力。" "气力"字见《史记》："朱虚侯章，年二十，有气力。"班昭《为兄上书》："超之气力，不能从心。"《后汉·温序传》："素有气力，以节挝杀数人。"若《汉·何并传》所云："以气力渔食闾里。"《江都王非传》："好气力。"此谓声气权力。昌黎《柳子厚墓志》所云"又无相知有气力得位者"是也。

无 力 量

陆放翁诗："我守此穷三十年，尚恐死前无力量。"三字见此。

没 工 夫

不闲曰没工夫，见《五灯会元》："僧问平山和尚：'视瞬不及处，如何？'曰：'我眨眼也没功夫。'" "功夫"二字见《魏志》："武帝诏：'当复更治，徒弃功夫。'"又，《王肃传》："泰极已前，功夫尚大。"唐韦续《古今书评》："孔琳书但功夫少，故劣于羊欣。"孔毅父《杂录》云："'工夫'或作'功夫'。"按，《南史》："王僧虔谓宋文帝书工夫少于羊欣。"[①]作"工"字。杜诗："功夫竞楄楫。"元微之诗："著尽功夫人不知。"韩偓诗："始知名画有功夫。"放翁诗："日长添得睡功夫。"山谷诗："学要尽工夫。"又，"圣处工夫无半分。"

[①] 中华书局标点本作"功夫"：《南史·王僧虔传》："僧虔论书云：'宋文帝书，自言可比王子敬。时议者云：天然胜羊欣，功夫少于欣。……'"

没　心　情

无兴致曰没心情，见罗隐《七夕》诗："没得心情送巧来。"又，叶石林《诗话》："李涛《春社从李昉求酒》诗云'社公今日没心情'。"社公，涛小字，一作社翁。

心　不　死

冀幸未绝曰心不死。案，《列子》："心死形废。"《庄子》："况官天地、府万物，而心未尝死者乎！"又云："哀莫大于心死。"江淹《别赋》："骨肉悲而心死。"用此。《尔雅》："卷施草，拔心不死。"

难　为　情

石季伦《明君词》："远嫁难为情。"太白《三五七言》诗："相思相见知何日？此时此夜难为情。"严沧浪《诗话》以此为隋郑世翼之诗。韩诗："依然离别难为情。"俗谓不堪曰难为情，本此。

难　为　人

留难人曰难为人，重烦人亦曰难为，见《表记》："以义度人则难为人。""难为"二字见《考工·轮人》："盖已崇则难为门。"又，"难为水"、"难为言"见孟氏书①。《世说》："元方难为兄，季方难为弟。"又，"僧弥难为兄。"

---

① 《孟子·尽心上》："孟子曰：孔子登东山而小鲁，登太山而小天下。故观于海者难为水，游于圣人之门者难为言。"

无　影　踪

语不近情、事不著实，曰无影踪，见元人曲。李群玉《风》诗云："无影又无踪。"[1]

行　好　事

布施穷困曰行好事，见冯道诗："但知行好事，不用问前程。"又，《五代史》："唐明宗责王建曰：'汝为节度使，不做好事！'"

好　天　气

天晴明曰好天气，见乐天诗："可怜天气好年光。"刘梦得《泰娘歌》："有时妆成好天气，走上皋桥折花戏。"

天　尽　头

极边处曰天尽头，见东坡《飞英》诗："杳杳白苹天尽头。"杨诚斋《望海》诗："眼到天南最尽头。"耶律楚材《过燕京》诗："渤海西倾天尽头。""尽头"二字见杜诗："肠断春江欲尽头。"

傥　来　物

无意而得者曰傥来之物，见《庄子·缮性篇》："物之傥来，寄也。"注："倏忽不可期也。"

---

[1]《李群玉诗集》无此语。

像 我 能

比似之词曰能,与己相似曰像我能。按,《东坡志林》:"子由尝谓佛印:'若不出家,不知何如矣?'坡曰:'不过似我能。'"有《赠杜伯升出家》诗云:"料得如今似我能。"自注:"柳子玉云:'通若及第,不过似我。'"通,谓法通,即杜伯升,名暹,以进士出家,故云。

破 落 户

褴缕不堪曰破落户,见《咸淳临安志》"绍兴二十三年,收捕破落户,编置外州治,先是行在号破落户者,巧于通衢窃取人物"云云。则其名起于宋初。

打 秋 风

以物干求人,曰打秋风。案,《米元章帖》作"打秋丰"。《雪涛谐史》作"打抽丰",言于丰多处抽分之也。时有惯打抽丰者,谒宜兴令,谀之云:"公善政,不独百姓感恩,境内群虎亦皆远徙。"忽有役禀:"昨夜有虎伤人。"令诘之,答曰:"这是过山虎,讨些吃了,就要去底。"令大笑而赠之。

累 锄 筋

事难处曰累坠,又曰累锄筋,见明人《思凡曲》。

隔 壁 听

文理模糊、空有声调者,讥为隔壁听,见朱子《中庸或问》:"程子谓侯生之言但可隔壁听。"

敲 门 砖

称时文曰敲门砖,以获隽后无所用也。按,曾敏行《独醒杂志》:"东坡戏举许冲元《登科赋》句。冲元与坡同舍,尝于窗外往来,坡问:"何为?"曰:"绥来。"坡举其句云:"可谓奉大福以来绥。"冲元曰:'敲门瓦砾,公尚记忆耶?'"语盖本此。

挐讹头

乘人有事吓诈曰挐讹头。按,《日知录》:"泰昌元年,御史张泼上言:'京师奸宄丛集,游手成群,有谓之把棍者,有谓之挐讹头者。'"是其言起于明季。

拔短梯　过桥拔桥

事后负约谓之拔短梯,本《世说》:"殷浩废后,恨简文曰:'上人著百尺楼上,担将梯去。'"又曰过桥拔桥,见《续通考》:"许有壬科目出身,会有诏罢科举,竟署有壬名于后。或谓曰:'参政可谓过桥坼桥矣。'"

牢 角 底

偏僻处曰牢角底。按,《崇明志》:"诸沙有高家嘴、廖家嘴。"胡长孺《何长者传》作"料角嘴",云:"水浅处为角竿料度之,故名。"《辍耕录》载:"朱清亡命海中,不逢浅角。"注云:"浮海者,以竿料浅深。此浅生角,故曰料角。后讹为'廖角嘴',又讹'角'为'家'。"黄与坚《渡七鸦口记》作"撩角嘴"。今呼"料"为"牢",以"嘴"为"底",音之转也。

前 世 事

遇不顺意曰前世事,见《太平广记》。或患人面疮,巫者云:"此前世事也。"犹所谓孽障冤遣也。

无头脑

前话后忘曰无头脑。按，《唐摭言》有"主司头脑太冬烘"之语，盖本此。《涌幢小品》："冬月以热酒递客，名头脑酒。旧制：自冬至后至立春，殿前将军、甲士皆赐头脑酒。"明康海小令云："怪不得没头没脑受灾殃。"

属鼠属蛇

陆氏深《春风堂随笔》云："方言以十二生肖配十二辰，为人命所属，莫知所起。《北史》：'周宇文护母留齐，贻书护曰："昔在武川镇生汝兄弟，大者属鼠，次者属兔，汝身属蛇。"'当时已有此语。"思按，《王文正遗事》："周世宗时，张永德遇异人，谓真王已出，但观其色紫黑而属猪者，当善遇之。"有诗云："属猪人已着黄袍。"赵德麟《侯鲭录》："陆长源与韩愈同在使幕，年辈相违，或戏之，答曰：'大虫老鼠，俱是十二相属，何违之有？'"是则十二生肖之说，虽见于《论衡》，而属字则用之六朝以后也。

张三李四

《五灯会元》云："欲会佛法，但问取张三李四。"俗泛言某某曰张三李四，本此。

姓张姓李人

呼其姓曰姓某人，如姓张姓李人之类。张补庵景江云："义山《赠韩冬郎》诗：'为凭何逊休联句，瘦尽东阳姓沈人。'见之唐诗。"案，老杜《送郑炼师》诗已云："为于耆旧内，试觅姓庞人。"胡宿《感旧》诗亦云："酒垆犹记姓黄人。"见李襄《艺圃集》。

几 房

族系支派有大房、二房等，见《唐·宰相世系表》："李氏分陇西、赵郡二支，陇西有四房，赵郡有六房。"又，《旧唐书》："中宗即位，大赦，惟敬业一房不在免限。"又，"李锜以反诛，诏宗正削一房属籍。"

卷十二

天 长 地 久

《道德经》云："天长地久。天地所以能长且久者，以其不自生，故能长久。"俗语天长地久，本此。陆倕《石阙铭》："暑往寒来，天久地长。"庾信《郑常墓志》："地久天长，敢镌贞石。"白《长恨歌》："天长地久有时尽。"裴敬《太白墓碑》："天长地久，其名不朽。"卢纶有《天长地久词》五首，见郭茂倩《乐府》。

欢 天 喜 地

陶南村《辍耕录》载江西布衣黄如徵上言本道奉使王如宏小民歌云："奉使来时惊天动地，回时乌天黑地，官吏每们同。欢天喜地，百姓每啼天哭地。"惊天动地，见白傅《李白墓》诗："曾有惊天动地文。"

妙 不 可 言

郭景纯《江赋》："妙不可尽之于言。"俗谓大好曰妙不可言，本此。

无 出 其 右

甚好曰无出其右。案，《史记·田叔传》："贯高至汉，汉廷臣无能出其右者。"朱子注《论语》"孰能为之大"，用此语。古吉事尚左，兵丧尚右。刘贡父以尚右为战国时俗。

奇 货 可 居

宝爱器物,曰奇货可居。见《史记·吕不韦传》:"不韦见子楚而怜之,曰:'此奇货可居也。'"

白 面 书 生

目文人曰白面书生,见《宋书·沈庆之传》:"谏文帝北侵,云:'伐国而与白面书生谋之,事何济?'"岑嘉州《与独孤渐道别》诗:"怜君白面一书生,读书千卷未成名。"

开 门 授 徒

在家设教,曰开门授徒,见范蔚宗《儒林传论》:"其著名高义,开门受徒者,编牒不下万人。""授"、"受"古通用。又,《樊准传》:"一人开门,徒众成群。"洪氏《隶释》云:"汉儒开门授徒,亲受业者曰弟子,次相传授曰门生。"

摩 顶 授 记 "记"转为"据"

叮咛分付,曰摩顶授记,本释氏语。《地藏本愿经》云世尊舒金臂,摩诸分身地藏菩萨而作是言云云:"永离诸苦,遇佛授记。"《华严经》有佛授记寺,十二部经有《授记经》。《楞严经》:"世尊以手摩阿难顶。"又云:"弥勒菩萨言:'今得授记次补佛处。'"王鏊《姑苏志》:"方言云'受记'为欲责而姑警谕,以伺其悛之词。"案,此语本之洪氏《夷坚志》。

咬 文 嚼 字

好通文曰咬文嚼字,见元人杨氏《劝夫曲》。　　饮食罄尽,嘲曰

"尽盘将军"。亦见元人曲。

箝 口 结 舌

坚不吐实曰箝口结舌。见陆机《表》："箝口结舌，不敢上诉所天。"《焦氏易林》："杜口结舌，中心怫郁。"《晋书·段灼传》亦作"杜口结舌"。江淹书作"箝口吞舌"。白敏中《息夫人不言赋》："外结舌而内结肠，先箝心而后箝口。""箝口"二字，始见《庄子》："箝杨墨之口。"

辞 不 达 义

语言糊涂曰辞不达义。见《仪礼·聘礼篇》："辞多则史，少则不达，辞苟足以达义之至也。"

大 同 小 异

卢玉川《与马异结交》诗云："全不全，异不异，是谓大全而小异。"俗谓大同小异，本此。

四 司 六 局

作事必齐备，曰四司六局。《辍耕录》谓起于宋南渡时，"官府贵戚皆置四司六局，民家喜席辄以钱倩之。四司者，帐设司、厨司、茶酒司、台盘司也。六局者，果子局、蜜煎局、菜蔬局、油烛局、香药局、排办局也。"今俗婚丧亦呼诸色目曰六局。孟元老《东京梦华录》云："民间吉凶筵会自有托盘、请书、安排坐次、尊前执事、歌说劝酒，谓之'白席人'，总谓之'四司人'。"又，王凤洲《丛记》载："洪武初年，定宫中女官之制，凡六局，曰尚宫、尚仪、尚服、尚食、尚寝、尚功。尚宫局二人，总司纪、司言、司簿、司闱四司之事。尚仪局一人，总司籍、司乐、司宾、司赞四司之事。尚服局一人，总司宝、司衣、司仗、司饰四司之事。

尚食局一人，总司馔、司酝、司药、司供四司之事。尚寝局一人，总司设、司舆、司苑、司灯四司之事。尚功局一人，总司制、司珍、司彩、司计四司之事。"是亦"四司六局"之谓也。

四 时 八 节

《文苑英华》有老杜《狂歌行赠四兄》云："四时八节还拘礼，女拜弟妻男拜弟。"钱氏采入《杜诗外集》。俗有四时八节之称，见此。

家 常 茶 饭

《续传灯录》："僧问广法院源禅师：'到这田地后如何？'曰：'家常茶饭。'"俗语家常便饭，本此。

两 粥 一 饭

宋文本心仕淮安守，萧条之甚，以启谢贾似道云："人家如破寺，十室九空；太守若头陀，两粥一饭。"今吾乡居家者多如是。

中 行 评 博

中等曰中行评博。案，《尤悔庵集》："祭文出名有候选中行评博某某等。"谓中书、行人、大理评事、太常博士也。盖四职大小相等，故以称之。行人之官今已汰。

七 塔 八 幢

器物层累曰七塔八幢。案，释典："七层为塔，八层为幢。"王锜云："幢，本禅家幡盖之形，后人以石为幢形而刻咒字于其上，即谓之幢。"如太白《崇明寺佛顶尊胜陀罗尼石幢颂》是也。《十二因缘经》："佛塔八重,菩萨七重,辟支佛六重,四果五重,是塔亦不一定也。"

九 流 三 教

医卜星相等谓之九流三教。按,《文心雕龙·谐讔篇》云:"譬九流之有小说。"九流,见《汉·艺文志》所谓:"诸子十家,其可观者九家而已。"儒家者流,及道家、阴阳家、法家、名家、墨家、纵横家、杂家、农家、小说家流,凡十家。三教,见昌黎《原道篇》:"今之教者处其三。"《文昌阴骘文》有云:"广行三教。"谓儒释道也。近丙戌大挑,有九流三教之称谓,一等用知县,又借补府经历、直隶州同、州判及县丞、盐大使、库大使,为九流。二等以学正、教谕用,又借补训导,为三教也①。

不 阴 不 阳

火不旺曰不阴不阳,见王辅嗣《易·系辞》注:"为阴则不能为阳,惟不阴不阳,然后为阴阳之宗。"

老 生 常 谈

习闻语曰老生常谈,见《魏志·管辂传》:"邓飏曰:'此老生之常谈。'辂曰:'夫老生者见不生,常谈者见不谈也。'"山谷《流民叹》:"老生常谈幸听之。"

人 微 言 轻

自谦曰人微言轻。按,《史记》"穰苴对齐景公",《后汉书》"杨乔荐孟尝疏",皆作"人微权轻"。"言"、"权"声相近也。

---

① 此处甚略,读者易致迷惑。清陈康琪《郎潜纪闻》卷十二"大挑原始"条:"举人大挑,始于乾隆丙戌科,吏部新议选法,一等用知县者,又借补府经历,直隶州州同、州判,属州州同、州判,县丞,盐大使,藩库大使,凡九班;二等以学正、教谕用,借补训导,凡三班。时谓之九流三教。按:此语儇巧不足录,借以纪大挑缘始,及当时铨补章程耳。"

眼 关 六 只

眼目伶俐者曰眼关六只。吕蓝玉《言鲭》云："此放鸭者语也。凡放鸭千百为群，目不转睛，看定其六只雄者，则一群俱不走散，故有是称。"

眉 花 眼 笑

刘孝威诗："窗疏眉语度，纱轻眼笑来。"俗语"眉花眼笑"当出此。眉，音转为"迷"。

天 花 乱 坠

善于言语者曰天花乱坠。按，张敦颐《六朝事迹》载："梁武帝时，云光法师讲经，感得天雨散花，天厨献食。"盖本此意。《楞严经》："即时天雨百宝莲花。"

一 团 和 气

《朱子语录》："谢显道云：'明道如泥塑人，及接人，浑是一团和气。'"四字见此。

弄 巧 成 拙

《续传灯录》："僧打圆相，问道宽禅师：'还出得这个也无？'曰：'弄巧成拙。'"又，"洞山寺僧抛下坐具，子圆禅师曰：'一钓便上。'僧提起坐具，曰：'弄巧成拙。'"俗有"弄巧反成拙"之语，见此。

五 胡 乱 华

《晋书·五行志》云："是后刘渊、石勒等五胡相继乱华。"今遇事纵横无理者曰五胡乱华，盖唐宋以来相沿之语。

目不识丁 不识瞎字

讥不通文墨曰目不识丁。案，《唐书·张弘靖传》："而辈挽两石弓，不如识一丁字。"孔平仲《续世说》及王楙《野客丛书》并作"一个"，谓篆文"丁"作"（个）〔个〕"，形与"个"近。然《元史·许有壬传》云："懵不识丁。"若作"识个"，似未妥。　又云一个瞎字不识。吴任臣《字补》云："臧武仲与孔子之父名纥，许轧切，音瞎，俗多呼为'核'，萧颖士每笑之曰：汝'纥'字也不识。"今人误以为"瞎字不识"，是"不识瞎字"之语其来亦久。

酒囊饭袋

《荆湖近事》云："马氏奢僭，诸院子弟专事嬉游，不近文史，时人谓之'酒囊饭袋'。"今俗无能而善饮食者有此称。又，《论衡·别通篇》云："不学之人，徒以腹为饭坑，肠为酒囊。"颜之推《诫兵篇》云："今世士大夫，但不读书，即称武夫儿，乃饭囊酒瓮也。"此语由来已久。

掩 耳 盗 铃

《晋·宣帝纪论》："窃钟掩耳，以众人为不闻。"案，此语出《淮南·假则训》。范氏之败，人窃钟而走，锵然有声，惧人闻之，遽掩其耳[1]。今俗作"掩

---

[1] 按《淮南子》有"俶真"篇而无"俶则"篇，然此典故出《淮南子·说山》。

耳盗铃"。　吴曾《漫录·辨误类》云："谚有'掩耳盗铃',非铃也,钟也。"按,《通鉴》载唐高祖起兵时,语已作"盗铃"。

吹毛求疵

苟索疵病,曰吹毛求疵。见《汉书·中山靖王传》:"有司吹毛求疵,笞服其臣,使证其君。"《后汉·杜林传》:"吹毛索(瘢)〔疵〕,诋欺无限。"《文心雕龙·奏启篇》:"世人为文,竞于诋诃,吹毛取瑕,次骨为戾。"乐天《寄微之百韵》诗:"吹毛遂得疵。"

算无遗策

庾子山《周大将军郑广墓志》:"服叛威边,算无遗策。"徐孝穆《为贞阳侯与荀昂兄弟书》:"凡厥英谋,算靡遗策。"今以称深细善打算者。

班门弄斧

以所业正人,自谦曰班门弄斧。明杨循吉《蓬轩笔记》载:"采石江上太白墓多题诗,有一客书云:'来的去的写两行,鲁班门前掉大斧。'"盖当时已有此语。

叶落归根

谚有"树高千丈,叶落归根"语。案,李善注鲍明远"别叶早辞风"诗,引翼氏《风角》曰:"木落归本,水流向东。"即此意。

将错就错

《指月录》:"荐福怀云:'弥勒已是错说,天亲已是错传。山僧今日将错就错,与你诸人注破。'"

嚼蜡无味

《楞严经》:"我本无心,应汝行事,于横陈时,味如嚼蜡。"笺云:"无味也。"俗云"嚼蜡无味",本此。

对牛弹琴

语非其人,曰对牛弹琴,见牟融《理惑论》:"公明仪为牛弹清角之操,伏食如故。非牛不闻,不合其耳。"又,郭象《庄子注》云:"犹对牛而鼓簧。"亦此意。

狐假虎威

依附作威,曰狐假虎威,意本《国策》。江乙对楚宣王云:"虎与狐行,兽见之,皆走。虎不知畏己而走,以为畏狐也。"其语则用庾子山《哀江南赋》:"况以隼翼鹦披,虎威狐假。"李义山诗:"虎威狐更假。"用此语。

烈烈轰轰

作事勇猛者曰烈烈轰轰。文信国过张许庙,题《沁园春》词用之:"好烈烈轰轰做一场。"

媒媒晦晦

体肥胖曰媒媒晦晦。媒作"某"平声;晦作"吼"平声。案,《庄子·知北游篇》:"媒媒晦晦,无心而不可与谋。"注:"媒媒即昧昧。"盖体肥者作事多不伶俐,故云。

隐 隐 展 展

言人倏来倏往曰隐隐展展,见《西京赋》:"商旅联〔藉〕〔槅〕,隐隐展展。"注:"重车声也。"今借为人迹无定之意。

节 节 足 足

吃食声有节节足足之谓。案,《说文》:"饮器象爵者,取其鸣节节足足也。"《宋书·符瑞志》:"凤皇其鸣,雄曰节节,雌曰足足。"

百 孔 千 疮

逋负累累,曰百孔千疮。见昌黎《与孟尚书书》:"群儒区区修补,百孔千疮。"

一 败 涂 地

事不成曰一败涂地,见《史记·高祖本纪》:"刘季曰:'今置将不善,壹败涂地。'"案,本为战败而肝脑涂地之意。老苏《管仲论》云:"威公之薨也,一败涂地,无惑也。"已借用。

牢 不 可 破

昌黎《平淮西碑序》:"并为一谈,牢不可破。"俗语本此。

蛮 针 瞎 灸

《赤水玄珠》有"蛮针瞎灸"之说,本医家语。今作事不循理者有此称。

俗 不 可 医

黄山谷戒子弟云："诸病可医，惟俗病不可医。"①东坡《绿筠轩》诗："人瘦尚可肥，人俗不可医。"

一 窍 不 通

讥下愚曰一窍不通，见高诱《淮南子注》："孔子言纣一窍不通，若一窍通，则比干不见杀。""不通"二字，司马公《孝经解》用之，"是何言与"注云："言之不通也。"

力 不 从 心

心欲然而势不能，曰力不从心，见《后汉·西域传》："使者大兵未能得出，如诸国力不从心。"然范氏又本班昭《为兄上书》语："超之气力，不能从心。"

有 名 无 实

《汉书·黄霸传》："张敞云：'并行伪貌，有名亡实。'"《宋书·陆澄传》："郎官旧坐杖，有名无实。"东坡《敦教化论》云："有名而无实，则其名不行；有实而无名，则其实不长。"

口 是 心 非

张君房《云笈七签》："道教五戒，三者不得口是心非。"②《太上感

---

① 黄庭坚《书缯卷后》："余尝为少年言：士大夫处世可以百为，唯不可俗，俗便不可医也。"
② 《云笈七签》卷三十七《洞玄灵宝六斋十直》："道教五戒，一者不得杀生，二者不得嗜酒，三者不得口是心非，四者不得偷盗，五者不得淫色。"

应篇》亦有此语。今口然心不然者曰口是心非,见此。

近里着己 _{着,直略切}

语言务实,曰近里着己。见《二程语录》:"学要鞭辟近里,着己而已。"

晦盲否塞 _{否,音痞}

无光彩曰晦盲否塞,见吕东莱《童蒙训》:"此种文字晦盲否塞,何足动人?"朱子《大学章句序》用之。

百 发 百 中

《国策》:苏厉谓白起曰:"楚有养由基,去柳叶百步而射之,百发百中。"

自 作 自 受

宋僧问达观禅师:"一百二十斤铁锥(放)〔教〕阿谁担?"曰:"自作自受。"见《续传灯录》。

一 刀 两 段

作事斩绝,曰一刀两段。见《续传灯录》:"汾阳和尚问智圆禅师:'介山逢尉迟时如何?'曰:'一刀两段。'"

脚 踏 实 地

作事着实,曰脚踏实地。见邵氏《闻见前录》:"司马温公尝问康节曰:'某何如人?'曰:'君实脚踏实地人也。'"《宋史·邵雍传》作"脚着实地”。王勉夫懋《临终诫子诗》云：“平生不学口头禅，脚踏实地性虚天。”

抱 头 鼠 窜

《汉书·蒯通传》：“奉头鼠窜。”奉，即“捧”字。俗谓急遽颠沛曰抱头鼠窜，本此。

急 如 星 火

急不可待曰急如星火，见李顺伯《陈情表》：“州司临门，急于星火。”

粗 眉 大 眼

《五灯会元》：“僧问黄蘗禅师：‘如何是佛？’曰：‘眉粗眼大。’”今谓姿貌不佳者曰粗眉大眼。

穷 凶 极 恶

《汉书·王莽传赞》：“滔天虐民，穷凶极恶。”盖为大凶恶之义。俗以贫为穷，又曰极，借为贫甚则凶恶之意。

狂 奔 尽 气

急趋不息，曰狂奔尽气。见退之《复上宰相书》：“则将狂奔尽气，濡手足，焦毛发。”

风 云 气 色

事几曰风云气色，见《指月录》：“白云端云：‘迦叶善观风云，别气色。'"

丁 一 确 二

需之甚切,曰丁一确二,见《朱子语类》。本为著实不爽之词,犹丁宁、的确之意。俗呼"确"作"康"入声,音重故也。"壳"字亦然。 确,本训坚刚。《易·系辞》:"确然示人易矣。"俗相订曰确帐,无义。

省 吃 俭 用

龚明之《中吴纪闻》云:"予尝附益黄山谷语,以省吃俭用,号五休居士。"[①]今俗,节俭者有此语。

米 盐 琐 屑

事烦琐曰米盐琐屑,见《汉书·黄霸传》:"米盐靡密,初若烦碎。"

咬 姜 呷 醋

节啬作家曰咬姜呷醋。见《老学庵笔记》:"尚书诸曹吏语云:'礼祠主膳,淡吃荠面;兵职驾库,咬姜呷醋。'"

罗 雀 掘 鼠

窘迫之际,竭力张罗,曰罗雀掘鼠。案,《旧唐书·肃宗纪》"贼将尹子奇围睢阳,城中食尽,士卒食茶纸。茶纸既尽,遂食马。马尽,罗雀掘鼠"云云,语盖本此,极言窘况也。 谓谋衣食曰张罗,当亦取网罗鸟雀之意。

---

① 黄庭坚有《四休居士诗》。

掐鼻皱眉

意不欲而口不敢言，曰掐鼻皱眉，亦曰掐鼻擿漱。按，《晋书·郭舒传》："为王澄别驾，以救士人宗〔庾〕廞，澄恚之，遣掐其鼻，灸眉头。舒跪而受之。"当即此意。"灸"、"皱"音相近。

咬定牙关

忍饥度日曰咬定牙关。李戒庵《漫笔》载："任兵备环，倭乱，与子书云：'但臣死忠，妻死节，子死孝，咬定牙关，大家成就一个是而已。'"任，山西人，嘉靖甲辰进士。

贼人心虚

宋雪窦禅师下座，谓侍者："适来有人看方丈么？"曰："有。"曰："作贼人心虚。"见《传灯录》。

顺手牵羊

伺便窃取，曰顺手牵羊。按，《曲礼》："效羊者右牵之。"俗呼右手曰顺手，取顺便之意。

心猿意马

心不定曰心猿意马，见庚子山《五张寺经藏碑铭》："身虽系马，心避腾猿。"本《维摩经》"难化之人，心如猿猴，又如象马"语。《佛遗教经》："心之可畏，譬如狂象无钩，猿猴得树，腾跃踔躑，难可禁制，当急挫之，无令放逸。"

人 面 兽 心

　　骂人曰人面兽心。见《宋·明帝纪》及刘峻《辨命论》。案,《越语》:"范蠡对吴使云:'余虽靦然而人面哉,吾犹禽兽也。'"即此意。又,裴景仁《秦书》:"沙门法汰问符朗曰:'见王吏部兄弟未?'朗曰:'非一狗面人心,又一人面狗心者耶?'"王忱丑而才,兄国宝美而狠故也。

妥 壳 乌 龟

　　骂人有"妥壳乌龟"之谓,按,《续传灯录》:"悟真禅师偈云:'三面狸奴脚踏月,两头白牯手擎烟,戴冠(白)〔碧〕兔立庭柏,脱壳乌龟飞上天。'"

缩 头 乌 龟

　　诋畏事者曰缩头乌龟,亦有出。《辍耕录》:"秀州故家子孙多败荡,有金方所者,作诗嘲之曰:'宅眷多为撑目兔,言无夫而孕也。舍人总作缩头龟。'"以龟詈人见于此。《坚瓠集》载:"张伯雨赠叶景修诗:'门系龟蒙放鸭船。'以为讥其妇女不洁,故藏一'龟'字。"亦在元时也。

押 韵 而 已

　　《全唐诗话》:"景龙中,权龙褒为武卫将军,好赋诗而不知声律。尝吟《夏日》诗:'严霜白皓皓,明月赤团团。'或云:'岂是夏景?'答曰:'趁韵而已。'"俗语"虽不成诗,押韵而已",本此。

贻 笑 大 方

　　示人文笔,谦云贻笑大方,见《庄子》:"河伯望洋向若叹曰:'吾长见笑于大方之家。'"注:"大方,犹大道也。"

书 囊 无 底

黄鲁直《送王郎》诗:"书囊无底谈未了。"盖翻用颜师古"有底曰囊"之语。俗犹有此称。

幸 灾 乐 祸

见人失意而喜者,曰幸灾乐祸,见《颜氏家训》"每见文士颇读兵书,微有经略,居承平之世,睥睨宫阙,幸灾乐祸"云云。按,语本《左氏传》:"虢射曰:'幸灾不仁。'"僖十四年。"郑伯曰:'王子颓歌舞不倦,乐祸也。'"庄二十年。

福 至 心 灵

毕仲询《幕府燕闲录》:"吴参政以学究登科,后为学士,尝草制以示欧公。公曰:'君福至心灵矣。'"俗语本此。

福 薄 灾 生

庾亮《让中书监表》:"小人禄薄,福过灾生。"庾信《尔绵永碑铭》:"年深厉起,福过灾生。"俗云福薄灾生,盖本此。

心 头 无 事

李山甫诗:"更无尘事到心头。"韩偓诗:"寻思闲事到心头。"俗云心头无事,出此。

非钱不行

张鷟《朝野佥载》："郑愔掌选，贪赃不法。有选人以百钱系靴带，行步有声。问其故，曰：'当今赴选，非钱不行。'"是唐时已有此语矣。噫！

地主明王

武断乡曲者，目曰地主明王。按，万历《昆山志》："朱塘乡有地主明王庙。"不云何神。俗称盖假此。

小本经纪 本钱

市肆鬻零星物者，自云小本经纪，见《南史》①。《市肆记·小经纪类》有药焙、烘篮、风袋、烟帚。寒山子诗：丈夫莫守困，无钱即经纪。"本钱"二字，见昌黎《处州孔子庙碑》："置本钱廪米。"

人命关天

明黄瑜《双槐岁抄》论狱囚冤报，有云："人命关天，宜有报也。"盖旧有此语。

花花世界

《华严经》："佛土生五色莲，一花一世界，一叶一如来。"俗语花花世界，盖本此。《首楞严经》："世为迁流，界为方位。过去、未来、现在为世，东、西、南、北等及上下为界。"

---

① 《南史·谢弘微传》："弘微经纪生业，事若在公，一钱尺帛，出入皆有文簿。"

黄　昏　戌　时

日无长短，戌时动云黄昏。按，吾子行《闲居录》云"《尧典》定中星，以戌为昏，世俗称黄昏戌时"是也。则元代已有此语。然宝志禅师《十二时颂》已有"黄昏戌"之语。　志《颂》又有"日出卯，日入酉，半夜子"等语，今俗皆传之。又云"人定亥时"，"人定"字，见汉来歙《表》："臣夜人定后。"

自　我　作　古

《宣和书谱》："则天出新意，持臆说，增损前人笔画，自我作古，为十九字。"方回《瀛奎律髓》云：荆公"苓通"字，此"自公作古"。

斯　文　扫　地

《唐书·祝钦明传》："授太子经，帝与群臣宴，钦明自言能八风舞，体肥丑，据地摇头睆目，左右盼。卢藏用叹曰：'是举五经扫地矣。'"杜诗："豪杰谁人在，文章扫地无。"山谷诗："风流扫地尽。"俗云斯文扫地，本此。《汉书》魏豹等传赞："上古遗烈，扫地尽矣。"语始此。

眼　睛　望　穿

乐天诗《白头吟》："处变青眼望中穿。"俗语"望穿眼睛"出此。杜诗已云："新愁眼欲穿。"韩诗："眼穿长讶双鱼断。"义山《落花》诗："眼穿仍欲稀。"

不　知　丁　董

《后汉·吕布传》："曹操欲缓布缚。刘备曰：'公不见丁建阳、董太师乎？'"俗语"不知丁董"，盖出此。

卷十三

急急如律令

柳子厚《祭纛文》、《祃牙文》结尾并云:"急急如律令。"程大昌《演繁露》引《风俗通》论《汉法九章》云:"吏文书下如律令者,言当承宪履绳,动不失律令也,今道流仿官文书为之。"都穆《听雨纪谈》云:"道家符咒之末皆云'急急如律令',乃汉之公移常语,犹宋人云'符到奉行'。汉米贼张陵私创符咒,僭用其文,后道家遂祖述之。"李济翁《资暇录》以为雷鬼名,凿矣。济翁云:"令音伶,律令,雷部神名,善走,用之欲其速。" 又,晋《杨绍买冢地莂》音别,券书也。末有"如律令"字。钱竹汀先生云:"律即'律'字。"则古时文契亦用此语。《莂》末云:"日月为证,四时为任,太康五年九月廿九日对共破莂。民有私约如律令。"

来迟罚三钟

吴俗饮酒有"来迟罚三钟"之语。案,《景龙文馆记御宴诗序》云:"人题四韵,后者罚三杯。"盖本王子敬兰亭诗不成罚三觥之事。俗以到迟比诗迟耳。

有天无日头

宋《神童诗》云:"真个有天没日头。"俗以横行无忌者为有天无日头,本此。

黑漆皮灯笼

《辍耕录》:"至正中,遣官赴诸道问民疾苦,使者多纳贿。百姓歌曰:'官吏黑漆皮灯笼,奉使来时添一重。'"俗语本此。以黑漆皮为灯笼,今行宫守夜者用之。盖古有此制,非喻言也。

磕头如捣蒜

尤展成《乐府》注:"成化时,西厂汪直用事,尚书尹旻与都御史王越谒之,长跪叩头出。时有语云:'都宪叩头如捣蒜,尚书扯腿似烧葱。'"俗以"叩头"为"磕头"。《本草》有磕头虫。"蒜"作"山"音,讹也。

铁杵磨如鍼 杵,音闷,见十四卷

祝穆《方舆胜览》:"眉州象耳山下有磨鍼溪,相传李太白读书山中,未成,弃去,过小溪,逢老媪方磨铁杵,问之,曰:'欲作鍼。'太白感其意,还,卒业。"媪自言姓武,今溪旁有武氏岩。俗云"只要功夫深,铁杵磨如鍼",用此事。鍼,俗作针。

贫乃士之常

《世说》:"殷仲堪戒子弟云:'贫者,士之常,焉得登枝而损其本?'"用《列子》荣启期语。贫者,士之常也;死者,人之终也。

快行无好步

刘歆《西京杂记》云:"枚皋文章敏疾,长卿制作淹迟,而长卿首尾温丽,皋时有累句,故知疾行无善迹矣。"俗语"快行无好步"盖出此。《唐书·朱敬则传》亦云:"急趋者无善迹。"

庸庸多厚福

《后汉·左雄传》:"虞诩疏云:时公卿以下,多拱嘿相戒曰:'白璧不可为，容容多厚福。'"今作"庸庸"，盖兼取范氏《胡广传赞》"胡公庸庸，饰情衣貌"语。俗云"呆人自有呆福"，亦此意。

烂熟波罗蜜

熟极曰烂熟波罗蜜。按，朱彧《可谈》：儋耳产波罗蜜，树似冬青而黑实，生根干上，状似冬瓜，外结厚皮若栗蓬，初熟时重可五六斤，去外壳，肉层叠如橘囊，以其甘如蜜，故名。亦见顾岕《海槎余录》。予曾于粤东见之，其花如瓦花而大，两头并发，其树皮所织，即波罗麻也。俗讹作哆啰蔴。又，释典所云"波罗蜜"犹言到彼岸也，《维摩诘经》言"般若波罗蜜"甚多。俗语或指此。

铁树开花

顾岕《海槎余录》云："俗谓事难成者，云须俟铁树开花。"王日询济《手镜》[①]云："其树干叶皆紫黑色，叶小类石楠，土人谓之铁树。花四瓣，紫白色，如瑞香，累月不凋，嗅之有草气，遇丁卯年乃花。一云即红豆树，遇甲子年则开花结子，星家'六十花甲子'之名取此。"临淮人《粤东新语》云："朱蕉，叶芭蕉而干棕竹，亦名朱竹。通体铁色微朱，以其难长，开花不易，故又名铁树。"

一身充两役

《南史·张充传》："少好逸游，父绪告归，入郭，遇充猎，右臂鹰，左牵狗。绪曰：'一身两役，无乃劳乎？'"俗语一身充两役，本此。

---

① 即王济《君子堂日询手镜》。明人王济，字伯雨，号雨舟、白铁道人，浙江乌程人。"日询"似非王济字号。

好 物 不 须 多

《晋书》："元帝曲江宴赋诗，朱巩止成一联，自云：'好物不在多也。'"俗语出此。

千 里 送 鹅 毛

馈遗自谦云"千里送鹅毛，礼轻情意重"。王厚之《复斋漫录》引谚曰："千里寄鹅毛，物轻情意重。此鄙语也。"山谷取以为诗，《谢陈适用惠纸》云："千里鹅毛意不轻。"案，东坡《以扬州土物寄子由》诗云："且同千里送鹅毛。"此言盖起于宋初。山谷又有诗云："鹅毛千里赠，所重以其人。"复斋之说，宋史容注《山谷外集》引之。

蛇 无 头 而 不 行

《金史》："斜卯爱实自草《括粟文》云：'雀无翅儿不飞，蛇无头儿不行。'"以"而"作"儿"，掾史不敢改。案，此语盖旧有之。

依 样 画 葫 芦

作文人云亦云者，诋为依样画葫芦。魏泰《东轩笔录》："太祖曰：'翰林草制，皆检前人旧本，改换词语，所谓依样葫芦耳。'"陶穀《题玉堂壁》云："堪笑翰林陶学士，年年依样画葫芦。"亦见僧文莹《湘山野录》："时穀以朝廷眷待词臣不厚，乞罢禁林，故有是云也。"

凿 孔 注 牙 须

固执穿凿者，诋为凿孔注牙须，亦有本。《魏书》"李庶生而天阉，崔谌调之曰：'教弟种须，以锥遍刺作孔，插以马尾'"云云。"注"即

"种"字之转。

版 版 六 十 四

古执不活动，呵为版版六十四，此钱局中语也。局中铸钱，范土为模，每模三十二钱眼为一版，两版对合则六十四矣。

牵 郎 郎 拽 队 队

《老学庵笔记》："童谣云：'牵郎郎，拽弟弟，打碎瓦儿不坐地。'以为祝生男之意。"今俗成群逐队者有此称，以"弟"为"队"，声之转也。

郎 不 郎 秀 不 秀

子弟无所事事，谓之"郎不郎，秀不秀"。按，明季汤廷尉江阴人。《公余日录》云："元、明间，闾里称呼有二等：一曰郎，一曰秀，郎曰某几郎，秀曰某几秀。秀则故家右族，郎则微裔末流。"是则"不郎不秀"犹云不上不落也。或谓当作"稂不稂，莠不莠"，非是。稂、莠俱恶物，二者俱不是，则善类矣。　高士奇《天禄识余》云："明初，每县分人为哥、畸、郎、官、秀五等，家给户由一纸，哥最下，秀最上。"盖"官"即官人之省，"秀"则秀才省称也。《晋书·孔坦传》："以秀才孝廉为秀孝。"山谷诗："只今举秀孝。"

死 马 当 活 马 医

知不可救，姑且医治，曰死马当活马医，见《指月录》："云峰悦云：'膏肓之病，不足以发药。今日且作死马医。'"

千 日 斫 柴 一 日 烧

《传灯录》："僧问可真禅师：'如何是学人着力处?'曰：'千日斫柴

一日烧。'"俗以为平时积蓄,一朝花费之谓。

今朝有酒今朝醉

吴虎臣《漫录》引"今朝有酒今朝醉,明日愁来明日愁",谓尝见是诗在梦溪《甲乙集》①。《抒情集》又作权常侍审诗。案,今刻在《罗隐集》。

情人眼里出西施

《复斋漫录》云:"谚曰:'是人眼里有西施。'"山谷《答公益春思》诗用之,云:"西施逐人眼,称心最为得。"

量柴头数米粒

东坡诗:"陋邦贫且病,数米铢秤炭。""数米"字出《庄子》:"简发而栉,数米而炊。"《淮南子》:"简丝数米,烦而不察。"俗谓节啬曰"量柴头,数米粒",本此。

有钱使得鬼推磨

鲁褒《钱神论》云:"钱无耳,可使鬼。"山谷诗用之,云:"使鬼无金钱。"俗云:"有钱使得鬼推磨。"案,"鬼推磨"事出《宣室志》。

路上行人口似碑

山谷诗:"丰碑在人口。"宋任渊注云:"所谓道上行人口似碑。"是

---

① 吴曾(字虎臣)《能改斋漫录》卷十一"权常侍诗"条:"今朝有酒今朝醉,明日愁来明日愁。予尝以俚俗所作,偶阅《抒情集》,乃知权常侍审诗也。"未言"梦溪《甲乙集》"。顾张思误记。

古有此语。俗又有"口碑"之称，亦本此。

认定生姜树上生

邵伯温《易学辨惑》载："康节谓伊川曰：'正叔可谓生姜树头生，必是生姜树头死。'"张补庵云："此今俗语所本。"按，刘后邨诗亦云："人道生姜树上生，不应一世也随声。"生，俗呼如"山"。按，东坡《天竺寺》诗："雨涴山姜病有花。"此又一种，《岭表录异》所云"山姜花，茎叶即姜，根不堪食"者也。

巧迟不如拙速

作文有"巧迟不如拙速"之谓。案，本为用兵语。《孙子兵法》云："兵闻拙速，不睹工久。"张翰《杂诗》："折冲樽俎间，制胜在两楹。巧迟不足称，拙速乃垂名。"本此。释惠洪《冷斋夜话》云："集句诗，其法拙速而不贵巧迟。"则为作文用矣。

见怪不怪其怪自坏

《夷坚志》："姜七养母猪为业，有客宿其家，闻猪作人言，客以语七。七云：'见怪不怪，其怪自坏。'"俗语出此。

将高不足比下有余

中户人往往云："将高不足，比下有余。"案，张茂先《鹪鹩赋》云："将以上比不足，下方有余。"茂先又本张伯英《与朱赐书》语："上比崔、杜不足，下方罗、赵有余。"崔、杜，谓崔瑗子玉、杜度伯度；罗、赵，谓罗晖叔景、赵袭元嗣也。见《三辅决录》。《晋书·卫恒传》亦载：袭即赵歧之兄，二人以拙书见嗤于伯英，"而矜巧自与，众颇惑之"。故伯英有此语。

阴地不如心地好

《癸辛杂识》："倪文节与秀王邸邻居，颇被侵占。文节常语曰：'住场好不如肚肠好，阴地好不如心地好。'"今犹传之。

远水不救近火

《韩非子》："失火而取水于海，虽多而火不灭，远水不救近火也。"后魏杜朔周请宇文泰来主贺拔军事，引此语。

无天于上无地于下

肆无忌惮者，谓之"无天于上，无地于下"。按，《淮南子·兵略篇》有此语，言勇将奋不顾身也。

养儿防老积谷防饥

左氏《百川学海》载："婺源詹惠明代父死，临刑诵云：'养儿防老，积谷防饥。'"是宋时有此语。

乡下夫妻寸步不离

任昉《述异记》云："吴黄龙中，海盐有陆东，貌美，妻朱氏亦有容止，夫妻相重，寸步不相离，时号为比肩人。"今俗以嘲乡下夫妻，恐不能当也。

金玉满堂长命富贵

吉利语多用"金玉满堂、长命富贵"等语。按，《道德经》第九章云："金玉满堂，莫之能守。"太白《悲歌行》用之："天虽长，地虽久，金玉满堂应不守。"山谷《和赵伯充》诗:"金玉堂中寂寞人。"吕大临《博古图》载镜背铭多"长命富贵"字样。唐宋时,公主下降用之。亦见王俅《啸堂集古录》。

一言既出驷马难追

《指月录》:"云峰悦云:'一言已出,驷马难追。'"即子贡"驷不及舌"之意。

天网恢恢疏而不漏

《道德下经》云:"天网恢恢,疏而不失。"谚作"不漏",盖取谐声耳。

福无双至祸不单行

俗有云:"福无双至,祸不单行。"见《说苑·权谋篇》。

行船走马三分命

孙光宪《北梦琐言》载:"杜彦林坠马,云:'乘船走马三分命。'"今俗犹称之。

十只指头咬了只只痛

曹子建诗:"十指有长短,痛惜皆相似。"俗爱子如一者每云:"十只指头咬了只只痛。"本此。指头,转为节头,以指有三节也。

此处不留人自有留人处

《大业拾遗记》:"隋炀帝《与宫女罗罗》诗:'此处不留侬,更有留侬处。'"今以"侬"为"人"。

势败奴欺主神衰鬼弄人

杜荀鹤诗："世乱奴欺主，年衰鬼弄人。"今俗"世乱"作"势败"，"年衰"作"神衰"。　《续传灯录》："僧问晓月禅师：'曙色未分人尽望，及乎天晓也寻常。'师曰：'年衰鬼弄人。'"似此语旧有之。

男大须婚女大须嫁

《指月录》："元丰间，无为居士杨杰《和庞公偈》云：'男大须婚，女大须嫁。'"今俗语有之。庞名蕴，唐开元时人。一家俱修行，作偈云："有男不婚，有女不嫁。"故杨答云然。

杀人偿命欠债还钱

洪容斋《夷坚志》："方禹为杨五所害，后索命，云：'杀人偿命，欠债还钱。'"此语至今传之。

疑人莫托托人莫疑

唐陆宣公疏有云："疑人莫用，用人莫疑。"金熙宗亦有此语。俗改"用"作"托"字。

一日不做一日不活

《法苑珠林》："药山师以三篾绕腹，一日不作，则一日不食。"黄山谷《开先〔禅〕院修造记》用之。俗贫而业技者每云："一日不做，一日不活。""作"有去声，俗作"做"字。

有是父必有是子

《孔丛子》:"有生子不类者,怒其妇,将黜之。子思曰:'有此父斯有此子,道之常也。'"俗语"有是父,必有是子",盖本此。

天下本无事庸人自扰之

《唐书·陆象先传》:"尝云:'天下本无事,庸人扰之为烦耳。'"俗语出此。

孟姜女哭哀哀

刘向《说苑》载:"杞梁战死,其妻孟姜向城而哭,城为之崩。"此即孟子所谓"杞梁妻善哭其夫"者也。俗有"孟姜女哭哀哀"之说,盖本此。杞梁妻孟姜,亦见孙宣公《孟子音义》。

杂 谚

田家占谚,多见于贾勰《齐民要术》、崔寔《四民月令》、张鷟《朝野佥载》、程大昌《演繁露》、周密《齐东野语》。兹取合于吾俗者书之,如:"日没胭脂红,无雨也有风。""上火弗落,下火滴沰。"言火日雨多也。沰,音托,今讹如"掇"。"明星照湿土,来日依旧雨。"今作"明星照烂地,天亮落弗及"。及,为"忌"音。"朝霞暮霞,无水煎茶。""朝霞不出市,暮霞走千里。"《黄山谷集》云:"朝霞出门,暮霞千里。"言雨(侯)〔候〕之迟速。"有利无利,但看四月十四。"今作"只看三个十二"。"夏至有雷三伏热,重阳无雨一冬晴。"有雷,今作"有风"。按,马大壮《天都载》谓:钦天监柱联作"夏至酉逢"、"重阳戊遇"。"六月不热,五谷不结。""六月初三起个黄昏阵,七十二个隔夜阵。"村农讹为"吓爷阵"。"朝立秋,暮飕飕。俗讹"暮"作"冷"。夜立秋,热到头。""日暖夜寒,东海也滗。"今俗又有:"雨中莳秧,关门掘藏。""藏"协平声。"曲蟮唱歌,有雨弗多。""寒露无青稻，霜降一齐倒。""白露白迷迷，秋分稻秀齐。""雨打黄霉头，四十五日无日头；雨打黄霉脚，四十五日赤晒晒。"言潦旱也。"人在岸上嚷，稻在田里撺。"言伏间稻宜热也。"白露身弗露，处暑十八盆。""秋穀碌，收粃谷。"言立秋日忌雷声也。邑《志》作"秋孛鹿，损万斛"。"乌云接日头，半夜雨溲溲。""山糊海幔，晒杀老鹳。"谓夏雾主晴也。"日打洞，明朝晒得背心痛。"有云无脚，谓之日打洞。"朝看天顶穿，夜看四脚悬。"谓无云主晴也。"三朝迷露发西风。"俗以雾为迷露，此谓冬雾也。"夏至难逢端午日，百年难遇岁朝春。"皆有验。又，"求人不如求自己，跌倒不如自爬起。""积财千贯，不如薄技随身。"二语见《颜氏家训》。"孽子顽妻，无药可医。""将军不下马，各自奔前程。""奔"作去声。"无药可医卿相寿，有钱难买子孙贤。""船傍岸，不要乱。""船到港门自然直。""门"，叶入声。皆古谚之传于今者。

俗对　俗诗

门户对联及相传诗句，往往沿用，而不省所自来，今考"日月光天德，山河壮帝居"，陈后主入隋上文帝诗也。见《北史》。"海阔从鱼跃，天空任鸟飞"，大历诗也。见《古今诗话》。"物华天宝日，人杰地灵时"，用王勃《滕王阁序》，而增末一字也。"天恩春浩荡，文治日光华"，乃圣祖赐桐城张文端相国立春帖子。阮吾山司寇《茶余客话》云"张氏岁岁帖之，后搢绅家俱用此联，近则比户皆然矣"，又，"一朝权在手，便把令来行"，朱湾《咏酒筹》诗，本作"便是令行时"。一作崔戎诗，误。"久旱逢甘雨，他乡遇故知"，四语见《容斋随笔》。"是非只为多开口，烦恼皆因强出头"，"各人自扫门前雪，莫管他家瓦上霜"，并见《事林广记》。"大风吹倒梧桐树，自有傍人说短长"，宋人笑都统明椿立生祠于关王庙侧也，见洪氏《夷坚志》。本作"大家飞上梧桐树"。又，德兴汪远之赴试，兄在家，梦驶卒语云："十年勤苦无人问，一日成名天下知。"后报者至，果诵此二句。今"勤苦作窗下，一日作一举"，为小异耳。"善恶到头终有报，只争来早与来迟"，见《萤雪杂说》。"一举首登龙虎榜，十年身到凤凰池"，刘昌言《上吕蒙正》诗，见《辍耕录》。一作张唐卿

诗,非是。"儿孙自有儿孙福,莫与儿孙作马牛",宋叶李《记梦诗》也,见
《癸辛杂识》。一作徐守信诗。"好事不出门,恶事传千里",见《北梦琐
言》。"无官一身轻,有子万事足",东坡《和子由生弟四孙》诗也。"春
宵一刻值千金",亦东坡《春夜绝句》,见《苏诗续补遗》。"月子弯弯照
几州",宋时民间歌也,见杨诚斋《竹枝歌序》。上二句云"一休休,二休休"。
"晚饭少吃口,活到九十九",郎瑛《七修类稿》引作古乐府语。"易求
无价宝,难得有情郎",女真蕙兰诗也。或讹为鱼玄机作。"巧妻常伴拙夫
眠",明谢在杭诗也。此类不可枚举。

卷十四

官 役 曰 差

官役遣曰差,吏人曰差人。案,《汉·苏武传》"假吏"注:"若今之差人充使典。"《唐宣宗诏》:"每役事,委令轮差。"颜师古《匡谬正俗》云:"《诗》'既差我马'毛传:'择也',今云'差科'亦此意。"赵耘松云:"盖谓拣择其人可应役者,曰差人。"思案,吴清翁《月泉吟社启》云:"切望如期差人来问。"此"差人"为通称,犹云"使人"。《集韵·皆部》"差"注:"使也。"

上 移 下 曰 仰

官府文移,上行下曰仰。案,《北齐·孝昭纪》:"诏定三恪礼仪体式,亦仰议之。"仰议,谓议于朝也。后相沿为上委下之称。《包拯家训》末云:"仰洪刻石,竖于堂屋东壁。"洪者,包公子也。吴曾《漫录》误引作"珙"。则宋初已用"仰"字。

下 白 上 曰 禀

《周书》:"臣下罔攸禀令。"注:"禀,受也。"《集韵》:"受命曰禀。"今民吏白官长及下属白大僚皆曰禀。毛晃《增韵》云:"白事曰禀,古无此义。"则宋时已然。禀,从亩从禾,本为饩禀字,亩即"廩"本字,俗作"禀",非。

详 察 曰 查

详察曰查。案,《广韵》"查"与"槎"同,"水中浮木。"从木,且声。俗从

"旦",非。《正字通》始有"考察"之训。康熙初,高阳李相国霨以"查"字无义,欲改为"察",会稽徐咸清争之,谓"查"乃"在"字之转。《书》"在璇玑玉衡"、《记》"在视寒暖之节",注皆训"察"。"察察"非美称,"在"字又不可用,因仍之,见毛西河《徵士徐君墓志》。

批答用准字

文书批示,"準"皆"准"。王勉夫《野客丛书》云:"相传以为蔡京父名'準',凡批答皆去'十'字,时官属俱讳之,不书'十'。后遂相沿不改。考魏晋石本吏文书,'承準'字多作'准',汉隶刻亦然。则此体已久,盖始于隶人之省笔,后遂因之。"颜元孙《干禄字书》及《广韵》俱以"准"为俗字,"準"从"隼"声,"准"则无义矣。

成谳曰案卷

《后汉·孔融传》:"丁零盗苏武牛羊,可并案也。"盖本为案核之义,后遂以所案者曰案卷。山谷《和寄子瞻》诗:"有罪未见案。"

补偿曰赔

以物相偿曰赔,古谓之"备"。平声。《北齐书》:"高欢立法:盗私家十备五,盗官法十备三。"后周诏云:"侵盗仓库,虽经赦免,征备如法。"梅氏《字汇》云:"俗以'赔'为赔补之字。"后周诏语见《周·明帝纪》。

避人曰畔

《南史·陈后主纪》:"起齐云观,国人歌云:'齐云观,寇来无际畔。'"或以为藏匿曰"畔"之所始。案,无际畔,即无涯岸之义。王隐《晋书》:"邓伯道避石勒,难以车马负妻子以叛。"当为藏匿之意,"叛"

与"畔"通。

守 候 曰 等

守候曰等。案,唐路德延《孩儿诗五十韵》有云:"等鹊潜篱畔,听蛩伏砌边。"见计敏夫《唐诗纪事》及《太平广记·幼敏类》。是唐时已有此语。宋濂《篇海》"等"注:"又期待也。"已前字书都无此训。吴梅村《圆圆曲》"等取将军油壁车"、桑民怿《嘲富翁》诗"粮长解头专等待"用此字。桑诗见沈石田《客座新闻》。《戒庵漫笔》:明太祖赐江阴指挥吴国典札,亦有"等大军来与他厮杀"之语。

满 足 曰 够 音遘

《魏都赋》:"繁富夥够,不可单究。"《广韵》亦作"够":"聚也,多也。"今谓满足曰够,见此。又,"彀"为弓持满,亦可作"彀"。

放 置 曰 安

陈氏澔《礼记》"崇坫康圭"注:"康,安也。凡物置之得所,则无危坠之忧,故为坫以安之。"则以置物曰安,甚有理。宋刘义庆《幽明录》:"邺城凤阳门五层,安金凤皇二头于其上。"刘孝标诗:"襻带虽安不忍缝。"庾信赋:"兔月先上,羊灯次安。"又,"度安花之相去。"温飞卿《西州词》:"去船不安幅。"东坡《椰子冠》诗:"簪导轻安发不知。"《佛本行经》:"毕钵罗耶童子,即衣裹手,安放床上。"[1]《能改斋漫录》尝记一假山诗云:"安石作假山,其中多诡怪。"或谓东坡作,以刺荆公。　又,《玉篇》"置"字注:"安置也。"《广韵》同。俗呼"睡"曰安置,盖假物言之。

---

[1] 隋阇那崛多译《佛本行集经》卷四十六:"尔时跋陀罗身正着睡眠。其夫起立经行之时,彼地方所有一黑蛇,欲得行过。时跋陀罗既着睡眠,而其一手悬垂床楼。毕钵罗耶见于黑蛇欲从彼过,跋陀罗手既垂下悬,心作是念,畏彼黑蛇蜇螫其手,即衣裹手,擎跋陀罗臂安床上。"

买 物 曰 置

买物曰置,亦曰置买。案,《左传》:"凡而器用财贿,无寘于许。""寘"、"置"古通。寘,本音辖,《说文》:"置也。"亦可作"制"。《后汉·樊准传》:"上疏言:'大侵之礼,百官备而不制。'"今以著作曰制,本杜诗:"声华当健笔,洒落富清制。"

出钱借物曰赁

《史记·范雎传》:"臣为人佣赁。""赁"始见此。《后汉》公孙穆为吴祐赁舂、梁鸿为皋伯通赁舂,皆是。《类篇》:"以财僱物曰赁。"俗呼作"佞",声重也。

以钱送礼曰折

洪觉范《冷斋夜话》载:"东坡在儋耳时,日从民乞园蔬,临别写诗与之,末云:'新酝佳甚求一具。'临行写此诗以折菜钱。"今以钱代礼物曰折,亦有出。《南齐·东昏侯纪》:"京邑酒租,皆折使输金。"此"折"字所出。

竖棚架曰搭

韩偓诗:"夜深斜搭秋千索。"俗谓竖立棚架曰搭,盖本此。乐天诗:"熏笼乱搭(旧)〔绣〕衣裳。"亦此意。《集韵》"搭"注:"又挂也,附也。"

以草盖屋曰苫

稻草盖屋曰苫,音如扇。《广韵》"苫"有平、去二音,俱训"草覆屋"。《正字通》分"苫次"为平声,"苫覆"为去声,未是。

高 起 曰 翘

《集韵》"翘"注："又音窍，高也。"《昌黎诗》："我亦平行蹋翘翘。"
翘，丘召切。《玉篇》："翘翘，不安貌。"

诳 语 曰 赵

语言不实曰赵。案，《尔雅》："休，无实李。"郭注："一名赵李。"无
实曰赵，殆取此意。　又，以"赵"为然词。家先生云："盖五代时民间
口语，为宋有天下之谶，后遂沿之。"

不 认 曰 赖

不认前言曰赖，见老苏《谥法辨论》有曰"赖"者，注："不悔前过曰
赖。"[①]今借贷不还亦曰赖。《国语》："庆郑云：'已赖其地，而又爱其
实。'"盖谓许赚秦河外五城而不与为赖也。韦注："赖，赢也。"则为赖
籍之义。

不 受 曰 璧

馈赠不受曰璧，盖本《左传》公子重耳受飧反璧事，后相沿去"反"
字，只称"璧"。又称"奉璧"、"谨璧"，失其义矣。　或亦称"完璧"，此
用《史记》蔺相如完璧归赵事，然非不受之谓。

微 晒 曰 晾

吴志伊《字补》"晾"注："晒暴也。"吕邲《小史》云："晒晾。"俗谓微

---

① 苏洵《谥法》卷三："不悔前过曰戾。"作者或误记。

晒曰晾,见此。《方舆纪要》有"晾鹰台",元时游猎之所。

计簿曰账 票纸

买卖记数开票曰账。案,宋元字书都无"账"字。《北史》:"后周苏绰始制计帐、户籍之法。"又,"魏孝庄帝劳宋世良曰:'知卿所括,过于本帐。'"隋开皇十年诏:"流寓之人,垦田籍帐,皆与民同。"又,《裴政传》:"赵元恺造职名帐未成,刘荣云:'但须口奏,不必造帐。'"《唐书·宇文融传》:"钩检帐符。"《宋史·叶清臣传》:"编前后诏敕,删去簿帐冗长者。"颜师古注《汉·武帝纪》"受郡国计"云:"计,若今之诸州计帐。"东坡诗:"未怕供诗帐。"自注云:"顷以诗得罪有司,移杭,取境内所留诗,杭州供数百首,谓之诗帐。"并作"帐"字。考东方朔云:"诚能用臣之计,推甲乙之帐。"盖"帐"有罗列之义。　以纸为票,字书亦无此训,《正字通》始有之,盖起于明代。票,本作"嫖",同"飘",有轻飘之意。

荡船曰划 音华

以桨荡小舟曰划。见《广韵·九麻》注:"划,拨进也。"户花切。《集韵》:"舟进竿谓之划。"《正字通》云:"俗谓小船曰划子,方音读若'话'。"　亦可作"撶",陆鲁望诗:"细桨轻撶下白蘋。"

补足曰找

《集韵》"找"即"划"字。《正韵》"找"注:"拨进船也。"俗以物补余曰找,呼作"爪"音,载之《字典》。

以木横门曰闩

范石湖《桂海虞衡志》载:"土俗书有'闩'字,注:'门横关也,音檍。'"案,《通俗文》作"櫰",音环。《广韵》引之。焦竑《俗用杂字》作"檍",云:"通作'寰'。"今俗用"闩",呼如"搧"。

穇子曰桩 丑江切,俗讹如"装"

东坡《西新桥》诗自注云:"桥柱石磉下,有坚木,椓入泥丈余,谓之顶桩。"《太平广记》:"道安与惠安夜行遇雨,见人家门内有马桩。"案,《说文》"桩"注:"橛杙也。"①穇子曰桩,见此。汉氾胜之《农书》:"土上冒橛,陈根可拔。"橛,即"穇"字。

打桩曰孔 音闯

吴任臣《字补》云:"植木定船谓之孔,音闯。"俗谓打桩曰孔,当即此字②。

箸 曰 快

《菽园杂记》云:"吴中凡舟行讳滞,故呼箸为快子,犹幡布为抹布也。"俗转"快"音如"砅"平声。

田畦曰棱

《正字通》:"农家指田远近多少曰几棱。"思案,杜诗:"堑抵公畦棱。"苏诗:"恣倾白蜜收五棱。"自注:"棱,去声。"今俗作平音。考《广韵》当作"塍",音绳,"稻田畦也。"亦作"堘"、"塄",同。"楞",四方木也。盖"棱"为唐人方言,谓筑田畦如木之柧棱也。

---

① 此处所引是《说文新附·木部》:"桩,橛杙也。从木,舂声。"
② 《五音集韵·绛韵》:"截,捍船木也。"《通俗编·杂字》:"截,今江船所用以代缆,住则下,行则起者是也。"《五音集韵·绛韵》:"孔,与截同。俗呼丑巷切,亦是捍船木也。"《汉语大字典》"孔"字释文引《五音集韵》误作"裁"。

岸坳曰墈

《广韵》"墈"注："险岸也。"音戡。《正字通》云："俗谓土突起立者为墈。"

火干物曰煏

《说文》"煏"注："以火干肉。"从火稫声，符逼切。徐铉云："《说文》无'稫'字，当从'畐'省声，疑传写之讹。"《玉篇》省作"煏"，俗用之。　《集韵》"焙"注："煏也。"焙，音佩，或作"焙"。又，"熇"注：又音"靠"，"煏也。"北人谓烘火曰熇火，当是此字。

食物干调曰拌

何元朗《语林》："南人鱼鲙，以细缕金橙拌之。"今以干味调和曰拌，亦有出。

食变味曰馊

《广韵·十八尤》"馊"字注："饭坏也，所鸠切。"今俗饮食日久变味皆曰馊。叟，即"叟"字。

手裂物曰斯

《吕览·报更篇》："赵宣孟见桑下饿人，与之脯一胸，曰：'斯食之。'"高诱注："斯，析也。"俗谓手裂物曰斯，本此。《诗》："斧以斯之。"郑笺："析也。"《集韵》亦作"撕"。

鼻 就 物 曰 齅

《说文》"齅"注："以鼻就物也。"以救切。《汉书·叙传》："不齅骄君之耳。"师古注："古'嗅'字。"《集韵》亦作"嗅"。俗又呼作"哄"。案，山谷《薛乐道会饮》诗："酒椀未忍齅。"押入"送"韵，自注云"借用"，盖宋时已呼为"哄"。

口 吸 物 曰 嗽 所角切，俗讹如"缩"

《汉·邓通传》："文帝病痈，通为上嗽吮之。"俗谓吸取曰嗽，本此。《说文》作"欶"，注："吮也。"昌黎《联句》："酒醪欣共欶。"旁从"欠"，与"戒敕"、"咳嗽"字从"敕"者别。

口 取 食 曰 噆 曰 呷

《记》："毋噆羹。"孔疏谓："不嚼菜，含而歠吞之。"今谓口取食曰噆，盖本此。《广韵》亦作"嗒"，注："舐嗒。"又"狧"注："犬食。"并音"答"。俗谓犬食声曰舐狧，音如"帖揭"，声之讹也。　又曰呷，东坡《九日黄楼作》用之："把盏对花容一呷。"赵凡夫《长笺》云："吸而饮曰呷。""甲"有敛藏义，故从"甲"。

舌 品 食 曰 呫

《风俗通》："入口曰呫。"《洞冥记》："升蕖鸭，惟呫叶上垂露。"秦少游《秋兴》诗："绿头鸭儿呫蘋藻。"亦作"啑"，《左传》："啑其脑。"杜注："啑也。"《史记·文帝纪》："啑血。"《集韵》："啑喋，水鸟食鱼皃。"亦作"唼"。俗以舌品物曰呫。又，水中有声曰喋啑，音如"接札"。即啑喋也。　又，舌取物曰舚，《篇海》作"舓"，注："以舌舓物。"舚，本古"甜"字。

悬物曰绹 "吊"上声

《玉篇》"绹"注："丁了切，悬物也。"宋濂《篇海》云："今作𠄌。"案，𠄌，音鸟，悬物貌。王延寿《王孙赋》："𠄌爪悬而瓠尽〔垂〕。"《古文苑》注云："倒'了'字。"

物并和曰羼

《颜氏家训》："典籍错乱，皆由后人所羼。"案，《说文》"羼"音"铲"，"羊相厕也。"自后物相淆和，皆曰羼矣。

待客曰款 俗作"欵"

谢康乐诗："断念虽殊绝，俱为归虑款。"注："款，留也。"俗以酒食留客曰款。 又，条件曰条款。《集韵》："款，科也。"谓科条列之，犹古器之款识也。阴字谓之款，阳字谓之识。今笺对书名曰落款，不合格曰忒款，皆此意。《匡谬正俗》云："'款'字，《字林》作'镺'，刻也。古者简牍编连之处，于缝上刻记，呼为镺缝。今纸缝上书名犹取旧语呼为'款'。"

得力曰亏

亏本为欠阙之义，俗谓效力者反曰亏。案，吕云孚《六书音义辨正》载成祖谓仁孝后曰："媳妇儿好，他日我家事亏他撑持。"则此言起于明初，盖尽力者不无亏伤也。

营谋曰钻

方勺《泊宅编》云："今之巧宦者，皆谓之钻。"思案，班固《答宾戏》："商鞅挟三术以钻孝公。"是汉以前有此语，特宋时多称之尔，如

《王子韶传》：“刘安世劾子韶在十钻内，为殿内钻。”东坡《和钱安道寄惠建茶》诗：“不敢巴裹钻权幸。”又，吕公著作相，好谈禅，时多幅巾道袍，日游古寺，冀邂逅，时谓之“禅钻”。赵耘松云：“钻者，言其交结要人，如刀钻之利也。”

叹气曰欬 <small>音如“亥”平声</small>

陈（芳）〔芬〕《芸窗私志》云：“今人暴见事之不然者，必出声曰‘欬’，乌开切，乃叹声也。《楚辞》：‘欬秋冬之绪风。’王逸注：‘欬，叹也。’《集韵》亦作‘唉’，音医。”案，《史·项羽本纪》：“亚父受玉斗，拔剑撞而破之，曰：‘唉！’”《索隐》以为叹恨发声之词。《集韵》又音挨，音爱，义并同。

意不喜曰愻

心不然而口不明言，辄作声曰愻。愻，其音如土音“午”字。案，《释名》：“青、徐谓女曰婟。婟，忤也。始生时人不喜，忤忤然也。”忤，《说文》作“愻”，逆也。俗谓不孝曰忤逆，其音正同。

手按曰擎 <small>“钦”去声</small>

《南齐·高帝纪》：“人有罪，辄付桓康擎杀之。”俗谓手按曰擎，本此。“擎”字诸字书俱不载。《集韵》作“搇”，注：“按也。”

手承物曰庹 <small>音托</small>

吴氏《字补》“庹”字注：“两腕引长谓之庹，音托。”案，本作“托”。宋时桦有托子，即今之托盘。《集韵》：“托”同“拓”。《广韵》“拓”注：“手承物也。又拓跋氏，自云拓天而生，拔地而长。”唐李山甫诗：“一拓纤痕更不收。”自注：“大历四年，崇徽公主道汾州，以手掌拓石壁，遂有手痕。”俗以两肱舒引量物，亦曰托。郑若曾《日本针路》：“乱礁洋水深八九托,茶山深十八托。"是也。

典屋曰借 音积

《左传》:"寡君是以愿借助焉。"杜注:"音积,假也。"《古今注》:"草履曰不借。"吴任臣《字补》云"从资昔反",是"借"字,元可读"积"也。"借"字宋、元字书无之,惟宋濂《篇海》"同'借'"。吴任臣《字补》云:"子夜切,借与也。"是"借"即"借"字。借,又音籍,假取也。见《左传》"计功则借人"杜注。

尽量饮食曰餲 音"乃"平声

陆容《菽园杂记》云:"广东谓老人所生幼子曰餲,音'奈'平声。"吴任臣《字补》引之,又别载"疢"字,注云:"夯夫努力子尽曰疢,"子"字疑误。'奈'上声。"案,"疢"当即"餲"字之省,俗谓尽量饮食者曰"餲得下",当是此字。

手拗转曰捩 音如"烈"

退之《送穷文》:"捩手翻羹。"王安石诗:"东西捩佗万舟回。"今谓拗转曰捩,本此。《集韵》"捩"注:"又折也,或作'扲'。"

手提物曰拎

《广韵·十五青》有"拎"字,注:"手悬捻物也。"音灵。今谓手提曰拎,亦有本。朱竹垞《河豚歌》用之:"马驮车载兼手拎。"《正字通》云:"俗作'撂'、'擸'。"

手坚握曰捘 音如"尊"

《左·定八年传》:"涉佗捘卫侯之手及捥。"方言"以掌握之曰掟"，今谓手坚握曰掟，本此。《集韵》音"尊"去声，今呼作平声。亦曰揪，见《字汇》："手揪也。"本平声，同"擎"，今呼作上声。

两手转物曰搓

东坡诗："手香新喜绿橙搓。"山谷词："手搓金橘敛双眉。"放翁诗："柳细搓难似。"今谓两手转物曰搓，见此。《集韵》："搓，挪也。"俗谓手摩曰挪，即"搓挪"之省。

以器取物曰打

《归田录》："今世言语之讹而举世君子小人皆同其谬者，惟'打'字耳，其义本谓考击，故人相殴、以物相击、造金银器，皆谓之打。至于打船、打车、打鱼、打水、打饭、打衣粮、打伞、打量、打试，触事皆谓之打，而遍检字书，了无此义。考击之义，本音'都耿'切，不知何由转为'丁雅'。"

两手扶曰绰

《宋史·范成大传》："使金，金主令绰起者再三，成大不为动。"绰，《篇海》作"搭"。

背负物曰驮

《说文》"佗"注："负荷也。从人，它声。"俗作"驮"。案，太白诗："十五吴姬细马驮。"用此字。

肩举物曰掮 音乾

赵氏《说文长笺》"掮"字注云："吴言以身肩物曰掮，借相讦告亦曰捜。"方氏《通雅》谓因"掀"字重其声也。俗作"㧁",非。

振去余物曰抖

余物不尽,振去之,曰抖。见《方言》:"东齐曰铺颁,犹秦晋言抖薮也。"郭注:"谓抖薮举索物也。"

鸟理毛曰擞

王摩诘诗:"抖擞辞贫里。"案,《法苑珠林》:"抖擞烦恼,如衣抖擞去尘垢也。"亦作斗薮。乐天诗:"斗薮尘埃中,礼拜冰雪颜。"东坡诗:"一时斗薮旧尘埃。"今鸟理毛曰擞。又,精神疲苶,振作之,曰抖薮。《湘山野录》载:"孙冕守姑苏,写一诗于厅壁,云:'寄语姑苏孙刺史,也须抖擞老精神。'"

花卉笋萌曰建

花、卉、笋初起曰建。案,当为"箭"。谢灵运《山居赋》云:"二箭殊叶。"又,药有"赤箭",盖以其形似箭也。

以物平推曰挡

以物推之使平曰挡,读作"烫"。以齿耙推田曰挡稻,见《方言》注:"今江东人亦名推为挡。"《列子·黄帝篇》:"挡拯挨扰,无所不为。"挨扰,亦推也。《说文》"挡"注,徐铉云:"今以为推挡字。"

以杓取水曰舀 本"腰"上声,《集韵》又音耀

唐张泌《妆楼记》:"世传织女送董子,经半阳泉,董子思饮,舀此水与之。"案,《说文》"舀"注:"挹彼注此也。"以沼切。重文作"抌",从穴

从手。案,《周官·春人》:"女春二人。"或讹作扰,非。扰,音"碫"上声,击也。王应麟《诗考》:"董氏引韩诗'或春或扰',《周礼》注同。"今讹作"扰"。案,扰,音由,即"以沼切"之转音,俗以杓取水曰舀,当本此。《说文》又作"㲃",《集韵》亦作"㲈"。

手 牵 物 曰 扯

《宋史·杜纮传》:"伴夏使入见,使欲有所陈乞,纮连扯之,乃不敢言。"俗谓手牵物曰扯,见此。字本作"撦"。《玉篇》:"裂开也。昌者切。"俗作"扯",今呼作平声。

与 犬 豕 食 曰 餵

《梁书·扶南国传》:"有罪者,以餵猛兽及鳄鱼。"俗以食与犬豕曰餵,本此。字书无"餵"字,盖即"餧"字之变。俗又转其音如"与"去声。

皮 冒 鼓 曰 漫

大苏《寄刘孝叔》诗:"东海取鼍漫战鼓。"俗以皮冒鼓及布绢冒筛曰漫,本此。

遗 像 曰 真

《唐诗纪事》:"处士张孜写李白真虔祷。"案,真即真容也。东坡有《章质夫寄惠崔徽真》诗,又有《题孙思邈真》诗,又有《书丹元子所示李太白真》诗。又,《真兴寺阁》诗云:"写真留阁下。"《贯休集》有《观李翰林真》诗,陈后山有《和饶节咏周昉画李白真》诗。今称祖先遗像曰真,描写遗容曰写真。梁简文帝《咏美人看画》诗:"可怜俱是画,谁能辨写真。"杜诗:"必逢佳士亦写真。"

卷十五

土块曰坒 音邳

泥土结块曰坒，物坚密亦曰坒。按，《说文》"坒"注："地相次坒也。"亦作"垇"。《吴都赋》："工贾骈垇。"《广韵》："坒，相连也。毗必切。"或书作"甶"，非。甶，音"弗"，鬼头也，篆作 。

背负物曰掼

吴氏《字汇补》云："'掼'为'惯'本字。见《说文》。今'掼习'之'掼'作'惯'，而'掼'但为'掼带'字。"按，"掼带"之训见《广韵》，今方音作"环"去声。

闲步曰踱 音铎

毛西河《韵学要指》云："吴越间称缓步曰踱。"案，相如赋"踥踱辎辖"注："乍前乍却也。"又，《公羊传》："躇阶而走。"陆氏《释文》："'躇'与'踱'同。"考"躇"训"超遽不顺"，与今闲踱义正相背。毛氏又云："信口出语曰嗘。"《广韵》"嗘"注："口嗘嗘无度也。"俗谓半痴曰嗘，或即此字。

瞬目曰眣 音如"杀"

皮日休《二游诗》："沼似颇黎镜，当中见鱼眣。"俗谓瞬目曰眣眼，本此。《五灯会元》："平山和尚曰：'我眣眼也没功夫。'"《广韵》"眣"音"屑"，"目动也。"

声破曰嗄

《道德经》："终日号而嗌不嗄。"嗌，喉也。按，嗄，音"沙"去声。《玉篇》："声破也。"《集韵》又音隘，"楚人谓啼极无声为'嗄'。"今呼如"哑"，声之转也。又，声不响者曰"沙胡咙"，盖即"嗄"字。

味咸伤口曰蜇

《列子》："蜇于口，惨于腹。"按，《玉篇》："虫螫曰蜇。"柳子厚《题毛颖传后》："蜇吻裂鼻。"俗谓味咸伤口曰蜇，盖言如虫之伤吻也。龚持宪作《方言考》云："谓食恶味而伤其口为蜇。"则明初已然。

皮浮起曰皰

《淮南·说林训》："遗小皰而发痤疽。"退之《食虾蟆》诗："虽然两股长，其奈脊皴皰。"《广韵》"皰"注："面生气也。"又，"皺"注："面疮也。"《集韵》以为一字。又作"皰"、"䶌"、"脬"。又，《山海经》："鵸𫛭，可以已暴。"注："暴谓皮皴起也。"是亦可作暴。　　水面浮起如小圈者曰泡，读去声。案，泡，本音抛，《集韵》又音炮，"水泉也。"张师正《倦游杂录》有"泡鱼"，亦读如"炮"，盖音重则为去声。

肌肤冻裂曰皴 音讹如"春"

冬月受风，肌肤皱起曰皴。《说文》："皴，皮细起也。"音逡，俗转为"春"，声重也。《梁书·武帝纪》："执笔触寒，手为皴裂。"杜诗："手足皴瘃僵欲死。"瘃，即今冻疮，俗谓之"死血"。皴，亦作"皲"。音军。《汉·赵充国传》："手足皲瘃。"师古注："冻裂也。"

皮碎上起曰散 音鹊

《尔雅·释木》:"大而散,楸;小而散,槦。"邢疏引樊光云:"谓树皮粗如猪皮也。"《广韵》注云:"木皮甲坼也。"俗以皮碎上起曰散,当是此字。

黑子曰痣

身上黑子谓之痣。案,师古《汉·高帝纪》"七十二黑子"注:"吴楚俗谓之'志'。志者,记也。"《广韵》、《集韵》并作"痣"。俗以青黑点如钱大者曰记。

发黏腻曰腝 音职

《考工记·弓人》"相胶"注云:"脂膏腝败。腝,黏也。"孔疏:"今人头发积有脂膏,则谓之腝。"魏鹤山《师友雅言》载乡谚,云油蜡烛经久,亦号为腝。《说文》作"殖"。

色不鲜曰蔫

物经久色退,谓之蔫,见《广韵·二仙》注:"物不鲜也。"杜牧之《题韦家亭子》云:"蔫红半落平池晚。"义山诗:"侧近蔫红伴柔绿。"一作"嫣红"。东坡《雪后牡丹》诗:"深红任早蔫。"案,《左传》:"左轮朱殷。"《释文》:"乌闲反,赤黑色也。"则亦可作"殷"。又,《字林》"黫"注:"黑色。亦乌闲切。"俗读"色殷"如"早晏"之"晏",声重也。

花落曰妥

花果坠地曰妥。见杜诗:"花妥莺捎蝶。"注云:"关中人谓落为妥。"

物裂曰捇 _{音割}

物破裂曰捇。见《说文》:"捇,裂也。"呼麦切,亦作"劃"。《集韵》:"劃,破声也。"霍虢切。

墙屋倾曰坍 _{音讹如"滩"}

《广韵·二十三谈》"坍"字注:"水冲岸坏。"他酣切。《正字通》以为"坍"字之讹。《集韵》"坍"注:"水打岸也。"俗有"东坍西涨"之称,指沙岸也。梅氏《字汇》以"坍"为古"坍"字,非。

庋 置 曰 阁

凡物庋置曰阁。案,丘悦《三国典略》云:"王粲才既高,钟繇、王朗等皆阁笔。"东坡《午窗坐睡》诗:"竹几阁双肘。"俗"担阁"字作"搁",非。字书无"搁"字,《集韵》:"或作'挌'。"

陶器未烧曰坯

《后汉·崔骃传》:"坯冶一陶,群生得理。"《集韵》亦作"坏"。今谓陶器未烧者曰"坯子"见此。《翻译名义》云:"佛自作钵坯,以为后式。"①《正字通》作"肧",云:"妇孕一月,未生肌肉,故从'不'。本《说文》。器物未成者亦曰肧。" 又,《集韵》"胚"注:"肧未成酱,音与肧同。"

---

① 刘宋佛陀什共竺道生等译《五分律》卷第二十六《弥沙塞部和醯五分律》:"佛在苏摩国,自作钵坯,以为后式。"

坛谓之罋 坛,《集韵》亦作"墰"。俗作"罈",非。

宋元字书无"罋"字。惟梅氏《字汇》有之,音"彭"去声,"瓶甕也。"俗以"坛"曰"罋"。

器 盖 曰 颿

"颿"字见《方言》。《广韵》音"感","器盖也,一曰'覆头'"。今以器覆物亦曰颿。《集韵》亦作"顉"。

鸟 卵 曰 蛋

吴任臣《字汇补》云:"俗呼鸟卵为蛋。"思按,"蛋"即"蜑"之省。《说文》:"蜑,南方夷也。"音但。上从"延",音征。与"蜿蜒"字从"延"者别。《正字通》:"江上地名有'鸭蛋洲'。"陆容《复孙博士书》云:"杨廉夫《冶春口号》有'鲛卵千斤'之句,今改'卵'曰'蜑'。"按,"蜑",南粤蛮名,海南取珠者曰"乌蜑户"。以彼易此,得无避吴人呼男阴为卵之嫌乎?吴人避此,故呼诸禽之卵为"弹"。今又转而为"蛋",于义远甚,将不识"蜑"为何物矣。"弹"音去声,"鸡弹"见顾元庆《云林遗事》。　卵,篆作"![卵篆]",音"鸾"上声。今俗读如"鲁",殆以音不雅驯而避之。俗呼"鸟"作"刁"上声,盖以梅氏《字汇》有"屌"字注"男子阴,丁了切",而元明演义皆作"鸟"字故也。

去畜势曰镦 马曰"骟"

《臞仙肘后经》:"骟马、宦牛、羯羊、阉猪、镦鸡、善狗、净猫,皆畜之去势者。"俗鸡猪曰"镦",马曰"骟"。吕忱《字林》"镦"作"�"。《广韵》本之,注云:"去畜势也。"骟,《五代史》作"扇":"郭崇韬深嫉宦官,谓魏王继岌曰:'王登极后,当尽去宦官。至于扇马,亦不可骑。'"《北梦琐言》:"周南平王论:'良马不可遇,但要坐下稳,惟扇庶几。'自是江南蜀马往往学扇。"亦可作"骟",音缯。《说文》:"犗马也。"《周官·校人》"攻特"郑注:"谓骟之。"　接树亦可曰骟,《月令广义》有"骟树法"。

撑屋曰牮 音荐

屋敧侧,用木撑正曰牮。案,字书无此字,惟梅氏《字汇》收之,音作甸切,注:"屋斜用牮。"盖明人方俗字。

缝补鞋曰纂

皮工补鞋曰纂子。按,当作"鞥"。《说文》:"鞥,履后帖也。""断"、"段"二音通作"缎"。《急就篇》:"履舄鞜裒緎缎纰。"緎,音铖。师古注:"缎,履跟之帖也。"俗以缎为"绸缎"字。

食物濡酱醋曰蘸

《说文》:"蘸,以物投水也。"庄陷切。"斩"去声。庾子山《镜赋》:"黛蘸油檀。"用此字。又,《广韵》"霝"注:"以物内水中,音览,出《音谱》。"李季节著。是亦可作"霝"。

物投水声曰丼 "耽"上声

丁度《集韵》:"丼,又都感切,投物水中声。"按,《说文》"丼"即"井"字,"八家一井,象构干形。中从'丶',甓之象也。"古者以瓶甓汲水。吴氏《字汇补》有"弇"字,注:"东敢切,石击水之音,云见宋人俗书。"今俗又转其音曰冻,亦曰谷冻。

物浮水面曰氽 "吞"上声

张鼎思《代醉编》:"吾杭先辈夏大卿,僚友问以浮水'氽'字若何写,公戏以水傍〔加〕'去'字答之。其友认以为真,后思水傍加'去'是'法'字矣,因曰:'少年见一《大乘妙汆莲花经》。'哄然一笑。"自注:"汆,音'吞'上声。"梅氏《字汇》"汆"字注:"水推物也。"《字林撮要》云:"人在水上曰汆,人在水下曰㲼。"㲼,即"溺"字。《说文》作"㲼"。

拨 取 物 曰 掊

《史·封禅书》:"见地如钩状,掊视得鼎。"《说文》:"今盐官入水取盐为掊。"音裒。《后汉·百官志》注:"盐官掊坑而得盐。"《广韵》:"又方苟切,击也。"今俗拨取物谓之"掊",作上声。　《广韵》:"掊"又音庖,"手掊也。"又,"捊"注:"引取也,音庖。亦作'抱'。"今俗以手轻搔曰掊,呼作"庖",本此。

绳 缚 曰 绑

梅氏字书:"绑,音'榜'上声。"云:"古无此字,今俗作'绑笞'之字。"是此字起于明初。

倚靠曰戤 _{音如"颏"去声}

吴氏《字补》有"戤"字,注:"渠盖切,以物相质也。"今凡倚靠皆曰戤,饭锅巴曰镬戤,与吴氏说不同。　靠,《说文》:"相违也。"《集韵》:"又音牿,相连也。"《正字通》云:"今俗依附曰倚靠。"盖为明人方言。

迁 移 曰 搬

《说文》"擎"字,重文作"搬",音槃。注:"擎攫不正也。"又音婆,除也。梅氏字书云:"今俗音般,作搬移、搬演字。"按,张寅《州志》载:"元皇庆间,谣云:'打豌子花开,州城搬得来',为昆山州治迁太仓之兆。"此字殆起于元明之际。然《指月录》载:"唐庞公偈云:'神通并妙用,运水及搬茶。'"《吴中旧事》记:"宋时,江淮发运司于真扬楚泗有转搬仓。"又,《言行拾遗》记:"范尧夫到姑苏搬麦五百斛。"则唐宋时已使"搬"字。孔平仲《谈苑》:"张邓公士逊令院子尽搬阁子内物色归家。"《宾退录》引作"般"。考《说文》"般":"从舟从殳,辟也,象舟之旋。殳,所以旋也。"则作"般"为是。

抛弃曰丢 俗作"丢"

梅氏字书载:"方言'丢',一去不还也。"按,宋元字书俱不收"丢"字,惟宋景濂《篇海》有之,音丁羞切。吴氏《字补》又音"柳"去声,云:"《篇海》:弃也。"今俗作端鸠反。

权取鱼曰籍 音泜

《周官·鳖人》:"以时籍鱼鳖龟蜃。"郑注:"籍谓权刺泥中搏取之。"《国语》作"猎","里革云:'猎鱼鳖以为夏槁。'"《广韵》:"猎,以矛取物。"本音赜。亦可作"擉",《庄子·则阳篇》:"冬则擉鳖于江。"山谷诗:"大若塘边擉网鱼。"用此。《集韵》亦作"搯"、"揀"。

散粲曰糁

《依渠录》云:"《庄子》:'藜羹不糁。'毛晃《韵》:'米粒和羹也。'今俗米糁、饭糁,止谓米粒耳。又有作'散'、'撒'义者,如云'糁盐'、'糁沙'。老杜《漫兴》诗:'糁径杨花铺白毡。'"是也。

横行曰趑

《说文》"趲"注:"行趲趑也,一曰行曲脊也。""趑"字注:"趑趑,小儿行也。"《类篇》云:"趑趑,小步。"又,"趞趞,走貌。"俗谓横行曰"趑",当是此字。　《篇海》"蹳"注:"音鎗,趋走貌。"俗谓争行曰蹳,见此。

闲游曰荡曰逛

无事嬉游谓之荡,亦曰浪荡。《宛丘》诗:"子之汤兮。"汤,与"荡"同。《说文》作"婸","放也,一曰淫戏。"今又曰逛,作"光"去声。《玉篇》:"逛,走也。""狂"上声。

行急曰跑 奔波

李翊《俗呼小录》云:"跑谓之波,立谓之站。"东坡诗:"弄风骄马跑空立。"按,跑本训足跑地。鲍照诗:"客行惜日月,奔波不可留。"庾子山《纥干弘碑铭》:"泣血徒步,奔波千里。"徐孝穆《与杨仆射书》:"哀我奔波,存其形丑。"退之《佛骨表》云:"老少奔波。"俗有"劳碌奔波"之语,盖以"奔"为"跑",又以"跑"为"波"也。岑参《送上官秀才》诗:"终日独波波。"

手量轻重曰掂 音如"颠"

《集韵》:"掂,以手称物也,丁兼切,或作'拈'。"《字汇》讹作"掂"。又,"抻,音腆,手伸物也"。俗以手引物曰抻,如"抻锁"是也。

油漆物曰釉

焦弱侯《笔乘》载俗用杂字:"釉,亦作'牰',漆器光釉釉然也。"案,《集韵》"釉音又","物有光也"。

压酒曰醡曰酱

陆法言《切韵》"醡"注:"压酒具。"《广韵》引《证俗文》云"打油具"。按,《水经注》:"耿恭吏士渴乏,笮马粪汁饮之。"是亦可作"笮"。陆放翁诗作"榨"。　　又曰"醠",呼作"秋"。案,"醠"与"篘"同,篘取酒也。<small>山谷诗:"酒买田翁社后篘。"</small>

田边高地曰坑

《北史·杨义臣传》:率辽东还兵"入豆子颃"。《广韵》:"颃,亦作'坑',盐泽也,各朗切。"今谓田边高地曰坑。<small>《说文》:音冈,"赵魏谓陌为坑"。</small>

小港曰浜 <small>布耕切,今讹如"班"</small>

李翊《俗呼小录》:"绝潢断港谓之浜。"按,《广韵》:"浜,安船沟也。"《集韵》:"一曰沟,纳舟者曰浜。"

久雨物青黑曰黴 <small>音眉</small>

《说文》:"黴,物中久雨青黑也。"今俗书作"霉",非是。<small>黴本训面垢,《淮南子》:"尧瘦癯,舜黴黑。"《楚辞·九叹》:"颜黴黧以沮败。"</small>

痴顽曰嬯 <small>音如"歹",本音台</small>

《说文》:"嬯,迟钝也。阘嬯亦如之。"《长笺》云:"阘嬯,浙省方言曰'阿带',愚戆貌。'阿',入声。'带',平声。<small>亦作"儓"。《广韵》:"儓傪,痴皃。"太白《送魏万》诗:"知非儓傪人。"音贷碓。</small>一曰'阿獃'。案,獃音皑,象犬小时未有分别。<small>见《广韵》。</small>俗又作'呆',读如'碍'平声。"按,《说文》:"呆"为"楳"之省文,即"梅"字。<small>亦作某。</small>《本草》所谓倒杏为呆,是也。以为"痴呆"字盖起于明人演义。　　范石湖有《卖痴獃词》,序云:"世传吴人多獃,故小儿讳之,欲贾其余。"又,《白獭髓》记:"石湖《戏答同参》诗云:'我是苏州监本獃。'"

物不正曰蠵 火乖切

《广韵·十三佳》"蠵"注："物不正也。"又，"㖞"注："口偏也。"并火乖切。俗谓物不正曰蠵，口不正曰㖞嘴，皆有出。《集韵》作"萆"，注："不正也。"《广韵》"萆"注："舛杂之貌。"

足不正曰瘪 音别

《龙龛宝镜》"瘪"注："戾瘪，不正也。"①音如"离别"之"别"。今谓足蠵曰瘪，当是此字。本音鳖，干瘪也。

电曰曀睒

《太玄经》："明复睒天中独烂。"王劭注云："忽雷、曀睒，今谓电也。"案，木华《海赋》："霍煜绝电。"又云："曀睒无度。""曀"音"况"入声。睒音"闪"，俗呼作"显"，声转也。

大雨曰倾盆

文与可《大雨》诗云："玉竿银索倾瓶盆。"盖本杜诗"白帝城下雨翻盆"之句。按，子美"翻盆"当即"溢涌"之意。古"盆"、"溢"通。汉陈（思）〔忠〕疏"海〔水〕盆溢"师古注："与'溢'同。"《晋·食货志》又作"瓮溢"。方氏《通雅》以为：因"盆"而用"瓮"，是犹因"翻盆"而为"倾瓶盆"也。《集韵》"溢"注："又，骤雨貌。"

---

① 《龙龛宝镜》疑是《龙龛手镜》之误，然该书"瘪"下并无此释语。

有恙曰不爽快

《后汉·华佗传》:“体有不快。”《辍耕录》云:“世谓有疾曰不快。”本此。盖即《周书》“有疾弗豫”之意,今以为不爽快。

事泄曰露布

露布,本军中捷书名,见《后汉·礼仪志》。请驿马露布。《文心雕龙》云:“露布者,露版不封,布诸视听。”今书信不缄封者曰露白、露呈,即此意。

呼鸭曰奚

刘讷言《谐噱录》:“沈尚书云:‘鸡既姓朱,则鸭奚姓?’坐上一人曰:‘鸭姓奚。’至今传之。”又,《野客丛书》:“有为戏语嘲姓奚者,以为鸭姓奚,呼‘奚’必来。一说鸭为奚奴所化,故呼‘奚’以诱之。”俗呼鸭曰奚奚,其来有自。

呼鸡曰喌喌　呼犬曰卢卢 喌音昼,今转如“捉”上声

程泰之《演繁露》云:“世人呼鸡皆曰朱朱,呼犬皆曰卢卢。不问何地,其声皆同。犬呼卢卢,别无所见,殆借韩卢之名与犬为高。”“绍兴中,秦桧专国,佞者称为圣相,郡县递相尊尚,凡所称呼皆非其实。无名子为之诗曰:‘呼鸡作朱朱,呼犬作卢卢。文官称学士,武官称大夫。’”案,“朱朱”之说见《风俗通》,云:“鸡本朱氏翁所化。”《晋书》:“僧宝志对胡后云:‘把粟与鸡吃呼“朱朱”。’”又,施肩吾诗:“遗却白鸡呼喌喌。”按,《说文》“喌”注:“呼鸡,重言之,读若‘祝’。”《神仙传》有“祝鸡翁”,“祝”与“喌”通。又,《广韵》“嘍”注:“嘍嘍,吴人呼狗方言也。良遇切。”俗又转作入声。《谐噱录》谓犬姓卢,故以呼之,非是。

嬉 游 曰 白 相

《姑苏志·方言》"薄相"注云："嬉劣无益，儿童作戏。薄音如敉。"今吾俗呼薄作"白"，又作"别"，音之转也。南郭《州志》云："白音鼻。"非是。鼻音避，作入声者，土音之讹。

体面曰行当 行，音杭；当，去声

《书言故事》载："丁谓倅饶时书一判官简尾云：'欺天行当吾何有，立地机关子太乖。'"行当，盖即"勾当"之意。勾当，见欧阳《归田录》。今作在行得当之称。

大 笑 为 坎 坎

《集韵》"坎"注："戏笑也，音'海'平声。"俗大笑曰坎坎，当是此字。

喷嚏曰人说我

康成《终风》诗笺："人思我如是，我则嚏也。俗人嚏曰'人道我'，此古之遗语。"按此，则其说自汉有之。东坡诗："白发苍颜谁肯记，晓来频嚏为何人？"盖本郑氏。《容斋随笔》云："喷嚏不止者，必噀唾，祝云：'有人说我。'妇人尤甚。"山谷《薛乐道会饮饯行》诗："发嚏知见颂。"《戒庵漫笔》云："今人喷嚏必唾曰：'好人说我常安乐，恶人说我齿牙落。'"是知此风世多有之。

眠曰困 困着

谓睡曰困，盖本志海禅师"饥来吃饭困来眠"之语，始以"困来"为歇后之称，后遂以眠为困。然《东坡杂著》已有"凭阑上困"之语。与打睡僧戏言也。尤西堂用作"瞓"字，非。字书无"瞓"字。坡公诗："困眠一榻凝僧帐。"又："困眠不觉依蒲褐。"皆用"困来眠"之语。"困着"即"睡着"，杜荀鹤《渔父》诗："醉来睡着无人唤。"

假寐曰瞌睡

贯休《画罗汉》诗："瞌睡山童欲成梦。"张舜民《画墁录》载："中官杜渐见苏子容少倦，遽曰：'相公何故瞌然?'后东坡戏谓人曰：'今日不敢睡，直是怕那溘然。'""瞌"、"溘"同音。《正字通》："人劳倦，合眼坐睡，曰瞌睡。"《集韵》："瞌音磕，眼瞌欲睡貌。"俗又转为"瞌冲"，"冲"作去声，盖以一瞌则首一冲也。"冲"有"宠"音，见《集韵》。

虹曰绛 绛作"冈"去声

郭氏《尔雅》注："美人虹。"《释文》云："虹，郭音'讲'，俗亦呼为青绛。"是旧有此呼。《集韵》"虹"注："又音绛。" 俗又呼曰鲎。音吼。盖以形如鲎鱼背名之。或云当作"吼"，虹能吸水饮酒。见《异苑》、《述异记》。俗谓自上吸下者为吼，故名。恐未然。

绩麻曰缲

《广韵》"𦂇"字注："音祭，缉麻苎也，或作'缲'。"俗麻已绩曰缲，本此。《类篇》、《集韵》"缲"并音"菜"，盖为"缲"字之省。焠缲，纨素声也。

跑马曰放辔头

古《木兰歌》："南市买辔头。"老杜《前出塞》诗："走马脱辔头。"今以"脱"为"放"，盖放脱辔头则马驰疾也。辔音秘，今读作"丕"去声。而俗呼则为"譬"音。

落地声曰拔剌 _{音辣}

张衡《思玄赋》:"弯威弧之拔剌兮。"注:"张弓声。"或引作"拨剌"。谢灵运《山居赋》:"鱼水深而拔剌。"注:"鱼跃声。"太白《誷中都小吏赠双鱼斗酒》诗:"跋剌银盘欲飞去。"俗谓物落地声曰拔剌,当本此。

振翼声曰扑漉

《冷斋夜话》载:"龙女词云:'数点雪花乱委,扑漉沙鸥惊起。'"俗谓鸟振翼声曰扑漉,当是此二字。

乱响声曰䨏䨏 _{音并甏}

吴任臣《字补》:"䨏䨏,雷声也。一音'彭'去声,一音并。"今俗乱响声称之,盖借雷为言。"䨏"字见《山谷集》。

伶俐曰鑫錾

郎瑛《类稿》:"鑫,音晓耶切,錾,音遮,俗语也。"吴氏《字补》收之。今俗以为聪明伶俐之称。

瓜子称汴梁

西瓜子有"大汴梁"之称。按,今河南开封府,元之汴梁路也,瓜子出于此,非吴中所出西瓜也。以所产之地名物,如广东之"新会皮"、"程乡茧",新会县属广州府,程乡县今为嘉应州。福建之"将乐纸"、"浦城烟",将乐县属延平府,浦城县属建宁府。杭州之"於潜纸"、"天目笋",天目山在临安、於潜二县境。嘉兴之"濮院绸"、"马嗥鱼",濮院镇以元时宁远将军濮乐间名鉴居此得名①，马嗥城在海盐县东南，朱竹垞《鸳鸯湖棹歌》："留客最怜乡味好，屠坟秋鸟马嗥鱼。"自注云："马嗥城殆即《水经注》所云'马窐城'也。"嗥本音豪，俗呼作"皋"，又讹为"胶"。安徽之"青阳扇"，青阳县属池州府。皆是。又有以姓名者，如松江之"顾绣"、详卷六。湖州之"薛镜"。若嘉定之"朱松邻"，并以人名物矣。详卷五②。

---

① 濮乐间是宁远将军濮鉴之长子。作者误记。
② 卷五：原作"卷三"，误。按，《朱松邻》篇在本书卷五，故改。

卷十六

爷　娘

称父曰爷,母曰娘,见古乐府《木兰歌》:"朝辞爷娘去,又不闻爷娘唤女声。"《玉篇》"爷"字注:"俗呼父为爷。"程大昌《演繁露》云:"汉魏以后,称父不为父,而转其音曰爷。"案,爷,古只作"耶"。《南史》:"王彧子绚五六岁,读《论语》'周监于二代',外祖何尚之戏曰:'可改耶耶乎文哉。'"以"郁"、"彧"同音也。又,简文帝嘲费旭诗"不知是耶非"为不识其父。可见唐以前无"爷"字,俗亦呼曰爹。按,《广韵》"爹"注:"羌人呼父也。涉邪切。"又,"奢"字注:"吴人呼父。正奢切。"程泰之以为其读若"遮",与今所呼不同。考《南史·梁宗室始兴王憺传》:"行荆州事,人歌曰:'始兴王,人之爹。赴人急,如水火。何时复来哺乳我?'荆土方言谓'父'为'爹'音,徒我反。"《通鉴》:"唐贞元六年,回纥可汗谢其次相曰:'惟仰食于阿多。'"史释之注:"虏呼父为阿多。"则"爹"亦当为"多"音。韩退之《祭女挐文》:"阿爹阿八。"未知读何音。《唐书·窦怀贞传》:"中宗以韦后乳妪赐怀贞,自署皇后阿奢,人或谓为国奢。"世谓媪婿为阿奢也。今吴俗呼下等人有年者曰阿奢,当本此。　娘,当作"孃"。《南史·竟陵王子良传》:"孃今何处?何用读书?"时武帝遣送裴后还都也。"娘"则为美女之称,若吴娘、窈娘之类。然隋韦世康《与子弟书》"况娘春秋已高,温清宜奉",杜诗"爷娘妻子走相送",皆以"娘"为母。

父曰老子 常熟呼"子"音如"则"

陆放翁《笔记》引"大范老子"、"小范老子",谓是西陲俚俗之称。案,《晋书·孝友传》:"潘综与父骠共走避贼,骠曰:'儿年少,自能走,今为老子不去。老子不惜死,乞活此儿。'"则是时已有此称。

母 曰 阿 妈

《正字通》:"俗称母曰妈,读若'马'平声。"又,"齐人呼母曰'婆'。"音迷,亦作"㜷"。李贺呼其母曰阿婆。楚人呼母曰嬭。音祢。见《博雅》。江南曰阿妈。《北史·恩幸传》:"穆提婆母陆令萱鞠养后主,谓之乾阿妈。"①

公 太公

祖父曰公。案,《吕氏春秋》:"孔子弟子从远方来者,问曰:'子之公不有恙乎?'次及父母,次及兄弟妻子。"《颜氏家训》云:"昔侯霸之子孙,称其祖父曰家公。"《北史》:"郑道育戏呼徐之才为师公,之才曰:'我为汝师,又为汝公,在三之义,顿居其两。'"《南史》:"何偃呼颜延之为颜公,延之以其轻脱,乃曰:'身非三公之公,又非田舍之公,又非君家阿公。'"此皆以祖为公也。古有称父曰公者。《列子·黄帝篇》:"家公执席。"《国策》:"陈轸将赴魏,其子陈应止公之行曰:'郢中不善公者,欲公之去也,必多公之车。'"云云。又,父呼子亦曰公,如晁错父呼错、陆贾父呼贾,皆称公,是也。又,妇人亦可称公,《南史》:"南齐宫中有妇人韩兰英,自言孝武以来,常在宫中,为女博士,教书学,宫中呼为韩公。" 曾祖曰太公。按,《汉书·党锢传》:"李固女文姬云:'太公以来,积德累仁。'"师古注:"太公,谓其祖父郃也。"今以太公称曾祖,盖以别于公。又考唐杜确序《岑嘉州集》云:"曾太公文本,大父长倩。"俗盖省去"曾"字。

伯 伯

伯父曰伯伯,见陈襄《文昌杂录》:"东坡立春日簪幡胜,子姪笑指

---

① 中华书局标点本《北史·恩幸传》:"穆提婆本姓骆,汉阳人也。父超,以谋叛伏法,提婆母陆令萱配入掖庭,提婆为奴。后主在襁褓中,令其鞠养,谓之乾阿嬭,呼姊姊,遂为胡太后昵爱。"作"干阿妳"。四库本作"干阿奶"。未有作"干阿妈"者。

云：'伯伯老人，亦簪花胜耶？'"老杜《别从侄勤》诗："汝伯何由发如漆？"

公　　婆

舅姑曰公婆。案，元高则诚《琵琶记》有"公公婆婆"之称。今俗呼伯叔祖曰公公，伯叔祖母曰婆婆。《说文》"婆"作"媻"，注："一曰老母称。"《明史》："广西傜人男老曰婆，妇老曰公。"正与中土相反。

外公　外婆

外祖曰外公，见宋人《拊掌录》："靖康时，城破，王时雍搜取妇女与金人，时号为'金人外公'。"外祖母曰外婆，见《容斋随笔》"陈恭公弟妇顾氏云：'只是外婆不乐。'"又云："外婆责三舅，以第五人及第，当过词掖"云。

伯婆　叔婆

夫之伯母曰伯婆，叔母曰叔婆。考庆元六年，沙堽里人龚大雅《甃义井题记》具列高曾祖翁婆及伯翁、叔翁、伯婆、叔婆、外翁、外婆诸名氏。见钱竹汀先生《金石文跋尾续》。则宋时已有此称。

显　考　先君　先父

父殁，称显考；母，曰显妣。按，孔颖达《祭法正义》以为高祖之称居四庙最上，故以显明目之。唐宋碑志多称皇考、皇妣。徐师曾《曲礼注》：皇，美也。元潘昂霄《金石例》引韩魏公《祭式》云："后代疑'皇'为君，于是易'皇'称'显'，然尚无明禁。"徐氏《读礼通考》云："元大德中，始诏改'皇'为'显'，士庶不得称'皇'。""显考"二字，始于武王之诰："康叔曰：'惟乃丕显考文王。'"又称先君，见《晋书·张华传》"雷焕之子华曰：'先君化去之言。'"张湛《列子序》"吾先君与刘正舆、傅颖根"云云。又，《颜氏家训·终制篇》："先君先夫人旅葬江陵。"东坡《颖州别子由》诗："念子似先君。"山谷《从丘十四借韩文》诗："中有先君手泽。"又，后汉桓鸾女称其四世祖桓荣为先君，见《范史·列女传》。　亦称先父，见《左传》："钟仪曰：'先父之职官也。'"张处度《列子序》亦云："湛闻之先父。"

家父　家母

颜之推《风操篇》云："昔陈思王称其父曰家父，母曰家母。凡与人言己世父，以次弟称之，不云家者，以尊于父，不敢家也。蔡邕书集，呼其姑女为家姑、家姊，班固书亦云家孙，今并不行。"按，今俗惟称幼行不曰家。

令　尊　尊公

称人父曰令尊。尊字亦有本。《晋书·王献之传》："谢安问曰：'君书何如家尊？'"谓其父右军也。是亦可云家尊。《乐记》："父尊而不亲。"近亦曰尊公，《陈其年集》屡用之，盖本《列子·黄帝篇》："家公执席。"张湛注："谓其父也。"

家　叔

自称其叔曰家叔，见渊明《归去来辞序》："家叔以余贫苦，遂见用于小邑。"《秦少游帖》："家叔已赴滨州渤海知县，祖父在彼幸安。"见《周益公题跋》。

丈　人　叔丈人

妻父曰丈人。案，古人尊长通称丈人。如《汉·宣元六王传》："以淮阳宪王为丈人。"小颜注："丈人者，严庄之称，凡亲而老者，皆称焉。"裴松之《蜀·先主传》注云:"董承于献帝为丈人,古无丈人之名,故谓之舅。"是晋宋以后,始以妻父为丈人。《世说》:"王恭对王忱云:'丈人不悉恭。'"是时犹以为通称。《汉·匈奴传》:"汉天子,我丈人行。"似已以妻父为丈人。然曰"行",则非确指妻父,且亦非中国通称。柳子厚《祭杨凭文》:"昭祭于丈人之灵。"又,《与外舅杨凭书》:"丈人以文律通流当世。"又云:"丈人旦夕归朝廷。"《通鉴》:"元载有丈人来从求官,但赠河北一书遣之,丈人不悦。"陈后山《送外舅》诗:"丈人东南英。"自注:"丈人字,俗以为妇翁之称。"此皆以妻父为丈人。　任渊注山谷《次韵子瞻以红带寄王宣义诗序》:"王淮奇,字庆源,东坡叔丈人也。"是叔丈人之称自宋已有。

丈　母

妻母曰丈母。案,柳州《祭独孤氏丈母》及《通鉴》载韩滉称刘元佐母为丈母,皆妇人长老之通称。庆元六年,龚大雅义井题名有"丈人丈母"等,则此称起于赵宋。又,《颜氏家训·风操篇》云:"中外丈人之妇猥俗呼为丈母。"此即今之表伯叔母也。

岳　父 泰山

妻父亦曰岳父,或称曰泰山。案,杜光庭《青城山记》云:"此山为五岳之长,故名丈人山。"又云:"昔甯封先生栖此山,黄帝筑坛,拜为五岳丈人。"《汉·郊祀志》大山川有"嶽山",小山川有"嶽婿"。嶽既有婿,则嶽可称妇翁矣。"嶽"、"岳"同。俗以丈人山而转为"岳",复以"岳"而转为泰山。孙持正云:"泰山有丈人峰,故名。"段文昌《杂俎》、苏鹗《演义》以为,张说婿郑镒因说为泰山封禅使,得超迁,黄幡绰戏为"泰山之力",由此目丈人为泰山。其说非是。

女　婿

婿称女婿,亦古。《汉书·霍光传》:"两女婿为东西宫卫尉。"又,

"徙光女婿范明友为光禄勋,复徙光长女婿邓广汉为少府,中女婿赵平为散骑都尉。"又,"任宣曰:'车丞相女婿少府徐仁。'"盖姊妹夫皆称婿,故以"女"字别之。杜诗:"女婿近乘龙。"

亲　家 _{亲,去声}

婿妇父母相谓曰亲家。案,《后汉·后妃纪》"会公卿诸侯亲家宴饮"章怀注无音。卢纶《王驸马花烛诗》:"人主人臣是亲家。"萧瑀自言:"唐朝左仆射,天子亲家翁。"则以"亲"字作去声。黄氏《韵会·去声二十一震》收"亲"字,注:"婚姻相谓为亲。" 《唐·萧嵩传》:"子衡,尚新昌公主,嵩妻入谒,帝呼为亲家。"储光羲有《敬酬陈掾亲家翁》诗,乐天有《赠皇甫郎中亲家翁》及《赴任宴送皇甫亲家翁》诗。

舅　母

颜之推《家训》云:"思鲁等弟四舅母亲,吴郡张建女也。"今称舅母,不言亲也。

哥 _{阿况}

呼兄曰哥,起于唐时,明皇与宁王宪书称大哥。又有《同玉真公主过大哥园池》诗。柳州《祭弟宗直文》:"八哥以清酌之奠,致祭于亡弟十郎之灵。"又,张元一《咏静乐公主》诗:"定知帏帽底,仪容似大哥。"以公主甚长,而兄懿甚短,故云。若《旧史·王琚传》明皇称睿宗为"四哥",《棣王琰传》称明皇为"三哥",此犹南阳王绰呼父曰兄。兄非正称也。元世祖称其臣董文炳为董大哥,更奇。哥哥之称,见《汉武故事》,然非以称兄。俗称兄亦曰况,音作呼巷切。叶盛《水东日记》引张揖《广雅》"兄况于父",以为俗语呼兄曰况之所本。

舍弟　令弟_{家弟　家兄}

自称其弟曰舍弟，称人兄弟曰令兄、令弟。案，魏文帝《与钟繇书》："是以令舍弟子建，因荀仲茂，时从容喻鄙旨。"老杜有《临邑舍弟书至》诗云："舍弟卑栖邑。"又有《远怀舍弟颖观等》诗，又，《月夜忆舍弟》，又，《得舍弟消息》，又，《舍弟占归草堂检校》。太白有《送舍弟》诗。于逖有《忆舍弟》。李中有《哭舍弟》诗。令兄、令弟，盖取《角弓》诗，此令兄弟之义。亦称家弟，见《世说》："戴逵兄逯云：'家弟不改其乐。'"《晋书·戴逵传》作"家兄"。《唐书·温大雅传》曰："若家弟安康，我当含笑入地矣。"庾翼《与王右军书》云："忽见足下答家兄书，焕若神明。"载《法书要录》。又，《世说》："王舍作庐江，王（教）〔敦〕曰：'家兄在郡定嘉。'"古亦自称其弟曰令弟。谢康乐《酬惠连》诗："末路值令弟。"李颀《放歌行》："吾家令弟才不羁。"少陵《送从弟亚》诗："令弟草中来。"又，《入行军六弟宅》诗："令弟雄军佐。"又，《送乡弟韶》云："令弟尚为苍水使。"太白《赠别舍人弟台卿》诗："令弟经济士。"又，《宣城长史弟昭赠双鹤》诗："令弟佐宣城。"李嘉祐《送窦拾遗因寄中书十七弟》诗："凭尔将书通令弟。"皆自称其弟也。太白又有《留别从兄徐王延年从弟延陵》诗，云："令弟字延陵。"此对其兄之称。又，《留别宗十六璟》云："令姊忝齐眉。"自称其姊曰令姊，亦见此。

小　弟_{大弟}

对人自称小弟。案，《汉书·金日磾传》："莽何罗与通及小弟安成。"通，何罗弟名。《后汉·马援传》："与杨广书曰：'伯春小弟仲舒。'"云云。魏文帝《燕歌行》："小弟虽无官爵。"《晋书·苻坚载记》："毛兴将死，告登兄同成曰：'可以后事付卿小弟。'"是称人弟亦曰小弟，犹言幼弟也。《楞严经》："阿难向佛言：'我是如来最小之弟。'"称人曰大弟，见应璩《与侍郎曹长思书》："聊与大弟陈其苦怀。"注以为"合是中表昆弟"。吴鲁肃称吕蒙曰大弟，蒙称肃曰大兄，见司马徽《江表传》。徐孝穆《报尹义尚书》亦云："岂与大弟同年而语？"

令　郎 <small>某郎　令坦</small>

称人子曰令郎。见《焦仲卿妻》诗："直说太守家，有此令郎君。"郎，盖郎君之省。《邵氏闻见录》："王晋公祐云：'某不做相，儿子二郎必做。'"二郎者，文正公旦也。俗以排行呼子曰几郎，亦有出。称人婿曰令坦，盖取右军坦腹东床之事。此犹以《诗·伐柯》而称行媒曰作伐，俱不可通。

姆姆　婶婶

娣姒相谓曰姆姆婶婶。案，吕东莱《紫薇杂记》："吕氏母母受婶房婢拜，婶见母母房婢拜，即答。"<small>母母即姆姆。</small>则宋时有此称。《正字通》："今俗弟妻谓夫之嫂曰姆，呼叔母曰婶，<small>叔母当作叔妇。</small>父之弟妇亦曰婶。"<small>姪呼伯叔母曰大姆婶婶，盖从母之称。</small>《辍耕录》云："婶妗字，非古吴音，世母合而为婶，舅母合而为妗耳。"按，王定国《随手杂录》有云："郡君李氏，余婶也。"则宋已有此称。吴处厚《青箱杂记》："岭南俗以母为婶，有民韦庶女名睡娘，奏案即呼庶作父睡，妻作婶睡。"

姐　姐 <small>娓娓</small>

女兄曰姐，又曰姐姐，起于赵宋。吴曾《漫录》云："近世称女兄为姐，盖尊之也。"《正字通》："文言之曰姊，质言之曰姐。"近刻《太白集·秦女休行》："何惭聂政姐。"又，《寄东鲁二稚子》诗："小儿名伯禽，与姐亦齐肩。"此讹"姊"为"姐"字也。《说文》："蜀人呼母曰姐。"此犹北齐太子呼生母为姊姊、宋呼嫡母曰大姊姊也。父之姊妹呼曰娓娓。案，《汉书·西域叙传》："娓娓公主乃女乌孙。"注："娓，音题，好女也。"郭璞《方言》注音"多"，今俗从此音。《方言》："南楚谓妇考曰父娓，妇姚曰母娓。"

娘　子

妻曰娘子，"子"字当是语助，如称日为日子之类。《韩非子》："郑县卜子令妻为袴，曰象吾故袴，妻子因毁新如旧。"杜诗"结发为妻子"是也。若平阳公主及柴绍妻之娘子军、退之《祭周氏二十娘子》、花蕊《宫词》"诸院各分娘子位"，皆泛指女人言。　又，司马温公《书仪》云："古人谓父为阿郎，母为娘子。故刘岳《书仪》上父母称'阿郎娘子'。后奴婢尊其主如父母，故亦谓之'阿郎娘子'。"此又一例。今无之。阿郎，今以称人之子。

老　婆

妻又称老婆。按，《传灯录》："大愚曰：'黄蘖与么老婆心切。'"又，"普化云：'河阳新妇子，木塔老婆禅。'"本为老妇人之称。

妻　舅　内兄弟

妻兄弟曰舅，他无所见，惟《楚策》："朱英谓考烈王曰：'李园不治国王之舅也。'"案，园于考烈为妻兄。东坡《与蒲持正书》："千乘姪屡言大舅全不作活计，欲老弟苦劝公。"末云："纵不以鄙言为然，且看公亡甥面上，少留意也。"详语意似以妻兄为舅。亡甥盖自指其子，千乘姪乃妻姪也。若昌黎《柳子厚墓志》所云"舅弟卢遵"，乃母舅之子。山谷作《李摅字说》云："予既字舅弟李摅曰安诗。"又，《灵龟泉》诗云："舅弟妙学古。"自注："舅弟，李德叟。"皆谓舅之子。山谷母，李公择姊也。或称妻弟曰舅弟，殊谬。　近人笔札称妻兄弟曰内兄弟，亦非古。所谓内兄弟，指舅之子也。姑之子则曰外兄弟。然《颜鲁公家庙碑》云："昭甫工篆籀，与内弟殷仲容齐名。"下叙"昭甫子惟贞，云少孤，育舅殷仲容氏"云云，是以妻弟为内弟矣。明张司直寅序《岁寒居集》有"内伯父"、"内兄"之称。李于鳞文称妻弟左国玑曰内弟，为虞山名家所嗤，不知鲁公已有之。

连　襟

姊妹之夫曰连襟。见宋马永卿《懒真子录》：“江北人呼连袂亦曰连襟。”《正字通》谓：“今俗曰连襟，未的。”连袂之称，亦起于宋，吴曾《能改斋漫录》云：“仁宗时，驸马柴公宗庆与驸马李公宗遵匹偶连袂。”陈氏《类书》：“范文正与郑戬并娶李参政女，时称连袂。”

姑夫　姨夫　姊夫

《南史·范云传》：“六岁时，依姑夫袁叔明读书。”“姑夫”之称见此。《周书·王褒传》亦云：“国子祭酒萧子云，褒之姑夫。”姨夫，见颜之推《勉学篇》，云：“思鲁等姨夫彭城刘灵，尝与吾坐。”王志坚《表异录》云：“袁聿修为姨丈人崔休所知赏。”盖今之姨夫也。又云：“东莞臧逢世就姊夫刘缓乞客刺书翰纸末，手写《汉书》。”晋张敏《头责秦子羽》文云：“子羽虽有姊夫之尊。”《宋书·顾觊之传》：“高祖谦，晋陆机姊夫。”

阿　姨

妻妹曰阿姨。案，王献之帖：“不审阿姨所患得差否？”似谓母姨。乐天《琵琶行》：“弟走从军阿姨死。”唐秦国夫人曰：“岂有天子阿姨无钱用耶？”此则为妻姊妹矣。

两　姨　甥

姊妹相呼其子曰甥，人称之为两姨甥。按，杜氏《通典》引颜延之说云：“从母有母名，则姊妹之子不可言甥。”雷次宗以为“甥”字有“男”，见不及从母。然韦昭注《国语》云：“姊妹之子曰甥。”则三国时已然。《晋语》：“司空季子曰：‘青阳，方雷氏之甥也；夷彭，肜鱼氏之甥也。’”韦注：“方雷，西陵氏之姓。《帝系》云：黄帝取于西陵氏之子曰累祖，实生青阳。雷、累同。”

外 甥

《后汉·刘表传》：“外甥张允。”又，《袁绍传》：“外甥高干。”开元十八年吐蕃《请和表》云：“外甥是先皇帝舅宿亲。”又云：“外甥终不敢先违盟誓。”杜诗“西戎外甥国”用此。太白有《送外甥郑藩从军》诗。亦可作“外生”。刘氏《世说注》引《卫玠别传》云：“王济，玠之舅，尝云：‘昨日吾与外生共坐，若明珠之在侧。’”唐戴叔伦有《抚州对吏后送外生宋垓归饶州呈上姊夫》诗。

表弟兄 表叔

姑舅昆弟曰表弟兄。案，李肇《国史补》：“李衮善歌，崔昭入朝，密载之。绐言表弟，顷命酒，曰：‘欲请表弟歌。’”老杜《王十五司马弟出郭相访》诗：“他乡惟表弟。”东坡有《闻程正辅表兄将至》诗。又，《赠表弟程德孺生日》诗：“长身自昔传甥舅，寿骨遥知是弟兄。”坡公母，程氏也。盖“表”有外义，表弟即外弟。司马温公《日录》云：“东坡有表弟，与坡不协。” 表叔，见吕东莱《（董）〔童〕蒙训》：“张戬与弟载，二程之表叔也。”表姪，可称外姪，山谷弟知命有《次韵外姪李光祖》诗，云：“外家未觉风流远。”知命母，李公择之姊。光祖，盖公择孙也。诗附《山谷内集》。

外 家

妻家曰外家。山谷《黄氏二室墓志》用之：“二公未尝求索于外家。”按，《周礼》郑注：“姻谓亲外族。”贾疏：“外族，母妻族也。”则母妻党皆可称外家。《汉·窦婴田蚡传》：“上曰：‘俱外家。’”案，窦系祖母，田为母族也。《尔雅》：“妻父曰外舅，妻母曰外姑。”是亦可称外家。 古人多以母家为外家。如《汉·孝元后传》：“成帝云：‘外家何甘乐祸败？’”《王夫人悼后传》：“上即位，数遣使者求外家。”《赵后传》："昭仪言若外家也。"《后汉·王符传》："安定俗鄙庶孽，而符无外家，为乡人所轻。"山谷嘲其子小德诗："解著《潜夫论》，不妨无外家。"用此。袁宏《后汉纪》："司马太后诏曰：'见外家车如流水马如龙。'"《隋文帝纪》："外家吕氏甚微，后访求，知是舅家。"张湛《列子序》亦云"少游外家舅始周"云云。

媳　妇　新妇

子妇曰媳妇。案，庆元中，龚大雅《义井题记》有"亡男媳妇诸名氏"，则宋已有此称，盖以子息之妇而加"女"作"媳"也。《魏志·曹植传》："大发士息，前后三送。"注："言士卒子息也。"《国策》："老臣贱息舒祺。"注："息，生息也。"吕云孚《六书辨正》："成祖谓仁孝后有'媳妇儿好'之语。"《归震川集》亦间用"媳"字。若《元·成宗纪》："命完泽征八百媳妇国。"此则边土妇女之通称。　新妇之名，始见《吕氏春秋》："白圭云：'有新娶妇者，竖子操蕉火而钜，新妇曰："蕉火大钜。"'云云。惠子曰：'何事比我于新妇？'"王彦辅《麈史》以为今人称子妇曰新妇，本此。《国策》亦有"卫人迎新妇"之文，本为新聚时之称，后遂至老仍此称矣。　晋时妇人自称亦曰新妇，如"新妇得配参军"、"以小郎属新妇，不以新妇属小郎"是也。逋翁《弃妇词》："新妇初来时。"亦是。○又宋陈恭公呼弟妇为六新妇，见《容斋随笔》。

妾　曰　小

《邶风·柏舟篇》："愠于群小。"《集注》："谓众妾也。"今俗号妾为"小"，盖本此；又以"小"之名而谓妻曰大。又称"小星"，亦取之《诗》。

女　曰　囡

女儿曰囡，音如曩。按，《集韵》"囡"与"图"同，《说文》"图"音昵立切，"私取物缩藏之"。则音义皆非。《明史·选举志》云："吴人以生女为囡。"万历戊子申相国婿李鸿闱卷用"囡"字中式,为吏部郎高桂所参,时有"李阿囡"之称。吕石香云孚《六书辨正》云:"吴中呼女儿为囡,音近'娜',当是'娜'字之讹。"是其称始于明初。

姪曰孙 姪女

乡野呼兄弟之子曰孙。案,《汉书》:"乌程男子孙常与弟烈之子争讼,掾吏议曰:'烈儿遭饥,赖常升合,长大成人,而更争讼,非顺孙也。'"则此称古有之。 "姪"字本对姑而言,雷次宗所云"姪字有'女',明不及伯叔",是也。《尔雅》:"女子谓晜弟之子为姪。"《左传》:"姪其从姑。"皆对姑称姪。然《吕氏春秋》谓:"黎丘部有奇鬼,喜效人之子姪昆弟之状。"阎百诗谓:"先秦已称兄弟之子曰姪。"案,《公羊传》亦以兄弟之子为姪。《颜氏家训》谓:"晋宋已来,始呼叔姪。"非是。姪,《唐韵》:"音咥,徒结切。"《释名》:"姪,迭也,更迭进御也。古之贵者,嫁女必以姪娣从。" 《柳州集》有《小姪女墓砖记》。"姪女"字见此。一本"女"下有"子"字。

夫兄曰伯

古称夫兄曰兄公,见《尔雅·释亲》。一作妐。俗称为伯,盖从其子之称。按,《容斋随笔》"庆历中,陈恭公为相,弟妇语云:'三舅荷伯伯提挈,极喜'"云云。又,陶岳《五代史补》:"李涛弟澣娶妇,窦出参涛,涛答拜,澣曰:'新妇参阿伯,岂有答礼?'"是宋时已然。张溟《云谷卧余》云:"《尔雅》称夫之弟为叔,则夫之兄亦可为伯。"

堂兄弟

从兄弟曰堂兄弟,见《明会典》:"永乐元年冬,军职继绝,不论堂兄,并袭。"亦见郑晓《今言》。堂谓同堂也。《北史·蠕蠕传》云:"彼人已立主,是阿那瓌同堂兄弟。"今俗有嫡堂、从堂之称,非是。

夫 死 哭 曰 天

　　潘岳《寡妇赋序》：“适人而所天又殒。”李善引《左传》注云：“妇人在室则父天，出则夫天。”《丧服传》曰：“父者子之天，夫者妇之天。”案，蔡邕《女赋》：“当三春之嘉月，将言归于所天。”安仁赋本之。俗夫死则哭天，生时则讳言之。　　《左传》：“文姜哭而过市曰：‘天乎！’”此非指其夫也。古同辈亦可称天。汉弘农太守《与计吏赵壹书》曰：“宁当慢傲，加于所天。”注云：“敬壹，故谓为所天。”见《赵壹传》。

卷十七

老 先 生

王弇州《丛记》云:"京师称谓老先生为极尊。外自方伯以至金宪,称抚台曰老先生,按(台)〔院〕则曰老先生大人。二十年来,凡宣大之守巡与南直隶之兵备,皆以老先生称按院矣。"此可见老先生之重。今则苟膺一命,无不曰老先生者,而老先生之称不足贵,是有明中叶风俗已如此。按,陈止斋《题司马温公玉垒聘君诗后》云:"熙宁、元丰间,天下学士大夫,称温公必曰'老先生'。今见公所遗《玉垒聘君》诗,方以是称之,则聘君之为人可知也。"张无垢横浦《传心录》:"刘元城安世与司马温公言及王荆公学问曰:'其初与老先生略同。'时温公已参知政事矣。"周栎园《书影》云:"世风日下,平交等辈无不互作此称。"

大 人

近人笔札有某兄大人之称。按,大人之名始于《易》及《士相见礼》,屡见于孟氏书。郑康成以为卿大夫之称。《左氏传》:"艰难其身,以险危大人。"又:"而后及其大人,大人患失而惑。"杜注:"在位者。"《国策》:"杜赫谓周君曰:'施于大人,大人轻君。'"鲍彪注:"谓已显仕者。"徐乐《言世务书》:"身非王公大人。"相如有《大人赋》,阮籍有《大人先生传》。李白《上韩荆州书》云:"恐雕虫小伎,不合大人。"此泛言,非称荆州刺史也。书中称韩曰"君侯",可证。后汉呼宫禁近侍者为大人,如《邓禹传》:"宫人出入,多能毁誉,其中耆宿,称为中大人。"《阳球传》:"程璜方用事,宫中所谓程大人也。"亦见蔡邕《谏灵帝疏》。高则诚《琵琶记》:"蔡邕呼黄门为大人。"本此。明尹直《謇斋琐碎录》云:"吴与弼以处士征至京,每见士大夫,皆称大人。"盖大人之称,至明始滥。　古自称其父为大人,如范蠡长子云:"今弟有罪,而大人不遣。"汉高祖云:"始大人以臣为无赖。"霍去病云:"不早自知为大人遗体。"后汉朱晖子颉问晖曰:"大人不与堪为友。张堪也。"扬雄子信云:"大人何不云荷戟入榛?"皆是。太白《送侄嵩游庐山序》云:"余小时,大人令诵《子虚赋》。"东坡有《舟中听大人弹琴》诗。《梁溪漫志》、《鸡肋编》并云:"世惟子称父为大人,若施之于他,则众骇笑之矣。"今俗加一"家"字以别之,曰家大人,称人父曰尊大人。按,《困学纪闻》引陆士龙《答车茂安书》有云:"尊大人、贤姊上下当为喜庆。"尊大人即指茂安,是尚未有定称。旧刻作"尊大夫"。　汉时称母亦曰大人。《淮阳王钦传》:"王遇大人益解。"注云:"自称其母也。"又,"张博欲上书为大人乞骸骨归"。范滂云:"惟大人割不忍之恩。"皆是。余尊长无称大人者。今则朋友皆称某兄大人矣。噫!俗对小儿言亦曰大人,见《后汉·南蛮传》:"黔中郡,岁令大人输布一匹,小口二丈。"又,《岑彭传》:"韩歆,南阳大人。"注:"谓大家豪右。"是富豪亦称大人。大人之称,宜其滥已。

晚　　生

后进自称晚生,见《晋书·戴渊传》:"弟邈请立学校。"疏云:"今后进晚生,目不睹揖让之仪。"然非自称之词。明人《知新录》载:"嘉靖丙戌,刑部赵公乃费阁老同年,每投谒,必书'年晚生'。屠应峻戏目为'神童'。"又,"蒲州杨太宰博,每元旦入拜关帝庙,先通名刺曰'乡晚生'。"是其称亦起于前明。黄瑜《双槐岁抄》云:"韩雍莅两广总督,顺德钱大尹溥,其属吏也,书称'乡生'。溥相去未久,乃有'治生'、'晚生'之称。官尊齿高,则系以'翁',或称'老先生'矣。"

某　　翁

称人曰某翁。按,翁,本父祖之称。汉高祖云:"吾翁即若翁。"张凭对其祖云:"阿翁讵宜以子戏父?"《南史》:郁林王呼高帝为"太翁"。陆放翁诗:"爷严责程课,翁爱哺饴饧。"又,"儿能了翁事,孙能诵翁诗。"皆以称其祖。犹今人呼"祖"曰"公"也。"翁"、"公"古通。宋玉《讽赋》云:"主人门开,翁又到市。"翁即老翁。杜诗所云"独与老翁别"也。李阳冰目李斯曰"斯翁"。渐以移之他人,太白有《奉饯从翁清归五崖山居》诗云:"我家仙翁爱清真。"则其同姓也。老杜亦有《崔少府十九翁高斋》诗。王弇州《丛记》云:"嘉靖初,始有称翁者,然不过施之三公九卿,后渐至郡守丞倅。门生于座主,初不过曰'先生'。分宜当国①,谀者多称为'老翁'。余自丙辰入朝,则三品以上庶僚,俱称之曰'老翁'。"是时称"翁"之重如此。今则氓隶相谓无不以"翁"云云。黄瑜《双槐岁抄》云:"宪庙初,给事中奏:近有无耻大臣,与内臣交结,或行扣头之礼,或有翁父之称。"盖此称滥于明季也。俗又称其别号曰"某翁",益可哂。是将"老泉"为"老翁","东坡"为"东翁"耶?

别　号

近喜称别号。按,《月令》"大雩帝"郑注:"帝,上帝也,乃天之别号。"是天固有别号也。孔颖达《礼记》"麻冕"正义云:"冕者,冠中之别号。"是冠亦有别号。又,《左氏·昭二年传》:"齐少姜有宠于晋侯,谓之少齐。"杜注:"为立别号,所以宠异之。"然则妇人先有别号矣。　吴草庐《三坟辨》谓:"归藏本黄帝之别号。"据此,则别号自古有之,特不应施之贾竖小子耳。《后汉·光武纪》:"别号诸贼铜马、大肜等。"是贼亦有别号也。

家　某　人

称同姓不宗者曰家某人。案,李穆堂绂《书曝书亭集后》云"近世人诗文标目,于同姓辄称家某人,考宋元以前文字,皆无此称。凡宗族近者,依辈行称,余虽同宗,亦直书其姓。若杜少陵之于位,韩退之之于重华,皆其子侄,犹直称姓,其于疏远可知。称'家'之失,殆始于

---

① 分宜,指严嵩。严嵩,江西分宜人,字惟中,号勉庵、介溪、分宜等。

明之中叶。成、弘以前,犹不失唐宋家法。至嘉靖,诸人乃率意杜撰"云云。思按,杨德祖笺有云:"修家子云。"盖"家"字之滥觞。其实,子云之氏从"手",德祖之氏从"木",非一家也。东坡有《答任师中家汉公》诗。或谓以宋之家铉翁而讹为此称,恐未然。

通　　家

世好曰通家。盖本《后汉·孔融传》谓李膺曰"与君累世通家"。以孔子尝问礼于老聃也。范传正撰太白新墓碑云:"尝于先大夫文字中,见与公有《浔阳夜宴》诗,则知与公有通家之旧。"李有《古杭杂记》云:"贾似道父陟为万安丞,与县宰陈履常通家往来。"若庾子山《乌石兰氏墓志》所云"秦晋匹也,是曰通家",此为姻家之称。

西　　席

延师曰西席。本柳子厚诗:"若道柳家无子弟,往年何事乞西宾。""席"字取《曲礼》"席间函丈"及"南乡北乡,以西方为上"之义。俗以师称"西席",因目主人曰"东家"。

山　　长

主书院者曰山长。见《宋史·理宗纪》:"何基,婺州教授,兼丽泽书院山长。""徐玑,建宁府教授,兼建安书院山长。"是也。是时书院多在山中,如朱子白鹿洞、魏了翁白鹤山之类。故称山长。近例称院长。

官　　府

称官长曰官府。按,《周官·大府》"凡官府都鄙之吏"注:"百官所居曰府。"又,《司会》及《职内》、《职岁》、《职币》,皆有"官府"字。《汉·盖宽饶传》:"诣官府门上谒辞。"退之《酬卢给事》诗:"上界真人足官府。"山谷《上大蒙笼》诗:"向来陆梁嫚官府。"俗语本此。《庄子》:"官天地,府万物。"亦"官府"字所出。

上　　司

属吏目上位曰上司。见《陈留耆旧·吴祐传》云:"同僚无私书之问,上司无笺檄之敬。"

上　头　人

役从目主人曰上头人。案,王融乐府:"闻有东方骑,遥见上头人。"谓车骑上之人也。即汉《陌上桑》曲"东方千余骑,夫婿居上头"之意。今为在上者之称。

阁　　老

《池北偶谈》云:"洪武十〔三〕〔五〕年,设内阁大学士,〔上〕命皆于翰林院上任。十八年,又命殿阁大学士,〔左右春坊大学士〕俱为翰林院官,故院中设阁老公座于上,而掌院学士反居其旁。诸学士称阁老曰中堂,以此。"案,《唐·杨绾传》:"故事,中书舍人年久者为阁老。"《通鉴》:"王涯谓给事郑肃、韩佽曰:'二阁老不用封敕。'"老杜有《赠严阁老》诗,云:"扈圣登黄阁,明公独妙年。"按,严武时为给事中也。年三十二,故曰"妙年",见《旧史》本传。《困学纪闻》云:"开元中,给事中为黄门省,故云'黄阁'。近世用此诗为宰辅事,误矣。"是唐时尚未有定称。　中堂之称,宋已有之。《湘山野录》:"钱希白戏王钦若曰:'中堂遂有如此宰相乎?'"《邵氏闻见录》:"康节谓富郑公曰:'未若中堂骨董之美也。'"

郎中　待诏 博士　朝奉

医生曰郎中,赞礼曰待诏。陆容《菽园杂记》云:"此元代名分不明之旧习也，国初有禁。"亭林《日知录》亦云然。按，洪容斋《夷坚志》："鄱医赵珪，人称为赵三郎中。"又，"狐妇呼医人刘师道为刘郎中。"又，"信州吏毛遂为刘医药死，忽复活曰：'是那个郎中主张？'"是宋时已称医人为郎中矣。北土称医人曰大夫，亦见《夷坚志》："张二大夫者，京师医家，后徙临安，官翰林医官，仍称为张二大夫。"《名义考》云："待诏，当作'代诏'。他邑呼曰'大夫'，今松江、嘉定称之。当作'代敷'，言代人诏告敷宣者。"黄省曾《吴风录》谓张士诚走卒、厮养皆授官爵，故有郎中、待诏、博士等称。恐未是。俗呼椎油者曰"油博士"，殆仿"茶博士"之称。又，称徽州人贸易者曰"朝奉"。按，徽邑家谱，宋时多朝奉、承事之称。盖富家僭称，如传奇中之"员外"也。朝奉、承事，皆官爵名。

老　爷

明经乡举，便称老爷。按，爷本呼父之词，以称贵人，未知所始。《通鉴》："高力士承恩久，中外畏之，驸马辈直呼为爷。"尊人曰爷，殆始此。

相公　官人

奴隶称主人曰相公，小主人曰官人。案，前代拜相封公者，始称相公。封王拜相者曰相王。晋简文帝、武帝在魏时，皆称相王。扬雄《羽猎赋》："相公乃乘轻轩，驾四骆。"王粲《从军行》："相公征关右。"老杜《崔少府高斋》诗："知是相公军。"昌黎《送温处士序》："留守相公。"薛逢《谢西川相公赐甘子》诗："相公恩重赐先尝。"太白《为赵宣城与杨国忠书》[①]，六用"相公"字，时国忠为右相也。又，《上安州裴长史书》云："许相公家见招，妻以孙女。"谓左相许圉师也。宋徽宗赐蔡元长句："相公公相子。"元长对以"人主主人翁"。韩维兄弟皆为相，其家呼子华为"三相公"，持国为"五相公"。见《能改斋漫录》。有明三百年封公拜相者，惟李善长、

---

① 文名《为赵宣城与杨右相书》。

徐达二人。元时称谓已滥，然延祐中，翰林章嘉为吾地海宁寺钟铭，称行中书省左丞朱清为相公，下此称相公者，至运粮万户及都水监而止，其余则称总管及承务。钱竹汀先生以为，相公之称虽滥，尚不概及下僚矣。今俗，乡举岁贡，辄鄙相公之名，称老爷。亦弗思矣。曾慥《高斋漫录》："王荆公退居半山，入编户家，老姥遗以麻线一缕，曰：'相公可将归，与麻婆也。'""相婆"之称亦奇。　官人，见《左氏·哀三年传》："官人肃给。"盖谓在官之人。《北史·梁彦光传》："齐亡后，诉讼官人，千变万端。"《旧唐书·高祖纪》："官人百姓赐爵一级。"退之《王适墓志》："侯处士高云：一女怜之，必嫁官人，不以与凡子。"又云："诚官人耶？取文书来。"老杜《逢刘主簿》诗："剑外官人冷。"皆谓在官之人。《宋·岳飞传》："养子云，年十二，从张宪战，多得其力，军中呼曰'赢官人'。"俗称小主曰"官人"，盖始此。明制，郡王府自镇国将军而下，称呼止曰官人。今且以官人为孩子之称，吴中并以相公称歌童矣。噫！

大官　二官

以行次称人曰几官。按，《南史·梁武陵王纪》称湘东王绎曰："七官文士，岂能匡济？"又曰："愿送我一见七官。"胡三省《通鉴注》云："湘东兄弟次弟七，故曰'七官'。"又，《梁书·河东王誉传》云："勿杀我！得一见七官。"纪为绎弟，誉乃绎姪，俱以七官呼者，盖从宫中通称也。骆宾王《送尹大赴京师序》："尹大官三冬业畅。"又，《送阎五还润州诗序》："阎五官言返维桑。"官，即官人之省。《唐摭言》："李舟与齐映友善，映为相，舟与书犹曰'十二官足下'。"

某　舍　舍作"沙"去声

呼下等人曰某舍。按，镏孟熙绩《霏雪录》①："樊昌高八舍，家轩墀间畜龟，数年生育至百余。"王应奎《柳南随笔》："成弘间，夷亭张小

---

① 镏孟熙绩：原作"镏孟绩熙"。按，《霏雪录》二卷，明镏绩撰，绩字孟熙，故改。

舍善捕盗,时为语曰:'天不怕,地不怕,只怕夷亭张小舍。'"是"舍"之称始于前明。张名浩,沈石田外祖也。徐武功有贞为作墓志云:处士世为公家弭盗。今此称常熟盛行,坐其船者,必以舍呼之。

亲 眷 家眷

异姓亲曰亲眷。见鲍照诗:"已经江海别,复与亲眷远。"葛稚川《神仙传》:"费长房谓壶公云:'欲使亲眷不觉知去。'"按,徐陵《双林寺傅大士碑》:"共指菩提,方成亲眷。"《维摩经》:"有菩萨问居士:'父母妻子、亲戚眷属为谁?'"《唐语林》"李福镇南梁,谓宦家子弟之不肖者曰:'今日所惩,贤亲眷闻之,必赏老夫'"云云。是以父兄为亲眷也。《五代史·裴皞传》:"裴氏居燕省者,号东眷。居凉者,号西眷。居河东者,号中眷。"是"眷"指本族言。字亦作"婘",《史记·樊哙传》"诛诸吕婘属"是也。 内人曰家眷,亦曰内眷。按,《东京梦华录》云:"宅眷坐车子,与平头车大抵相似。"宅眷,即家眷也。朱德润《外宅妇》诗:"贫人偷眼不敢看,问是谁家好宅眷。"

同 胞

东方朔《答客难》:"同胞之徒,无所容居。"今人称胞兄弟,亦有出。复有胞伯、胞叔之称,则谬矣。

家 主 公

仆隶称主人曰家主公。案,《庄子·寓言篇》:"舍者迎将其家公。"李氏注:"家公,主人公也。"又,《史记·范雎传》:"谓须贾曰:'愿为借乘车驷马于主人翁。'"《汉书·东方朔传》:"时董偃见尊不名,称'主人翁'。"刘梦得《纥那歌》:"愿郎千万寿,长作主人翁。""公"与"翁"古通用。又,《通鉴》:"唐代宗云:'不痴不聋,不作家翁。'"家翁,即家公也。代宗语本《隋·长孙平传》,引谚语作"未堪作大家翁"。

娘 娘 <small>小姐</small>

奴婢称主母曰娘娘，尊长呼卑幼妇亦曰娘娘。案，苏子由《龙川杂志》："仁宗谓刘氏为大娘娘，杨氏为小娘娘。"乃宫中妃后之称。后盖以娘子而转为娘娘。近且薄其称而相尊曰太太，曰奶奶矣。<small>奶奶，当作"嬭嬭"。《广雅》：嬭，母也。楚人谓母曰嬭。嬭亦尊之之意。</small> 大家女称小姐，见元微之《会真记》及高则诚传奇。《列女传》："鲁君赐妇人号曰义姑姐。"不知"姐"字何义，今惟未嫁之女乃有此称。又，《天宝遗事》载："宁王有乐妓宠姐。"吴俗称女曰小姐，盖从其幼时称之。

小 娘

少女曰小娘，见元微之《咏筝》诗："漫逐歌词弄小娘。"退之《祭女挐文》云："祭于弟四小娘子挐子之灵。"牛僧孺《玄怪录》：徐幹述刘桢女诗，对桢称小娘子。陆放翁《笔记》："蜀中歌有云：'小娘子，叶底花，无事出来吃盏茶。'"

小 囝 <small>小干 阿奴</small>

小儿曰小囝，音如"南"。案，《集韵》"囝音茧，又音宰。"<small>今闽、粤人呼作"崽"音。</small>吴处厚《青箱杂记》云："闽人呼子曰囝。"《遁翁集》有《哀囝》篇。陆伸《侬渠录》云："乡音合'男儿'二字为一音，若以平声呼'暖'字而稍轻，女儿则呼如'暖'字而稍重。"吕云孚《六书辨正》云："吴中呼小儿为小囝，音南，当是'男'字之讹。"则是时已有此音。<small>郑樵《六书略》谓："'囝'即'月'字，太阴之精。"丁度《集韵》谓武后字"月"作"囝"。焦竑《六书刊误》从其说，皆未是。</small> 亦称小干。从父行人公陈堦《无益之言》云："'干'字从官话变出，官话'哥儿'两字并作一声，则为'干'字；濒海人呼父子曰'贤两个'，乃官话'耶儿两个'；兄弟曰'干两个'，官话'哥儿两个'也。"按此，则"小干"犹曰"小哥儿"。或以为"小郎"之讹，亦通。<small>高士奇《天禄识</small>

余》："明初，每县分人为哥、畸、郎、官、秀五等。"则"哥"为通称，犹曰"小官"，非"哥弟"之"哥"。

又，幼时欢爱之呼曰阿奴。《姑苏志》云："呼小儿为孥儿。"孥，子孙也。以虞韵入麻，此方音也，今俗正作"奴"音。《世说》："谢安七八岁时，父奕呼之曰：'阿奴，欲放去耶？'"又，周谟小字阿奴。当亦幼时爱而称之。

老 道 长

小儿有成人样子，目曰老道长。案，《菽园杂记》："中堂尚书称各道御史曰老道长。"今督抚称道宪亦曰老道长。盖"道"不称卑，俨然有方面大员体统，故以此目之。

堂 客

妇人曰堂客。或以《高唐赋》"巫山之女，为高唐之客"而误。牛僧孺《玄怪录》："蜀帅章仇谓其夫人曰：'何不盛陈盘筵，邀召女客？'"女客之称盖本此。杜于皇《秦淮灯船鼓吹歌》云："楼楼堂客船船妓。"自注："白下称内人为堂客。"今人所居内室曰后堂，亦曰客堂，外则称厅。虽有堂额不称堂，盖避公堂之名也。堂客，亦曰堂眷，犹言北堂之人耳。后堂非见客之所而曰客堂，其以堂客所居名之欤？

士 女

画美人谓之士女，见《东坡题跋》："周昉画人物皆入神品，而世俗但知有周昉士女。"亦作"仕女"。《图绘宝鉴》云："周昉写真，作仕女多秾丽丰肥，有富贵气。"殆以体态如宦家女子，故称曰仕女。

虔 婆

《辍耕录》"三姑六婆"有"虔婆"之名。《名义考》云："方言谓贼为虔，虔婆犹贼婆也。"米元章《书史》云："《晋书》'姏姆'即俗所云'姏婆'。"杨慎《古音余》"姏"音钳。本音甘。妇之老者能以甘言悦人，故曰姏。

老娘　师娘 花娘

《辍耕录》云："女巫曰师娘，都下及江南谓男觋亦曰师娘。"今吴俗则曰巡眼。又云："世谓稳婆曰老娘，娼妇曰花娘。"今俗骂女人曰花娘，盖本此。李贺《箐篥歌序》："朔客立命花娘出幕拜客。"时犹为通称。

丫　头

婢曰丫头。见刘宾客咏乐天小樊诗："花面丫头十三四，春来绰约向人时。"[1]花面，未开脸也。丫者，头上双髻之象。欧阳诗："小婢立我前，赤脚两髻丫。"

表　子

娼妇曰表子。俞氏《称号篇》云："表有外义，对内人而言也。"《玉篇》："表，衣外也。"

老　包

阿庇纵容曰老包。按，《吕氏家塾记》："包拯为京尹，令行禁止，人呼为包家。市井小民及田野之人，见狗私者，皆指笑之曰：'尔一个包家。'见贪污者，曰：'尔一个司马家。'盖反言以笑之也。后遂以阿庇者曰老包矣。"娼家之老包，当作老鸨。见俞氏《称号篇》："'鸨'音保，鲴鱼、鸨鸟，性俱善淫也。"

---

① 诗名《寄赠小樊》。

师　姑

　　女尼曰师姑，见《续传灯录》："驸马都尉李遵勖临终时，谓尼道坚曰：'大师，与我煎一服药来。'坚无语。公曰：'这师姑，药也不会煎得。'"亦见《慈明僧传》。万历《昆山志》云："筛谷浜，今讹师姑浜。"《姑苏志》："土产有师姑秔。"注云："即矮稻。"元至正辛卯，开黄河，得一石僧，背刻云："莫笑石师姑一只眼。"见《农田余话》。

道　士　_{女道士}

　　羽流曰道士，见《太霄经》："周穆王因尹轨真人制楼观，遂召幽逸之人居之，谓之道士。《元和郡县志》作"康王大夫尹喜宅"。平王东迁洛邑，置道士七人。"《汉·郊祀志》注引《汉宫阙疏》云："神明台上有九室，常至九天道士百人。"王厚斋《困学纪闻》谓："穆王、平王事不可考，盖自武帝始也。"《抱朴子·仙药篇》云："凡庸道士心不专精，行秽德薄。"《续通考》引《楼观本记》曰："汉明帝永平三年，置道士三十七人。"《旧唐书·武宗纪》："召道士赵归真等入禁中修金箓道场。"《唐六典》："道士有三号：一法师，二威仪师，三律师。"庾仲雍《荆州记》："临沮县青溪山有泉，泉侧有道士精舍。"郭璞《游仙诗》"青谿千余仞，中有一道士"指此。沈约有《游沈道士馆》诗。《列仙传》："徐福，道士也，字君房。"唐时其称尤盛，见《旧唐书·姚崇传》及《隐逸》、《方技》诸传。若《黄帝内传》所云"道士行礼"及《新序》"介子推云'谒而得位，道士不居'"，皆谓有道之士，非黄冠也。《汉·京房传》"道人"亦谓有道之人。

　　女道士，见颜鲁公《麻姑坛记》："今女道士黎琼仙，年八十而容益少。"又，太白诗："吴江女道士，头戴莲花巾。"

大和尚　_{游方僧}

　　方丈僧曰大和尚，见《晋书·佛图澄传》："石勒重之，号曰大和尚。"《翻译名义》云："和尚，梵本名邬波遮迦，传至于阗，翻为和尚，犹汉言'知有罪，知无罪'。"

游行四方募化者曰游方僧。见傅亮《文殊师利菩萨赞》："业化游方，罔识厥津。"太白《赠僧崖公》诗云："游方化公卿。"

贼秃

骂僧曰贼秃。见梁荀济表："朝夕敬妖怪之胡鬼，曲躬供贪淫之贼秃。"姚宽《西溪丛语》有云："绍兴初，愚秃法聪。"

门徒

释老谓斋主曰门徒。见谢灵运《远法师诔》："今子门徒，实同斯艰。"徐陵《东阳双林寺傅大士碑》："于是门徒巨痛，遂爽遗言。"又，《齐国宋司徒寺碑》："凡我门徒。"老杜《大觉高僧兰若》诗"献花何日许门徒"与《列子》所云"子华之门徒皆世族者"不同。古门人亦曰门徒。如《后汉·郑康成传》："马融门徒四百余人。"《吴志·虞翻传》："门徒常数百人。"《晋·王裒传》："门徒随从者千余人。"《唐彬传》："东海阎德，门徒甚多。"《南史·宋文帝纪》："各聚门徒多就业者。"《沈约传》：杜炅"门徒孙泰"。俗呼弟子曰徒弟，亦此义。

在家人

《莲社杂录》："谢灵运云：'不知我在家出家久矣。'"梁武帝《除酒肉榜文》："及舍道出家。"案，内典多以"在家"、"出家"并言。如《涅槃经》："在家迫迮，犹如牢狱；出家宽廓，犹如虚空。"《文殊经》："在家者是烦恼大海，出家者是大舟航。"

渠侬 "渠"呼作"奚"

谓他人曰渠侬，自称曰我侬。案，山谷《与俞清老书》："男女婚嫁，渠侬堕地，自有衣食分齐。"渠，呼作"奚"，盖为"伊"字之转。《诗》"所谓伊人"注："犹言彼人也。"《六书故》："吴人谓人曰侬，即'人'字

之转声，瓯人呼若‘能’。”今常熟正作“能”音。陈后主、隋炀帝皆自称曰
“侬”。炀帝至广陵，多效吴语，故称“侬”。胡三省《通鉴注》云：“吴人率自称曰
侬。”《湘山野录》：“钱王歌云：‘你辈见侬的欢喜，永在我侬心子里。’”
此“我侬”二字连称之始。《姑苏志》引《平江记事》云：“嘉定号‘三侬
之地’。隔户问人曰‘谁侬’，应曰‘我侬’，视之乃识，曰‘却是你侬’。”

冤　家

　　男女有情者曰冤家。见元闺人词：“刬袜下香阶，冤家今夜醉。”①
冯贽《烟花记》谓“冤家”之义有六。“情深意浓，有死无异心，一也。两情相系，阻
隔万端，二也。临歧分袂，黯然销魂，三也。山遥水远，相思不见，四也。怜新弃旧，怨深刻骨，
五也。一生一死，触景悲伤，六也。”张鼎思《代醉编》以为犹《关雎》“好仇”之
意，近于侮圣言矣。

情　郎

　　韩偓诗：“书中说却平生事，犹疑未满情郎意。”“情郎”字见此。宋
女道士蕙兰诗②：“难得有情郎。”

结　发

　　元配妻曰结发。案，二字古人通称，犹言束发也。《汉·李广传》
曰：“臣结发而与匈奴战。”师古注：“言始升冠即在战阵也。”《后汉·
桓郁传》亦云：“结发敦尚。”自苏武《赠李陵诗》云“结发为夫妇，恩爱
两不离”，后遂作夫妇之称。老杜诗亦云：“结发为妻子。”唐于义方作
《黑心符》云：“讲再醮，备继室，既无结发之情。”以元配为结发也。俗
将婚，用结发（髪）〔髻〕，见《五代史》：“刘岳《书仪》云：‘成昏之夕，男
左女右合其髻，曰结发。’”

---

① 应为唐代无名氏作品。
② 应为唐鱼玄机诗。

侧　室

妾曰侧室。见《汉文帝赐南越王书》:"朕本高皇帝侧室之子。"师古注:"非正嫡所生也。"按,《内则》记:"妻将生子,及月辰,居侧室。"注以为"燕寝之旁室者,临产时所居,平日则居正室矣"。又,《左传》所云"侧室"乃余子之名。如师服云:"卿置侧室。"随会云:"赵有侧室曰穿。"杜注:"一以为众子,一以为支子。"《韩非子》亦云:"君不肖而侧室贤,太子轻而庶子伉。"然《南史》:"齐文帝命侧室陈氏母之。"又,《韦放传》:"与张率皆有侧室怀孕,指腹为婚姻。"此皆以侧室为妾。

遗腹子 "腹"转为"夫"

儿生父已殁,曰遗腹子,始见《史记·赵世家》:"赵朔妻有遗腹。"《汉书》尤屡见,如《孝元后传》:"成侯崇薨,有遗腹子奉世嗣侯。"《李广传》:"子当户,有遗腹子陵。"《后汉·郑康成传》:"益恩—作"思"。赴难殒身,有遗腹子。"《朱晖传》:"陈揖早卒,有遗腹子友。"《刘平传》:"弟仲遗腹女始一岁。"又,杨衒之《洛阳伽蓝记》云:"豫章王综,伪齐昏主宝卷遗腹子也。"俗呼"腹"为"夫",盖以为夫之所遗耳。

立嗣子 嗣,音如"时"

兄弟子为后曰立嗣子。案,古所云嗣子,谓冢嫡嗣续,非以他房子为子也。《礼》:"大夫、士之子不敢自称曰嗣子某。"《左传》:"赵襄子嗣子不废旧业,时其父简子新殁也。"庾子山《司马裔碑》:"悲哀嗣子。"元微之《杜甫墓志》:"嗣子宗武。"崔祐甫《齐昭公崔府君集序》:"公嗣子宗之。"皆谓嫡长子也。《昌黎集》、《朱子文集》尤多。《汉·孝元后传》:"上即位数年无继嗣。"又云:"即位二十余年无继嗣。"嗣,即嗣子也。张南郭《太仓州志·顾振传》云:"顾某嗣子。"《张溥传》云:"无子立嗣。"皆从俗称。　俗读"嗣"作"时"。考唐宋韵书都无平音,惟《正韵》收入支部。是其音起于元明之际。

过　房　子

抚养异姓儿曰过房子。案，潘昂霄《金石例》有"书过房子"条，引韩文公《国子助教薛君志》"父命君后兄"及"给事至君，后再绝；皆有〔名〕。遗言：以公仪之子己巳后我"云云。是所谓过房，乃以他房子继本房，非螟蛉子也。《元史·刑法志》云："诸乞养过房男女者，听；奴婢过房良民者，禁之。"则其称起于元代。

门　子 门斗

州县尹小僮曰门子。案，《旧唐书·李德裕传》："吐蕃潜将妇人嫁与此州门子。"门子，乃守门之称。今俗所谓门子，乃姚思廉《沈瑀传》所云"县僮"也。徐陵《谏仁山深法师罢道书》："巷吏门儿，何因仰唤？"门儿，即守门门子也。　郭象《庄子注》："唐子，唐途给使令之人，犹《周礼》云'门子'。"按，《周官·小宗伯》："其正室皆谓之门子。"郑注："嫡子将代父当门者。"《左传》："郑六卿及其大夫、门子。"又，"诸司门子弗顺"。《晋语》："育门子。"此皆卿大夫适子之称，郭氏误引。　教官役使，谓之"门斗"，乃"门子"、"斗级"合为一称也。斗级，汉谓之斗食。见《外戚传》及《薛宣传》注："谓佐史也。"按，本管漕仓之役，教官有学田，故亦有斗级。孙氏《孟子疏》云："庶人在官者，若今之斗食、佐史、属吏是也。"

小　的

下贱对尊贵者自称小的。的，作"底"音。案，《宋史》有"内班小底"。薛居正《五代史》有"承应小底"。丁晋公《谈录》："皇城使刘承规，在太祖朝为黄门小底，有心力。"亭林先生《音学五书》云："'的'字在入声，当入药韵，音都略切。转去声，当音都料切。后人误音为'滴'，转上声为'底'。宋人书中凡语助皆作'底'，并无'的'字。"是

"小的"当为"小底",犹俗云底下人之意。

猴　子

给役小僮曰猴子。吕蓝玉《言鲭》云:"猴性喜动不喜静,能伺候人,小僮似之,故以此名。"

卷十八

城　隍

州县各立城隍庙，以大小别之。关帝庙亦然。按，城隍之神不见于古。《左传》："祝宗用马于四鄘。"又，"祈于四鄘。"杜注："鄘，城也。"钱竹汀先生以为城隍之祀之滥觞。《易》："城复于隍。"其名见此。赵与旹《宾退录》谓："芜湖城隍祠，建于吴赤乌二年。"是三国时已有之。《北史》："慕容俨镇郢城，城中先有神祠一所，号城隍神。"《南史》："梁邵陵王纶祭城隍神。"《隋书·五行志》："梁武陵王纪祭城隍神，将烹牛，忽有赤蛇绕牛口。"纶、纪皆与俨同时，祀城隍神见诸此。至唐遂盛，张说、韩愈、杜牧之、斛信陵皆有祭城隍之文。杜甫、羊士谔有赛城隍之诗。李白《鄂州刺史韦公德政碑》云："大水灭郭，公抗词正色言于城隍，其应如响。"李阳冰《缙云县城隍庙记》云："城隍神，祀典无之，惟吴越有尔。"欧阳公跋云："城隍庙，今天下皆有，而县则少。"《宾退录》云："负城之邑亦有与郡两立者。"陆放翁《镇江府城隍庙记》云："唐以来郡县皆祭城隍，今世尤谨，守令谒见，仪在他神祠上。社稷虽尊，独以令式从事；至祈禳报赛，独城隍而已。"《太平广记》："吴俗畏鬼，每州县必有城隍神。"洪武初，从礼臣之请，加以封爵，京都城隍曰升福明灵王，府曰威灵公，州曰灵佑侯，县曰显佑伯。未几，诏去封爵谥号，只称某处城隍之神，诸府州县令守尹主其祀，由是著为祀典。今吾州称辅德公，盖以南唐尝封辅德王而混之也。　《宾退录》极言城隍神之盛，且各立名字，今吾俗犹然。考陆放翁《庙记》云："故时祠，汉纪信为城隍神。"吴草庐《江州城隍庙记》云："江右列郡，以汉颍阴侯灌婴配食。"以婴尝定豫章诸郡，有功兹土也，则当以神为主，而人鬼配之。明张珵《嘉定城隍庙记》云："今为之庙貌者，以《世说》汉高帝尝梦一轩冕者，自称秦功臣冯尚，奉天帝命，与王领城隍阴事。后世因有功臣肖形立庙之说。此说未详所据。如宁国、镇江以纪信、彭越，江西诸郡以灌婴、周瑜之类。"《杜氏通典》载隋鲍至《南雍州记》云："南阳城内见有萧相国庙，相传为城隍神。"则隋代已有指名者。

土　　地

土地祠，各乡镇多有之。按，《周礼·春官》"大祝"而外有"土祝"、"地祝"。此后代土地神之所由名也。土祝，五土之祝，即社也。地祝，地之百祝。今祀典自有社稷坛，而民间复立土地庙者。社坛，古之国社，后代谓之官社。民间土地祠，《记》所谓"大夫以下成群立社曰置社"，即后代之里社也。古二十五家为社。《明史》："里社，每里一百户立坛一所，祀五土、五谷之神。"嘉靖间，张司直寅志太仓风俗云"岁久渐废"。考《左氏传》："社稷之神为上公。"昭二十九年。又，杜氏注："用币于社，谓请救于上公。"《后汉·方术传》有"社公"之名，盖本此。是则天下社神，宜通谓之公，后讹为土地公公。而稗官演义所载皆白发翁矣。江邻几《嘉祐杂志》"钱尚父方睡，汤瓶沸，一童以水注之。钱曰：'此童先知吾意。'遂杀之。后见其为厉，乃封为属国侯，使永为临安土地，故塑像为十余岁小儿"云云。又，《宾退录》载"绍兴辛未，潼关守沈该将新城隍祠，梦人赍文书来，称新差土地"云云。是土地之职颇贱，今吾邑有称王者。《文献通考》："宋徽宗封皮场土地庙为灵贶侯，后累封明灵昭惠王。"非古制也。俗又各立名字。陈确庵瑚《尉迟土地庙序》云："社以祀山林、川泽、原隰之神，谓之地祇；庙以祀先代之有功德者，谓之人鬼。今土地庙有陆宣公、子胥、武侯、卫公之称，则合地祇人鬼而一之，非古也。"思按，《后汉·孔融传》："融为北海相，以郡人甄子然、临孝存配食县社。"此即昌黎所云"没而可祭于社者"，非以其死为某神而祀之也。城隍神亦然。

文 昌 帝 君

《史记·天官书》："斗魁戴匡六星为文昌宫，四曰司命，五曰司中，六曰司禄。"其三曰上将、次将、贵相。屈原《九歌》分大司命、小司命为二。朱竹垞谓："少司命，即《星经》所云司命二星，在虚北；司禄二星，在司命北；大司命，则文昌之弟四星也。古之祀文昌者，司中、司命。今之号为帝君者，盖司禄也。"案，《楚辞》："后文昌使掌行兮。"王逸注："顾命中宫，敕百官。天有三宫，谓紫宫、太微、文昌也。"①《孝经援神契》云："文者，精所聚；昌者，扬天纪，辅拂并居，以承天象，故曰文昌宫。" 文昌祠，俗亦称梓潼庙。案，孙光宪《北梦琐言》："神张姓，名亚子，一作恶子。居梓潼县之七曲山，仕晋，战没，人立庙祀之。"马端临《通考》云："唐玄宗、僖宗入蜀，皆有封号。宋咸平中，封英显王，迨至元世，进号帝君，特设庙祀。以道家有上帝命掌文昌府事及人间禄籍之说也，于是天下学校皆有祠。"《明史·礼志》："弘治中，礼部尚书周洪谟议罢此祀，并毁其祠之在学校者，云梓潼显灵于蜀，庙食其地为宜，文昌六星与之无涉。嘉靖中，倪文毅《请正祀典疏》亦本周说。"思按，叶石林《岩下放言》载："蜀有二举人，行至剑门张恶子庙，夜各梦诸神预作《来岁状元赋》，甚灵异。"高文虎《蓼花洲闲录》亦载此事。后人盖以其于科目事有灵感，且元代尝封为文昌君，明景泰间赐额曰文昌宫，道家遂取《阴骘文》"十七世为士大夫"之说以实之，而梓潼张神之为文昌帝君遂相沿至今已。 崔鸿《后秦录》："姚苌立张相公庙于梓潼岭。"李义山诗称"张恶子庙"，则唐时无别称也。元初则曰七曲神君，见虞文靖《相如院文昌万寿宫记》。景泰五年始敕赐梓潼神为文昌宫，见《续通考》。

魁　星　阁

《天官书》："斗魁戴匡六星曰文昌。"斗魁，北斗第一星也，主日。案，此与文昌之主天子文德者，绝不相涉，世俗以其近文昌而并祀之，又傅会其名曰"文星"而附之学宫。考《孝经援神契》："奎主文昌。"亭林先生云"奎为文章之府，魁判人之生死。今之言文者，皆祀魁星，宜

---

① 原文"顾命中宫，敕百官"在"王逸注"之前。今正。

中式者多不识字之人"云云。然则魁星之祀，宜改为"奎"。俗复以其字形而塑作鬼踢斗之像，殊谬。

三　官　堂

道家有"三官神"之称，案，丘悦《三国典略》载："张角为太平道，张修为五斗米道，使人为奸令祭酒，主以《老子》五千文，使都习，号奸令。请祷之法，书病人姓名，说服罪之意，作三通：其一上之天，着山上，其一埋之地，其一沈之水，谓之三官手书，使病者家出米五斗以为常，号五斗米师。"详《后汉·刘焉传》注。《传》以张修为张衡，张陵之子。明宋景濂《跋曲阿三官祠记》，亦取《典略》之说。按，《宣和画谱》有周昉《三官像图》，盖六朝时已行之。唐阎立本有《水官像图》，宋大觉琏师以赠老泉，老泉作诗报之，命子瞻属和。见《东坡集》。今俗但有《天官图》，无《水官》也。其以正、七、十月为三官生日者，盖本《宋史·方伎传》苗守信上言"三元日，上元天官，中元地官，下元水官，各主录人善恶"之说。"三元"之名，已见《魏书》及《旧唐书》，然不言为三官(主)〔生〕月。

二　郎　神

宋高翥《菊磵小集》有《辇下酒行音杭多祭二郎神及祠山神》诗云："箫鼓喧天闹酒行，二郎赛罢赛张王。"按，旧《苏府志》及钱湘灵陆灿《常熟志》云："赵真君昱，仕隋，为嘉州太守，有蛟患，入水斩之。卒后，嘉州水涨，人见雾中乘白马越流而过者，乃昱也。因立庙灌江，号灌口二郎神。邑人以神司水，而炳灵公司火云。"炳灵公，见《搜神记》，东岳三郎也，宋祥符间改封，世传为火神。今俗祷雨不应，则请二郎神，盖以神为司水。邓韨旧《常熟志》则云："蜀郡太守李冰之子，尝除蜀郡都江之蛟孽，有水功，宋汴京为筑神保观。邑人以常熟为江之下流，故有庙。后请于朝以祀焉。"二说不同。邓说始于曾敏臣《独醒杂志》。《元史》："至顺元年，封李冰为圣德广裕英惠王，其子二郎为英烈昭惠灵显仁祐王。"

晏公庙

罗泌《路史》:"晏公神,名戍仔。"《大明会典》云:"元初为江西清江县文锦堂局长,登舟尸解,因立庙。或云为木商,溺死成神,洪武初,以助沐英平云南显应,封平浪侯。"《南郭州志》谓元时护漕得封者,未是。昆山郑文康《晏公灵异记》云:"朝廷有事西洋,中贵人经刘家港,即今刘河镇。谒神行宫,对土木像,若君父然。从者言神无乎不在,呼之则火至,火至则无虞。"又云:"前光禄署丞李谨谪交阯,还,言神亦尝为漕运,南谪借宿庙中,得梦尤显异云。"　又,刘侗《帝京景物略》有晏公祠"为正德中晏常侍所立,内设古圣贤像",此别一晏公祠也。又,郎瑛《类稿》"明太祖至毗陵,江风大作,舟将覆,忽红袍神挽舟至沙上,自称晏公。后筑江岸,有猪婆龙为患,有老渔教以瓮贯缯而钓之,问姓名,曰姓晏。忽不见。明祖闻之悟,封为神霄玉府晏公都督大元帅"云云。其名不详,未知即吾地晏公否。

天妃

卢熊《府志》:"天妃,莆田林氏女,宋元祐来祀闽。绍兴二十六年始封灵惠夫人,庙额曰灵应。元至元中,岁运漕著灵应,加封天妃,神号积至十字。"护国庇民广济福惠明著。按,宋柳贯《待制集》有祭天妃文[1]。又,洪容斋《夷坚志》云:"兴化军海口林夫人庙,甚灵异,今进为妃。"则宋时已封为妃。卢氏之说本之《元史·祭祀志》。明洪武间,改封圣妃,时有圣妃娘娘之称,今俗亦称娘娘庙。永乐七年,复改"天妃"。今仍之。　郎瑛《类稿》云:"妃,莆田湄洲屿人,都巡检名愿之弟六女。都巡检,今都抚类。徐葆光记云:愿字惟悫,母王氏。在室三十年卒,至元间,有显应,立祠州里,庙号'天妃'。"张燮《东西洋考》及何乔远《闽书》皆云:"妃生于五代晋天福八年,至宋雍熙四年二月二十九日化去。常

---

[1] 柳贯《敕赐天妃庙新祭器记》,见《待制集》卷十四。

衣朱衣,往来海上,里人虔祀之。"康熙初,张学礼《使琉球记》以为妃姓蔡,闽海中梅花所人。又云猴屿人,救父投海身死。徐葆光《中山传信录》非之。方氏《通雅》云:"天妃宫,滨海多有之,其女子三人,俗传神姓林氏,遂实以为灵素三女。太虚之中,唯天为大,地次之,故天称皇,地称后,海次于地,宜称妃耳。盖所祀者,海神也。元用海运,故其神为重。或云:宋宣和中,遣使高丽,遭飓风,赖神以免,使者路允迪言于朝,始有祀。"

大　王　庙

娄江口立大王庙,运漕者虔祀之。按,《靖江浦庙碑》谓之"金龙四大王",姓谢氏。朱国祯《涌幢小品》以为宋谢太后之族。兄弟四人:纪、纲、统、绪,皆宋会稽处士。绪最少,初为诸生,隐钱塘之金龙山。宋亡,日夜痛哭,阴结义士图恢复,知势去不可为,遂赴水死。题诗于石。立志平生尚未酬,莫言心事付东流,沦胥天下凭谁救,一死千年恨不休。其徒问:"他日以何为验?"曰:"黄河水逆流,是吾报仇日也。"后明太祖与蛮子海牙战于吕梁,不利,忽见云中有天将,挥戈驱河逆流,元兵大败。太祖夜祷,问其姓名,梦儒生素服前谒,曰:"臣谢绪也,愤宋祚移,沉渊而死,上帝怜我忠,命为河伯,今助真人破敌,吾愿毕矣。"次日,封为金龙四大王。以其行四,尝居金龙山,没又葬于其地故也。

李　王　庙

卢熊《苏府志》云:"李王名禄,《南郭志》误作"录"。吴兴长兴县童庄人。"张南郭云:"年十八,没为神。"卢《志》以为宋潘壬、潘丙等谋变事泄,丞相史弥远请屠其城,神梦于理宗及弥远,乃止戮壬、丙,城获全,吴人祀之。周密《癸辛杂识》云"穆陵正位,皇兄济王竑有逼近之嫌,徙之霅城之西。宝庆元年正月八日,含山狂士潘甫与弟壬、丙率太湖亡命乘夜逾城而入"云云。卢说盖本此。　卢《志》又云:"神能捍御灾患,祷之辄应。民染疫,求庙柏,并水煮而饮之即愈。"详见永嘉郑东《记》。又,考《常熟志》有长兴李烈士庙,云即李王宫。张修撰洪《琴川志》云："宋景定中已载祀典，崇封号，赐庙额。"常熟之庙何为而作？旧碑称为海神，岂元之江南田赋由海道入，祷而有应，因祀之欤？《姑苏志》亦云："有海神李王祠，元大定间建。"旧《苏府志》又云："或谓即名将李显忠，一在常熟，宋时赐珠花及袍，尚存；一在致道观西，名李烈士庙。"若吴梅村《秣陵春曲》所云南唐国主李王之庙，此词曲家托言，且在河南，或遂以神当之，误矣。

周　神　庙

双凤镇有周神庙。按，张南郭有《唐墅周孝子庙碑》云：神名容，宋理宗时人，居唐墅。康熙初，常熟钱通《重修庙记》云："孝子早失怙，事母朱氏孝。父百十点检，见旧《常熟志》。淳熙间卒，既卒之明日，降于家，告母曰：'儿已为神，当输忠朝廷，尽力乡党。'淳祐十二年，县令赵必铢上其事，赐庙额曰灵惠。洪武四年，敕封宋周孝子之神，载《祀典》，官为致祭。"卢熊《府志》云："岁以九月二十一日祀。"钱《记》云："九月二十一日为神诞之辰。"《常熟志》云："今二祭祝文曰：'德成于己，孝感于天，旌之祀之，敦我民俗。'"俗又称曰小爷爷，盖以神为孝子故也。南郭《庙碑》云："时生子，皆以神姓呼为周郎。"

贤　圣　庙

俗传贤圣神为张睢阳。旧《苏府志》云："张王庙，俗称贤圣庙。"塑像作青面红须，狰狞可畏，盖以睢阳临终时，有"死必为厉鬼杀贼"之语也。然何以祀于吾地？考邓钹《常熟志》云：钹，嘉靖间举人。"旧《志》以为淮阴人，姓张氏，父名有严。唐开元元年八月十八日生，没而为神，有护国功，封成济侯。南渡后累封东平忠靖王，无锡祀于慧山，以唐忠臣张巡实之。"钱湘灵《志》云："弘治中，查毁淫祠，遂以忠臣实之，其像作厉鬼状。"是则相沿已久。江西以睢阳公为水神，有张令公庙。

玄坛庙

玄坛菩萨即玄武神。庾信《黑帝云门舞》歌："北辰为政玄坛。"北方色黑，玄坛，即郑康成《周礼》注所云"北郊之坛也，称曰玄坛"。盖以所祭之地名之。《姑苏志》云："神姓赵，名朗，字公明。赵子龙之从兄弟。"不知何所本。

刘　猛　将

吴俗通祀刘猛将，谓能祷雨驱蝗。旧《苏志》云："相传神能驱蝗。"案，卢熊《府志》止云："神姓刘，因瓦塔而创。"顺治初，邑先辈王石隐育撰《斯友堂日记》，据《怡庵杂录》以为宋名将刘武穆锜。《常熟志》同。云："俗称节使永定公刘真君庙。"王文恪《姑苏志》亦云。然又云："或曰名锐，乃锜之弟，尝为先锋，陷敌。"前明王穉登修庙疏，又以为刘鄜王光世之爱弟。常熟王应奎《柳南随笔》云即刘漫塘。按，漫塘，名宰，字平国，金坛人。宋绍熙初进士，理宗时官太常丞，以文学名。有集六十三卷。以之为神，不知何据。《宋史·刘锜传》有姪曰汜，无弟锐之名。朱长孺谓："古名将往往阃门戮力，子弟之功，归之父兄，姓名隐没，盖多有之，不得以《宋史》不载，遂谓必无其人。且绍兴之年，帝驻平江，锜以江东路副总管提举宿卫亲军，并将解潜、王（奇）〔彦〕两军为六军，每军千人，为十二将，扈从赴金陵。安知其弟不以是时立功兹土，没而歆其庙食耶？"冯班《题扬威侯庙》诗注云："庙祀宋将刘信叔。"信叔似是其字。　又，考《宋史》自有刘锐。端平三年知文州，元兵来攻，与通判赵汝㬥相誓死守，携二子登文王台，自刎死，幼子同哥才六岁，俱死焉。诏立庙赐谥。或即此神欤？然文州乃今陕西文县，去此境甚远。殆非也。今俗相沿作刘韐。按，韐字仲偃，宋钦宗时，以资政殿学士使金营，不屈，自缢死。即子羽先生之父也。其为神固宜，然不应祀于兹土。《嘉定志》作刘猛将军。　雍正十二年奉文，岁以正月十三日并冬至后弟三戊日祭之。

施　相　公

南郭《州志·逸事》载："嘉靖三十二年四月，倭寇登崇明南沙，盘据经年。诸沙多罹害。耆民施垅率乡兵力战，死之，阵死者千人。两院褒垅义勇，立祠太仓城南普济寺右。"或谓即俗所称施相公者也。相传神不能酒，祀以茶代，未知何说。　又，华亭别有施相公庙，见《邑志》："公讳锷，宋时诸生，山间拾一小卵，后得一蛇，渐长，迁入筒。赴省试，蛇私出乘凉，众见金甲神在施寓，惊呼有怪，持锋刃来攻，无以敌。闻于大僚，命总兵殛之，亦不敌。施出闻知之，曰：'此吾蛇也，毋患。'叱之，奄然缩小，俯而入筒。大僚惊曰：'如是，则何不可为？'奏上，施立斩。蛇怒，为索命，伤人数十，莫能治。不得已，请封，敕封护国镇海侯。侯嗜馒首，造巨馒祀之，蜿蜒其上死。"至今祀者盘蛇像于馒首，称侯曰"相公"云。

杨　老　相　公

南门外有庙曰杨老相公。按，卢熊《府志》、旧《嘉定县志》："杨公，名镒，一作滋。嘉定外冈镇人，以边功殁，理宗朝，敕赠护国忠惠侯，庙食里中。"父光辅，承节郎；祖应龙，宁宗朝官武功大夫，有诗稿及《四知录》；四世祖敏求，徽宗朝朝散大夫，忤蔡京罢归，隐居外冈里。亦载方鹏《昆山志》。是时外冈尚属昆山也。《姑苏志》云："俗称护国杨相公庙。"按，南门外与嘉定接壤，故效之。新塘市东有杨将军庙，明周广有《记》，但称将军，而不言其名。云："淳祐十年，与元兵力战死，藁葬陆窑塘之原，后墓上时见光怪，土人立庙祀之，祷辄应。"南郭《志》引吴升元说云，近有人发其墓，乃元杨溪处士杨天定墓。此又一杨相公庙也。

总　管　堂

方鹏《昆山志》云"总管，金姓，名昌，其子名元七，殁皆为神。元至正间,阴翊海运,俱封总管。今其子孙尚在,自当祀之,非小民所宜滥祭"云云。今则此庙遍吾地矣。

张　大　帝

张南郭《太仓州志》:"二月八日为张大帝生日,必有风雨酿寒,云大帝吃冻狗肉,逢辰日上天,有接客风、送客雨。"按,洪武中,宋讷奉敕作《祠山庙记》,以为西汉龙阳人。又引颜鲁公《记》谓当在新室、建武中。《一统志》则云:"常德府武陵人张秉,行山中,逢仙女,云'帝以君功在吴分,故遣相配,生子以木德王其地'。约逾年再会,如期往,果见前女褓子归秉,云:'当世世相承而食吴楚。'后其子名渤,为祠山神。始自长兴荆溪,凿圣渎十五里,欲通广德州,役使阴兵,事多灵异"云云。《宋史·范师道传》:"广德县有张王庙,岁祀神,杀牛数千。"又,《黄震传》:广德"旧有祠山庙,其牲皆用牛。"祠山张王,即今俗所谓张大帝也。《乾淳岁时记》:"二月八日为桐川张王生辰,霍山行宫朝拜极盛,百戏竞集。"案,霍山在安徽六安州。《明史·礼志》:"祠山广惠张王渤,以二月八日祭。"万历周氏《昆山志》云:"二月初八,俗称祠山张大帝诞日,其日西南风,则农有秋望。"旧《苏府志》有广惠庙,云祀乌程土神祠山张大帝。宋庆元三年,莫子纯有《张王庙记》,陆放翁有《张王行庙》诗。盖旧只称张王,明俗相沿为大帝。然宋讷《记》引晋张祖镇《大帝实录》,则晋时已有"大帝"之称。晋盖石晋也。王弇州《宛委余编》谓即《酉阳杂俎》所云"天帝张翁",误矣。晋詹仁泽《祠山家世编》、宋程棨《三柳轩杂识》引《祠山事要》有"化身为豵,督阴兵浚河,为夫人李氏所觇,工遂辍,是以祀之,避豨用犬"。刘绳庵纶《重修庙记》自注云:"每春阴多寒,折俎用冻脯。"此俗所传冻狗肉之说欤?《癸辛杂识》"宝庆元年,雪城潘甫谋变,上急调兵赴之,比至,已就诛。主兵官坚欲入城,意在劫掠。舟抵南关张王祠下,忽有方巾白袍人挤之入水,因班师"云云,则王固有功于湖城也。

张　天　师

道家以天师为张子房，封号用留侯。案，丘悦《三国典略》：“张道陵，一作张陵。汉顺帝时人，入蜀，居鹤鸣山，造符书为人治病。陵子衡、衡子鲁以其法相授。”施宿《东坡诗注》引《张真人传》云：“名道陵，良八世孙，汉章帝、和帝累召不起。”胡应麟《笔丛》、王宗沐《续通考》皆本此说，然未有天师之称。《世说注》：“郗愔与弟昙奉天师道。”《北史》：“魏嵩山道士寇谦之，自言尝遇老子，命继张陵为天师。崔浩劝明帝起天师道场。”郦道元《水经注》：“白马戍有张天师堂，庾仲雍谓堂为张鲁治。”是天师之名起于六朝也。《太平广记》亦云：“梁武帝因陶贞白诣张天师道裕，乃为立玄坛三百所。”东坡《过安乐山闻张道陵所寓》诗：“天师化去知何在，玉印相传世共珍。”马贵与《通考》云：“唐天宝后，汉天师子孙嗣真教，册赠天师为太师，然亦私相称谓，未尝以之赐号也。宋祥符二年，赐信州道士张正随号真静先生。自是凡嗣世者皆赐号。崇宁二年，赐张继先号虚静先生。”详《通考》。迨至元十三年，乃赐张宗演灵应冲和真人之号，又赐张正常号天师。明太祖去其旧称，改授正一嗣教真人，曰：“元人不知义理，天岂有师也？”盖封号虽曰真人，世俗尚沿旧称。“天师”字，始见《庄子》：“黄帝闻牧马童子之言，再拜稽首，称天师而退。”《道藏》有刘大彬《茅山志》，载太白《汉东紫阳先生碑》，有云：“贞一先生传天师李含光。”按，含光，即紫阳，颜鲁公《碑》所谓玄静先生李君是也，未有天师之号。太白特美称之耳。

关帝生日 封爵附

《祀典》以五月十三日为关公生辰，官为致祭，按，元至正间《关王庙碑》将仕郎普颜花撰。云：“荆楚之人相传王于六月二十三日生，子平于五月十三日生，是日，朝拜祭赛，远近辐辏。”钱唐冯少渠景《关公祖系记》云：“侯以桓帝延熹三年庚子六月二十四日生。”则今以五月十三日者，非矣。俗传公甲子为四戊午，亦讹。戊午生者，平也。宋牧仲《筠廊二笔》载井中得关侯旧碑云：“祖石磐公，名审，字问之。父名毅，字道远。侯娶胡氏。"亦见吴青坛《读书质疑》。普颜《碑》云："王薨于章乡,今当阳县玉泉山也,俗号大王冢;王子平,俗呼为三郎冢。宋徽宗始封为忠惠公,大观二年加封武安王,高宗加'壮缪'二字,孝宗淳熙十四年加封英济王。元文宗天历元年,又加'显灵威勇'四字。明洪武中,复侯原封。万历二十二年,以道士张通元请,进爵为帝,庙曰英烈。四十二年,又敕封三界伏魔大帝神威远镇天尊关圣帝君。"

祖　　师

释氏有祖师、菩萨之称。按,《传灯录》:"大同禅师问僧:'什么处来?'曰:'东西山礼祖师来。'曰:'祖师不在东西山。'"又,"仰山谓香光曰:'汝只得如来禅,未得祖师禅。'"皆谓初祖也。又,《汉书·外戚丁姬传》云:"易祖师,丁将军之玄孙。"师古注:"丁宽为易家始祖。"则祖师乃是通称。

五　　路

市估开店,必祀五路神。按,旧谓之五圣,本顾氏,陈黄门侍郎野王公五子也。长盛南,字以成,仕陈,为左卫大将军,平闽乱。天嘉中,封安远侯,卒谥壮。次鸿南,字扶九,陈太建九年却周师,封宁远侯,卒谥穆。次周南,字雅持;夏南,字欲清,镇吴兴。隋兵徇浙闽,二人死之,敌投诸河,逆流至硖石镇,土人义之,葬之翠微山东。季允南,字信符,仕隋,靖江表,封征西侯,卒谥襄。宋建炎初,周南、夏南见梦于高宗,封为靖远、平西二侯,建祠翠微之阳,并祀五侯。见元初《石函谱》及崇祯间《武陵小史》。明初,号五显灵顺庙。显聪、显明、显正、显直、显德。姑苏上方山,香火尤盛,号为五圣。昆山瑞屏公锡畴撰《黄门公祠碑记》云:"公墓在楞伽山侧,子五侯从祀于山之阳。"从父行人公陈垿《无益之言》云"尝度仙霞岭后,经一岭,名五显岭。岭有五显庙,极整丽。黄门子孙,世居光福。吴郡乃五侯父母之邦,而楞伽俗名上方,尤五侯正首之丘也。妖由人兴,遂淫昏相凭,奸愚互惑"云云。康熙间,汤文正斌巡抚江苏，毁上方祠，祀者有禁，因易其称曰五路，亦曰财神。《姑苏志》云："在昆山者，亦称五郎堂。"又考卢氏《府志》引《祥符图经》云："五通，婺源土神，通贶、通祐、通泽、通惠、通济五侯，盖初封也，后升王爵，冠以'显'字，遂号五显。其姓字未载。"又旧《府志》："灵官庙，世称五显灵官，神位五，唐光启中降婺源显迹，徽人始庙事之。宋大观中，诏赐庙额，故名灵顺行祠。"复有五通庙。则五通、五显，非即一神，然不知何所据。郎瑛《类稿》谓五通即五圣。未是。钮氏《觚賸》又谓："明太祖梦兵卒千万求封，令五人为伍，江南各立尺五小庙祀之，谓之五圣"云云。似亦臆说。《无锡志》："五路神，姓何，名五路。元末，御倭寇死，因祀之，后讹为财神。"此别一五路也。

水 仙 庙

水仙神，相传为吴人柳毅，即唐仪凤间儒生为龙女寄书者。《姑苏志》"水仙庙"注云："古苍龙堂神即柳毅也，今为上元乡工社祠。"又云："今洞庭东山有柳毅井，吴城住宅有柳毅桥，乡人以水仙神，立祠二处。"案，李朝威《柳毅传》所云洞庭君，乃湖南洞庭湖也。今吴中祀之，殆以吴地亦有洞庭湖，故讹耶？陆广微《吴地记》洞庭湖中包山，《姑苏志》云即两洞庭山。

王 灵 官

道观有三目神曰王灵官。按，倪岳《青溪漫稿》："宋徽宗时，蜀人萨守坚尝从林灵素传法，王灵官为玉枢火府天将，又从守坚受符法。永乐中，敕建天将庙。今双凤镇有此庙。宣德中，改为火德观，封萨为崇恩真君，王为隆恩真君。"孙国敉《燕都游览志》云"永乐间，有杭州道士周思得者，以王元帅法显京师。元帅者，世称为灵官，天将二十六居弟一位。文皇祷辄应，命立庙祀之"云云。然则灵官乃林灵素之流欤？

太岁大将军

术家以太岁为大将军,动土迁移者必避其方。欧阳《集古录》载《李康碑》"岁在亥,大将军在酉"云云。以为其说出于阴阳家,前史所未见。思考《抱朴子》有"诸皋太阴将军"之称,《汉书·王莽传》号其将军曰岁宿,则大将军之称亦旧矣。

地藏菩萨

《地藏菩萨本愿经》云:"初为长者子,见师子佛相好,因问:'作何行愿而得此相?'佛言:'欲证此身,当须久远脱度受苦众生。'因发愿言:'我今尽未来际,为是罪苦六道众生,广设方便,尽令解脱,而我自身方成佛道。'以是于彼佛前,立斯大愿。于今百千万亿那由他劫,尚为菩萨。"又云"诸分身地藏菩萨,各复一形,白佛云:我所分身,遍满百千万亿恒河沙世界,每一世界化百千万亿身,每一身度百千万亿人"云云。太白有《地藏菩萨赞》。

八　　仙

流俗相传以汉钟离、张果老等为八仙。按,钟离权,字云房,唐时人,吕祖之师也。计敏夫《唐诗纪事》载其诗数首,俗称为"汉"者,盖以杜诗有"近闻韦氏妹,远在汉钟离"之句而误,不知"汉"地名、"钟离"非人名也。宋时常来人间,见《陈抟传》及《王老志传》。张果,《旧〔唐〕书》有传,赐号通玄先生,授银青光禄大夫,或云白蝙蝠精也。李颀有《谒张果老先生》诗,见《河岳英灵集》。吕洞宾,名岩,唐末举进士不第,遇钟离子得道。见王举《雅言系述》,施肩吾有《钟吕传道记》。韩湘子,退之姪孙老成之子。老成即十二郎。事见段成式《杂俎》及刘斧《青琐高议》。云能开顷刻花,文公"云横秦岭"一联,先现于花上,及公至蓝关,而湘适至,因足成此诗。或误以为公姪,盖以公有《徐州赠族姪》诗"自云有奇术,探妙知天工"

之语附会之。蓝采和，见张君房《云笈七签》，云："蓝采和似狂非狂，行则振鞋踏歌。"又，《续仙传》："蓝采和，不知何许人也，常衣破蓝衫，一足着靴，一足跣行，至城市乞索，夏则絮，冬则卧于雪。持大拍板，长三尺余，行则振靴唱踏歌：'踏破蓝采和，世界能几何？红颜一春树，流年一掷梭。古人混混去不返，今人纷纷来更多。'歌词多此意。周游天下。有童时至班白见之，颜状如故。后踏歌于濠梁间酒楼。有云鹤笙箫声，忽然轻举于空中，冉冉而去。"《太平广记》引之。元遗山诗："自惊白发先潘岳，人笑蓝衫似采和。"用此。又有《题蓝采和像》诗。俗讹"蓝"为"篮"，"和"为"荷"，遂装作莲花篮仙矣。周栎园《书影》载："《南唐·陈陶传》：'常采西山药物饵之。开宝中，有一老叟与媪货药于市，获钱则市鲊对饮酒，至醉则歌曰："篮采禾，篮采禾，尘世纷纷事更多。争如卖药沽酒饮，归去深崖拍手歌。"或疑为陶夫妇。'盖歌采和之事，故云'纷纷事更多'，非即采和也，以'蓝'为'篮'，以'和'为'禾'者，歌音如是，本未有字，故不同也。"何仙姑，受道于吕祖，曾敏臣《独醒杂志》以为宋仁宗时人，《续通考》则云唐武后时人，刘贡父《诗话》云永州人，《续通考》以为广东增城人，《明一统志》因之列广州府女仙，以为生而顶有六毫，所居地忽产云母，梦异人教以服饵，唐景龙中仙去。惟铁拐李、曹国舅二人，仅见陈氏《潜确类书》及王宗沐《续通考》。胡应麟《笔丛》谓拐仙即《神仙通鉴》之刘跛子。《续通考》谓隋时人，名洪，小字拐儿，皆臆说。陈氏以曹国舅为宋曹太后之弟。按，《宋史》："慈圣太后弟曹佾，年七十二而卒。"不云得道。外此无国戚学仙者，《潜确》之说未知何据。胡应麟以为有元王重阳教盛行，以钟离为正阳，洞宾为纯阳，何仙姑为纯阳弟子，因而展转附会，成此名目。赵耘菘云："今戏有'八仙庆寿'，尚是元人旧本。则八仙之说之出于元人，当不诬矣。"思按，黄休复《茅亭客话》以葛长寿、李八百等为八仙后人，盖仿其名成之，其源则起于淮南之八公也。

元遗山《汾亭古意图》诗"不比仙翁甲子年"自注："神仙张果生尧甲子年。"不知何据。

马　公．

巫觋家私祀马公，见明钱希言《狯园淫祀类》，云苏州花筵中以插花马公为五郎部下伤官,巫祝称为马总管,俗呼为马阿公。别设矮席,先祀之,匆匆送去,然后登歌。相传马阿公,葑门人,名福。以卖菱为业,每晨担菱出阊门,过宋相公祠,必择一双为供。后与人争担不胜,登灭渡桥,投水死。适宋相公神舟至此,因收作帐前驱使。是则其事本出吴中,巫家私相尊奉,遂及吾地,且为立庙,宜有司之禁止也。又云:"宋公相传为水神。"或云:"五郎部下伤官,亦在淫祀中。"

药　师

里有药师殿,相传以为扁鹊,亦称药王。按,沈汾《续神仙传》:"药王姓韦,名古道,号归藏,西域天竺人,开元二十五年入京师,纱巾毳袍,杖履而行,腰系葫芦数十,广施药饵,疗人多效。帝召入宫,图其形,赐号药王。"又,韩无咎《桐阴旧话》引《列仙传》"唐武后朝韦善俊,京兆人,长斋奉道,常携黑犬,名乌龙,世俗谓之药王"云云。是药王为韦氏。然高士奇《扈从西巡日录》云:"药王庙,专祀扁鹊,每年四月贺药王生日。"《一统志》:"药王庙,在任丘县鄚州城东北,祀扁鹊。"吴梅村《过鄚州》诗云:"香火年年赛药王。"是药师之为扁鹊久已。

刘　海 和合

李石《续博物志》云:"海蟾子,姓刘,名昭远。华山陈图南馆之道院,常与种放往来。"□□画一小儿足踏蟾蜍,可一□已□□□□□,乃宋高僧寒山、拾得也。见《传灯录》。闾丘大夫以丰干言访之,联臂走向石岩,遽不见。后人图其像,名之曰和合,作蓬头赤脚像,手捧瓦砵。以是时方在斋厨向火食粥也。俗讹传为聚宝盆。

九梁星

俗谓刻剥者曰九梁星,无坐位。按,《夷坚志》:宋□□□□□□□,天上凶煞也,共九星,弟九者尤甚。□□□良误。

附录

解　题

〔日〕长泽规矩也

土风录　十八卷　〔清〕顾张思　清嘉庆三年（一七九八）序刊本　六册

按图书分类法，本书与《俗语解》，或当归于子部杂家类、杂考或小说家类、杂事类之属，但就其解释俗语言，亦诚为可珍视之作。然以其如卷一时令、卷二民俗、卷三衣饰、卷四建筑物产等之依类分列，及其所收的同类语依字数性质以卷十一为三字语，十二为四字语，十三为俗谚，十四、十五为俗语字解，十六、十七为称谓，十八为宗教等之厘订有序，要之俱有类目可循。

此书嘉庆三年（一七九八）朱珪、乾隆六十年（一七九五）钱大昕序，底本无自序，或已刊落。"土风"一语，其民谣之义，见于《左传·成公九年》；至左思《魏都赋》、陆机《吴趋行》，始转为风俗之义。本书则取为集录地方言语之义。

著者字雪亭，江苏太仓州人。于苏州教授之暇，作此书。因求朱珪增削诗文，朱氏始知有此书，故于嘉庆三年（一七九八）著者诣安徽官衙访珪之际，经珪劝勉而付梓。犹记此本似战后获之琳琅阁。此后于他处未尝见之，故若干缺字未能补苴。

历代笔记小说大观总目

汉魏六朝

西京杂记（外五种）　〔汉〕刘歆 等撰　王根林 校点

博物志（外七种）　〔晋〕张华 等撰　王根林 等校点

拾遗记（外三种）　〔前秦〕王嘉 等撰　王根林 等校点

搜神记·搜神后记　〔晋〕干宝 陶潜 撰　曹光甫 王根林 校点

世说新语　〔南朝宋〕刘义庆 撰　〔梁〕刘孝标注　王根林 标点

唐五代

朝野佥载·云溪友议　〔唐〕张鷟 范摅 撰　恒鹤 阳羡生 校点

教坊记（外七种）　〔唐〕崔令钦 等撰　曹中孚 等校点

大唐新语（外五种）　〔唐〕刘肃 等撰　恒鹤 等校点

玄怪录·续玄怪录　〔唐〕牛僧孺 李复言 撰　田松青 校点

次柳氏旧闻（外七种）　〔唐〕李德裕 等撰　丁如明 等校点

酉阳杂俎　〔唐〕段成式 撰　曹中孚 校点

宣室志·裴铏传奇　〔唐〕张读 裴铏 撰　萧逸 田松青 校点

唐摭言　〔五代〕王定保 撰　阳羡生 校点

开元天宝遗事（外七种）　〔五代〕王仁裕 等撰　丁如明 等校点

北梦琐言　〔五代〕孙光宪 撰　林艾园 校点

宋元

清异录·江淮异人录　〔宋〕陶毂 吴淑 撰　孔一 校点

稽神录·睽车志　〔宋〕徐铉 郭彖 撰　傅成 李梦生 校点

贾氏谭录·涑水记闻　[宋]张洎 司马光 撰　孔一 王根林 校点

南部新书·茅亭客话　[宋]钱易 黄休复 撰　尚成 李梦生 校点

杨文公谈苑·后山谈丛　[宋]杨亿口述、黄鉴笔录、宋庠整理　陈
　　师道 撰　李裕民 李伟国 校点

归田录(外五种)　[宋]欧阳修 等撰　韩谷 等校点

春明退朝录(外四种)　[宋]宋敏求 等撰　尚成 等校点

青琐高议　[宋]刘斧 撰　施林良 校点

渑水燕谈录·西塘集耆旧续闻　[宋]王辟之 陈鹄 撰　韩谷 郑世刚
　　校点

梦溪笔谈　[宋]沈括 撰　施适 校点

麈史·侯鲭录　[宋]王得臣 赵令畤 撰　俞宗宪 傅成 校点

湘山野录 续录·玉壶清话　[宋]文莹 撰　黄益元 校点

青箱杂记·春渚纪闻　[宋]吴处厚 何薳 撰　尚成 钟振振 校点

邵氏闻见录·邵氏闻见后录　[宋]邵伯温 邵博 撰　王根林 校点

冷斋夜话·梁溪漫志　[宋]惠洪 费衮 撰　李保民 金圆 校点

容斋随笔　[宋]洪迈 撰　穆公 校点

萍洲可谈·老学庵笔记　[宋]朱彧 陆游 撰　李伟国 高克勤 校点

石林燕语·避暑录话　[宋]叶梦得 撰　田松青 徐时仪 校点

东轩笔录·嬾真子录　[宋]魏泰 马永卿 撰　田松青 校点

中吴纪闻·曲洧旧闻　[宋]龚明之 朱弁 撰　孙菊园 王根林 校点

铁围山丛谈·独醒杂志　[宋]蔡絛 曾敏行 撰　李梦生 朱杰人 校点

挥麈录　[宋]王明清 撰　田松青 校点

投辖录·玉照新志　[宋]王明清 撰　朱菊如 汪新森 校点

鸡肋编·贵耳集　[宋]庄绰 张端义 撰　李保民 校点

宾退录·却扫编　[宋]赵与时 徐度 撰　傅成 尚成 校点

桯史·默记　[宋]岳珂 王铚 撰　黄益元 孔一 校点

燕翼诒谋录·墨庄漫录　[宋]王栐 张邦基 撰　孔一 丁如明 校点

枫窗小牍·清波杂志　[宋]袁褧 周辉 撰　尚成 秦克 校点

四朝闻见录·随隐漫录　[宋]叶少翁 陈世崇 撰　尚成 郭明道 校点

鹤林玉露　[宋]罗大经 撰　孙雪霄 校点

困学纪闻 〔宋〕王应麟 撰 栾保群 田松青 校点

齐东野语 〔宋〕周密 撰 黄益元 校点

癸辛杂识 〔宋〕周密 撰 王根林 校点

归潜志·乐郊私语 〔金〕刘祁 〔元〕姚桐寿 撰 黄益元 李梦生 校点

山居新语·至正直记 〔元〕杨瑀 孔齐 撰 李梦生 庄葳 郭群一 校点

南村辍耕录 〔元〕陶宗仪 撰 李梦生 校点

明代

草木子(外三种) 〔明〕叶子奇 等撰 吴东昆 等校点

双槐岁钞 〔明〕黄瑜 撰 王岚 校点

菽园杂记 〔明〕陆容 撰 李健莉 校点

庚巳编·今言类编 〔明〕陆粲 郑晓 撰 马镛 杨晓波 校点

四友斋丛说 〔明〕何良俊 撰 李剑雄 校点

客座赘语 〔明〕顾起元 撰 孔一 校点

五杂组 〔明〕谢肇淛 撰 傅成 校点

万历野获编 〔明〕沈德符 撰 杨万里 校点

涌幢小品 〔明〕朱国祯 撰 王根林 校点

清代

筠廊偶笔 二笔·在园杂志 〔清〕宋荦 刘廷玑 撰 蒋文仙 吴法源 校点

虞初新志 〔清〕张潮 辑 王根林 校点

坚瓠集 〔清〕褚人获 辑撰 李梦生 校点

柳南随笔 续笔 〔清〕王应奎 撰 以柔 校点

子不语 〔清〕袁枚 撰 申孟 甘林 校点

阅微草堂笔记 〔清〕纪昀 撰 汪贤度 校点

茶余客话 〔清〕阮葵生 撰 李保民 校点

檐曝杂记·秦淮画舫录 〔清〕赵翼 捧花生 撰 曹光甫 赵丽琰
　　校点
履园丛话 〔清〕钱泳 撰 孟斐 校点
归田琐记 〔清〕梁章钜 撰 阳羡生 校点
浪迹丛谈 续谈 三谈 〔清〕梁章钜 撰 吴蒙 校点
啸亭杂录 续录 〔清〕昭梿 撰 冬青 校点
竹叶亭杂记·今世说 〔清〕姚元之 王晫 撰 曹光甫 陈大康 校点
冷庐杂识 〔清〕陆以湉 撰 冬青 校点
两般秋雨盦随笔 〔清〕梁绍壬 撰 庄葳 校点